Zerschlagung der Mitbestimmung 1933

Das Ende der ersten deutschen Betriebsdemokratie

Zerschlagung der Mitbestimmung 1933

Das Ende der ersten deutschen Betriebsdemokratie

Werner Milert und Rudolf Tschirbs

Herausgegeben von der Hans-Böckler-Stiftung

Impressum

Herausgeber
Hans-Böckler-Stiftung, Düsseldorf

Verantwortlich
Wolfgang Jäger

Konzeption, Texte, Bildauswahl
Werner Milert, Rudolf Tschirbs

Gestaltung und Herstellung
Kommunikationskontor_Düsseldorf,
Mitarbeit Katrin Büttgen

Gesamtherstellung
Walter Perspektiven GmbH, Oberhausen

ISBN 978-3-86593-179-5

Bibliografische Informationen der Deutschen Bibliothek
Die Deutsche Bibliothek verzeichnet diese Publikation
in der Deutschen Nationalbibliografie; detaillierte
bibliografische Daten sind im Internet über http://dnb.ddb.de
abrufbar.

Inhalt

Zum Geleit

Bevor die Nazis im Frühjahr 1933 die Gewerkschaften zerschlugen, beseitigten sie die Mitbestimmung in den Betrieben. Die Betriebsratswahlen im März, die nach den Reichstagswahlen vom 5. März 1933 stattgefunden hatten, brachten ein klares Votum für die Listen der demokratischen Gewerkschaften. Wäre es nach den Ergebnissen der Betriebsratswahlen gegangen – die Nationalsozialisten wären nicht an die Macht gekommen.

Mit dem Betriebsrätegesetz von 1920 war Deutschland im internationalen Vergleich zu einem Pionier der Mitbestimmung geworden. Allerdings begleiteten heftige Proteste von links und rechts die Verabschiedung des Gesetzes. Und es bedurfte einiger Zeit, bis sich die Arbeitsteilung zwischen Betriebsräten und Gewerkschaften zu einer Selbstverständlichkeit entwickelt hatte: die Betriebsräte als Experten der betrieblichen Konfliktregulierung und die Gewerkschaften als Akteure der überbetrieblichen Lohnfindung. Dass die Stärke der deutschen Mitbestimmung in der konstruktiven Zusammenarbeit von Betriebsräten und Gewerkschaften besteht, hatte die Hitler-Regierung wohl verstanden. Mit ihrem Gesetz vom 4. April 1933 über Betriebsvertretungen und wirtschaftliche Vereinigungen wurden die Betriebsratswahlen ausgesetzt und die eigenmächtigen, terroristischen Absetzungen freigewerkschaftlicher Betriebsräte legitimiert – die Wahlergebnisse damit auf den Kopf gestellt. Mit der Zerschlagung der Mitbestimmung war die gewerkschaftliche Machtbasis in den Betrieben beseitigt und der gewerkschaftliche Handlungsrahmen weiter verkleinert.

Nach der Zerstörung der parlamentarischen Demokratie mit dem Ermächtigungsgesetz vom 24. März 1933 war mit dem Ende der Betriebsdemokratie das Schicksal der Weimarer Republik besiegelt.

Die Gewerkschaften und die Betriebsräte haben aus diesen bitteren Erfahrungen gelernt. Unveräußerliche Menschenrechte, eine unabhängige Einheitsgewerkschaft und Mitbestimmung gibt es nur in einer demokratischen Gesellschaft. Freiheit, Demokratie und Solidarität in Arbeitswelt und Gesellschaft zu stärken und gegen den Rechtsextremismus zu verteidigen – das ist das Vermächtnis von 1933.

Michael Sommer
Vorsitzender des
Deutschen Gewerkschaftsbundes
Vorsitzender des Vorstandes
der Hans-Böckler-Stiftung

Wolfgang Jäger
Geschäftsführer der
Hans-Böckler-Stiftung

Einleitung

Eine lebendige Ausstellung über die Zerschlagung der Weimarer Betriebsräte zu konzipieren, stößt auf vielfache Schwierigkeiten. Zwar sind Dokumente zu den Vorgängen vom Frühjahr 1933 heute in den Archiven zugänglich, aber sie geben zumeist die Sicht der Unternehmer, staatlicher Instanzen oder der Nationalsozialisten wieder. Die Betriebsräte als Opfer haben nur in den seltensten Fällen das Geschehen zeitnah aufgezeichnet – und wenn doch, so fielen die Zeugnisse ihrer Tätigkeit anschließend oft der Vernichtung anheim. Vor allem aber bleiben die Betriebsräte bis 1933 weitgehend gesichtslos: Von ihnen existieren in den Archiven und Werkszeitschriften keine Fotos. Das ändert sich erst im Sommer 1933: Die ersten Betriebsräte, die in den Werkszeitschriften abgebildet werden, sind die nationalsozialistischen Aktivisten, die die bisherigen gewählten Belegschaftsvertreter mit Gewalt verdrängt haben.

Eine Ausnahme von dieser Gesichtslosigkeit stellt das Gemälde von Jakob Steinhardt »Der Betriebsrat« dar. Der vierzigjährige Steinhardt, ein Schüler von Lovis Corinth, malte das Bild 1927. Es war ein Auftragswerk des Chemnitzer Trikotagenfabrikanten Erich Goeritz, der Steinhardt beauftragte, einen Gemäldezyklus über sein Chemnitzer Unternehmen, der von seinem Vater geerbten Sigmund Goeritz AG, zu schaffen. Die Idee, auch ein Bild vom Betriebsrat anfertigen zu lassen, zeugt von der Aufgeschlossenheit des Unternehmers gegenüber betrieblichen sozialen Fragen.

Das Ölgemälde steht ohne Zweifel in der Tradition von Gruppenporträts, wie sie in der frühen Neuzeit entstanden. Die Tiefe der Räume, die Perspektivik, die Lichtführung und die Farbgebung weisen es als einen Grenzgänger zwischen Tradition und Neuer Sachlichkeit aus. Die Konzentration der Blicke auf das gemeinsam zu erstellende Schriftstück, die Wachsamkeit, die Zugewandtheit der Figuren belegen den hohen Ernst, mit dem die Beleg-

Jakob Steinhardt: Der Betriebsrat (1927), Israel Museum Jerusalem

schaftsvertretung Mitbestimmung praktiziert. Die Szenerie ist nach vorn offen, die Betrachter werden eingeladen, den leeren Platz in der Bankmitte einzunehmen.

Diesem »politischen Denk-Bild« kommt damit ein Rang zu, wie es Robert Koehlers Gemälde »Der Streik« von 1886 für die sich formierende Arbeiterbewegung einnimmt. Es ist bezeichnend für das Schicksal der demokratischen Erbschaft der Weimarer Republik, das es, in einer Schwarz-Weiß-Version in der Wiener Zeitschrift »Menorah« (1928) erstmals publiziert, erst auf dem Umweg über die Sammlungen des »Israel-Museums Jerusalem« 2013 seinen Ort in der Tradition der deutschen Arbeiterbewegung wiederfindet.

Jakob Steinhardt zeigt uns den Betriebsrat – zwei Frauen und fünf Männer – bei einer internen Beratung. Die

Zusammensetzung weist darauf hin, dass Betriebsratsarbeit überwiegend »Männersache« war. Selbst in der Textilindustrie, in der die Mehrzahl der Beschäftigten weiblich war, waren die Frauen im Betriebsrat unterrepräsentiert. Eine Statistik des freigewerkschaftlichen Deutschen Textilarbeiter-Verbandes weist aus, dass Ende der 1920er Jahre ein Viertel der Betriebsräte in den Textilunternehmen Frauen waren.

Die Belegschaftsvertreter sitzen oder stehen gruppiert um einen Mann mittleren Alters, der auf einem vor ihm liegenden Stück Papier einen Text verfasst – vielleicht eine Stellungnahme an die Firmenleitung. Der Betriebsrat tagt in einem großen, flurähnlichen Raum, der offen ist zu den Werkshallen. Im Hintergrund sind mehrere Arbeiter mit ihrem Tagwerk beschäftigt – das Treffen des Betriebsrates findet also in der Betriebsöffentlichkeit statt. Dies wirft ein Schlaglicht auf die bescheidenen Bedingungen, unter denen ein Betriebsrat in den 1920er Jahren arbeiten musste. Das Betriebsrätegesetz sah vor, dass ihm für seine Sitzungen »die nach Umfang und Beschaffenheit des Betriebes und der gesetzlichen Aufgaben des Betriebsrates erforderlichen Räume und Geschäftsbedürfnisse zur Verfügung zu stellen« sind. Dies bedeutete für einen mittelgroßen Betrieb wie die Siegmund Goeritz AG mit ca. 500 Beschäftigten, dass es genügte, wenn der Betriebsrat von Fall zu Fall ein Sitzungszimmer erhielt.

Mit dem Betriebsrätegesetz von 1920 war Deutschland zu einem Pionier der Mitbestimmung in Europa geworden. Die Kluft zwischen dem Status als freier Staatsbürger und geknechteter Arbeitsbürger, die das Kaiserreich prägte, sollte überwunden werden. Die in Ansätzen schon in der Revolution von 1848/49 erkennbaren Grundzüge der »anderen Demokratie« in der Arbeitswelt, die das Projekt der Demokratisierung der staatlichen Verfassung erst vollenden konnte, traten nun in erstaunlicher Reife in die sozioökonomische Realität der jungen Republik ein. Mit dem Gesetz wurde auch eine neue Arena der industriellen Beziehungen geschaffen. Die duale Struktur der industriellen Beziehungen – Tarifvertrag und Betriebsvereinbarung – wurde geboren, die das spezifisch deutsche Modell bis heute prägt.

Im Gegensatz zu den »modernen Industrien« der Chemie und Elektrotechnik wurden die Betriebsräte in der Schwerindustrie jedoch nicht akzeptiert. Auf den Hütten und Zechen des Ruhrgebietes herrschte spätestens seit der Weltwirtschaftskrise ein zermürbender Kleinkrieg um die Vorschriften des Betriebsrätegesetzes, mit dem die schwerindustrielle Arbeitgeberschaft die sich zunehmend radikalisierenden Belegschaften und ihre Vertretungen disziplinieren wollte. Die Schwerindustrie zielte darauf ab, die Zugeständnisse zurücknehmen, die die

Arbeitgeber der Arbeiterschaft aufgrund der Machtssituation in den Gründungsjahren der Weimarer Republik gewähren mussten. Es waren daher vor allem der Bergbau und die Eisen- und Stahlindustrie, die auf eine Beseitigung der betrieblichen Mitbestimmung drängten.

Die Betriebsratswahlen waren während der Weimarer Jahre immer auch ein Maßstab der politischen Kräfteverhältnisse in der Arbeiterschaft. Trotz ihrer Stimmgewinne bei den Reichs- und Landtagswahlen seit 1930 konnte die NSDAP bei den Betriebsratswahlen auf keine entsprechenden Erfolge verweisen: Die NSBO blieb in der Arbeiterschaft weit unterrepräsentiert. Das änderte sich auch nicht bei den Betriebsratswahlen, die im März 1933 nach dem Machtantritt Hitlers und dem Reichstagsbrand schon unter dem gewaltsamen Terror von SA und NSBO stattfanden. Unter Androhung und Ausübung von Gewalt wurden erste Betriebsräte zum Rücktritt gezwungen. Die betroffenen Belegschaftsvertreter wichen der Gewalt und setzten auf die Einlegung von Rechtsmitteln gegen die Willkürakte. Die Reichsregierung reagierte auf diese willkürliche Gewalt des NSBO-Aktivisten mit dem Gesetz über Betriebsvertretungen und wirtschaftliche Vereinigungen vom 4. April 1933, das die Betriebsratswahlen aussetzte, die »wilden« Absetzungen von Betriebsvertretungen durch die SA und NSBO nachträglich legalisierte und die Basis dafür legte, dass die Betriebsvertretungen scheinrechtlich abgesetzt werden konnten. An deren Stelle traten jetzt NSBO-Aktivisten, die zuvor bei den Wahlen keine Mehrheiten auf sich vereinen konnten.

Die Betriebsräte waren für die Gewerkschaften die Basis und das Rückgrat in den Betrieben wie auch auf örtlicher Ebene. Nach ihrer Beseitigung waren die Gewerkschaften nur mehr ein tönerner Koloss. Vor diesem Hintergrund vollzog sich der Anpassungskurs der freien, der christlichen und liberalen Gewerkschaften an das NS-Regime.

Emil Georg von Stauß (Aufsichtsratsmitglied der Deutschen Bank und u. a. Aufsichtsratsvorsitzender von Daimler-Benz und BMW) und Carl Friedrich von Siemens (rechts) bei einer Ergebenheits-Kundgebung der deutschen Wirtschaftsführer am 7. November 1933 in Berlin

Während die Betriebsräte der Arbeitslosigkeit, der Verfolgung und der Tortur ausgesetzt wurden, arrangierten sich auch jene aufgeschlossenen Unternehmerkreise, die noch im März 1933 eine Neuauflage der Arbeitsgemeinschaft mit den Gewerkschaften erwogen hatten, allzu bereitwillig mit den neuen Machthabern. Mit dem Beitritt des Reichsstandes der Deutschen Industrie zur Deutschen Arbeitsfront Ende November 1933 war dieser Prozess vorerst abgeschlossen.

An die Stelle der Weimarer Betriebsdemokratie trat das Arbeitsordnungsgesetz, das ein geistiges Produkt eines ehemaligen Verbandsjuristen des Ruhrkohlenbergbaus war. Der vom »Betriebsführer« geleitete Vertrauensrat war kein Mitbestimmungsgremium, und so bestimmten die Unternehmer im Nationalsozialismus die betriebliche Wirklichkeit. Die viel beschworene Betriebsgemeinschaft blieb nichts anderes als eine Fiktion.

Nach dem Untergang des Nationalsozialismus knüpfen Gewerkschafter – und auch Unternehmer – an die Wei-

marer Betriebsdemokratie an. Das Modell des Betriebsrätegesetzes von 1920 bildete die gemeinsame Folie für den betrieblichen Neuanfang im Nachkriegsdeutschland. Die Demokratisierung Nachkriegsdeutschlands wuchs aus den Betrieben heraus, in denen auch die ersten freien Wahlen stattfinden konnten.

Der Dank der Autoren gilt zunächst den Archiven und Bibliotheken, die uns für die Ausstellung und das Buch mit freundlicher Offenheit Dokumente und Fotos zur Verfügung gestellt haben. Begleitet wurde das Projekt von einem Beirat, der uns mit Rat und Tat zur Seite stand: Wir haben Michaela Kuhnhenne, Johannes Platz und besonders Michael Schneider für wichtige Hinweise und weiterführende Ratschläge zu danken. Zuletzt gilt unser Dank der Hans-Böckler-Stiftung, vertreten durch Wolfgang Jäger, die den Anstoß gab und unsere Arbeit jederzeit unterstützte.

Starre Fronten:
Streit um die Betriebsverfassung 1919

In gewisser Weise war der Erste Weltkrieg für das Deutsche Reich der Schrittmacher der gesetzlichen Verankerung von Gewerkschaftsrechten. Mit dem »Gesetz über den Vaterländischen Hilfsdienst« vom 2. Dezember 1916 wurden die Gewerkschaften als Interessenvertretung der Arbeiter vom Staat erstmals anerkannt. Arbeiterausschüsse wurden in kriegswichtigen Betrieben nun obligatorisch eingeführt. Damit wurden Entwicklungsstränge zusammengefasst, die bis ins 19. Jahrhundert zurückreichten, als Arbeiterausschüsse als Sprachrohr der Belegschaften in etwa 10 Prozent der deutschen Industriebetriebe verankert waren. Freilich waren sie häufig vom Unternehmer selbst eingerichtet worden und vielfach von seinem Wohlwollen abhängig. Das wurde in der Geschichtsschreibung als sog. »Angebotslinie« bezeichnet. Als »staatliche Linie« galten demgegenüber die Eingriffe in die Betriebsverfassung seit dem Amtsantritt von Kaiser Wilhelm II., die mit der Schaffung von Arbeiterausschüssen vor allem dem Zweck dienten, im rüstungspolitisch wichtigen Kohlebergbau Erschütterungen durch Massenstreiks zu verhindern. Die Freien Gewerkschaften hatten ein zwiespältiges Verhältnis zu den frühen Arbeiterausschüssen, sahen sie in ihnen doch nicht zu Unrecht auch Bollwerke gegen das Eindringen von Sozialdemokraten in die Fabriken. Im Weltkrieg aber wurden die Industriebetriebe durch die Zusammenarbeit von Militärs und Gewerkschaftsführern auch gesetzlich für Arbeiterausschüsse und gewerkschaftliche Tätigkeit geöffnet, freilich um den Preis, dass ein Pflichtarbeitsdienst sowie die Einschränkung von Arbeitsplatzwechseln hingenommen werden mussten.

Der Vorsitzende der Generalkommission der freien Gewerkschaften Carl Legien (1861 – 1920)

Im Zuge der Auseinandersetzungen über die Politik von Sozialdemokratie und Freien Gewerkschaften im Krieg zerbrach die Einheit der sozialdemokratischen Arbeiterbewegung. Mit der Gründung der Unabhängigen Sozialdemokratischen Partei (USPD) im April 1917 wurde die Protestbewegung gegen die Einbeziehung der Arbeiter-

Gewerkschaften und Arbeiterräte

… Dann zu der Forderung, die Arbeiterräte sollen nicht nur ein Mitbestimmungsrecht, sondern gewissermaßen das alleinige Bestimmungsrecht haben, wie das Lange wollte. Können wir das praktisch wirklich fordern, ist das denkbar? Selbst wenn ich gar nicht annehme, daß die Genossen glauben, das wäre von heute auf morgen durchzusetzen, sondern ihnen zugebe, daß sie die Verwirklichung dieser Forderung erst in etwa fünf oder zehn Jahren ins Auge fassen, wird es uns, wenn die gesamte Arbeiterbewegung, nicht bloß die Gewerkschaften, zusammen wirkt in bezug auf Aufklärung, Erziehung und Bildung der Arbeiterschaft, möglich sein, dann in allen Betrieben so hoch entwickelte Arbeitervertreter zu finden, daß wir ihnen wirklich mit gutem Gewissen die Leitung der Betriebe übertragen können? Heute kann davon keine Rede sein, und ich bestreite, daß uns das in fünf oder zehn Jahren gelingen wird. Deshalb können wir nicht die ganze Leitung der Produktion den Arbeiterräten oder Betriebsräten übertragen. Dazu brauchen wir die Kräfte, die sich jahrzehnte-, jahrhundertelang auf diesem Gebiete betätigt haben, die müssen ihre Erfahrungen, ihre Kenntnisse, ihre Fähigkeiten zur Verfügung stellen. Wir würden ja die größten Dummköpfe sein, wenn wir die große Zahl der tüchtigen, erfahrenen, gebildeten Betriebsleiter entlassen und selbst an ihre Stelle treten wollten. Nein, die sollen eingespannt werden, die sollen in unserem Dienst, im Dienst des gesamten Volkes arbeiten. Sie sollen Betriebsleiter bleiben, sie sollen nur unter der Kontrolle, unter der Mitverantwortung, der Mitwirkung der Arbeiter tätig sein. Deshalb können wir als erfahrene und vernünftig denkende Menschen nicht weitergehen als z. B. bei der Frage der Entlassung und Einstellung zu fordern: der Betriebsrat muß angehört werden. Er kann nicht allein bestimmen darüber, denn in dem Augenblick hat er die Leitung des Betriebes, dann muß er auch die Verantwortung übernehmen …

Hier handelt es sich doch darum, daß das Recht der Betriebsräte in dem Tarifvertrag, den die Gewerkschaft abgeschlossen hat, festgelegt wird. Dann kann der Betriebsrat sich in all den Fällen, wo er sich mit dem Arbeitgeber nicht einigen kann, an die Tarifinstanzen wenden. Und die ganze Macht der Gewerkschaft soll hinter dem Betriebsrat stehen und wird hinter ihm stehen in all den Fällen, wo die Gewerkschaft die Forderungen des Betriebsrats unterstützen kann …

Carl Legien auf einer Konferenz der Zentralverbände am 25. April 1919 über ein Kontrollrecht von Betriebsräten

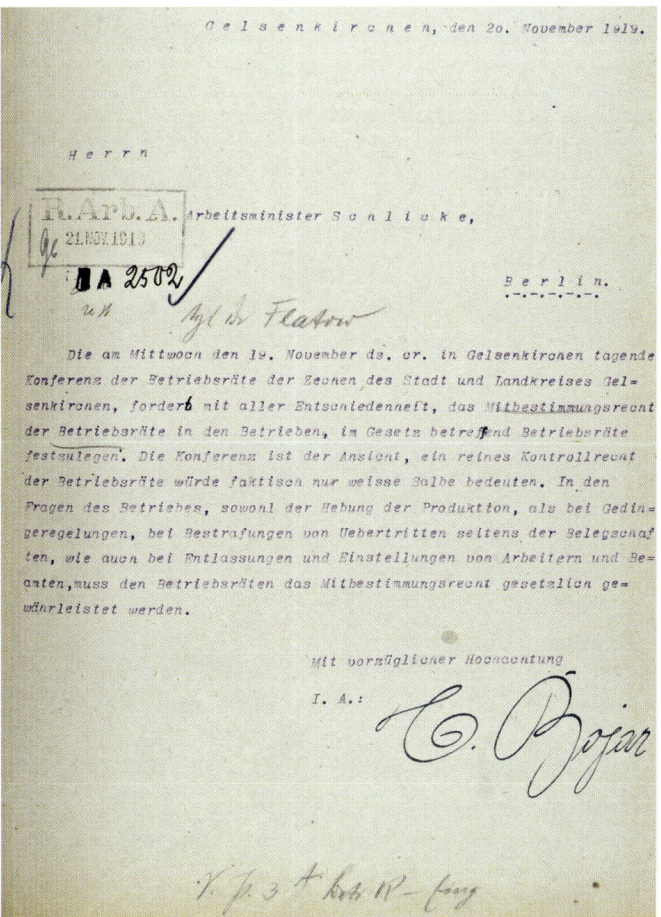

Die Betriebsrätekonferenz des Gelsenkirchener Bergbaus vom 19. November 1919 fordert ein Mitbestimmungsrecht für Betriebsräte.

bewegung in die Kriegswirtschaft institutionalisiert. Die Arbeiterausschüsse wurden vielfach zu Zentren der politischen Agitation und spontaner Streiks und entfremdeten sich zusehends den Gewerkschaftsführungen, denen in der Großindustrie noch bis zum Kriegsende die Tarifpartnerschaft verweigert wurde. Dramatisch für die gesamte Gewerkschaftspolitik der Freien, der Christlichen und der liberalen Hirsch-Dunckerschen Verbände war die Tatsache, dass von den Arbeiterausschüssen die gesetzlich abgesicherten Initiativen auch für Lohn- und Arbeitszeitforderungen ausgingen. Diese bezogen sich naturgemäß auf den Einzelbetrieb, waren aber ein Instrument, das das von den Gewerkschaftsführungen seit der Jahrhundertwende angestrebte Tarifvertragsprinzip unterlief, das auf Branchen und Regionen ausgerichtet war. Die schweren Betriebskonflikte der unmittelbaren Nachkriegszeit brachten die Gewerkschaftsführer in eine prekäre Lage, da eine Demarkationslinie zwischen betrieblichen und tariflichen Vereinbarungen noch nicht etabliert war.

Deutscher Metallarbeiter-Verband und Rätesystem

Die Generalversammlung verwirft Haltung und Politik, die von der Generalkommission der Gewerkschaften Deutschlands wie von den leitenden Instanzen unseres Verbandes während den Jahren des Krieges wie nach den Novembertagen 1918 eingenommen wurde.

Jene Kriegspolitik ließ den Klassenkampfcharakter der Gewerkschaften verschwinden und fand ihren Ausdruck an der Seite der herrschenden Klasse, der bürgerlichen Parteien und führt zum engsten Zusammenarbeiten mit dem Arbeitgebertum in den sogenannten Arbeitsgemeinschaften, in denen sich die Vertreter freier Gewerkschaften in holder Eintracht mit den Widersachern der Arbeiterklasse, den Kapitalisten, zusammengefunden haben.

Die verwerfliche Kriegspolitik der leitenden Gewerkschaftsinstanzen und Vorstände fand ihre logische Fortsetzung nach den Tagen der Revolution. Anstatt den revolutionären Kampf des Proletariats mit allem Nachdruck zu fördern, wurde die Haltung der gleichen Gewerkschaftsinstanzen vielfach zu einem Hemmnis des proletarischen Befreiungskampfes inmitten der Revolution.

Der Wiederaufbau unserer Volkswirtschaft muß ein sozialistischer sein. Davon ausgehend, sind Haltung und Politik des Verbandes konsequent auf den Boden des revolutionären Klassenkampfes und des Rätesystems einzustellen, um den Kampf des Proletariats zum schnellen und sicheren Siege des Sozialismus zu führen, mündend in die siegreiche Weltrevolution des Proletariats.

Auf der 14. Generalversammlung des Deutschen Metallarbeiterverbandes (DMV) in Stuttgart im Oktober 1919 setzt sich der Vorsitzende Robert Dißmann mit einer Resolution für ein Rätesystem und den revolutionären Klassenkampf durch.

Robert Dißmann (1878 – 1926), Mitbegründer der USPD (1917), Vorsitzender des DMV von 1919 bis 1926

Das Zentralarbeitsgemeinschaftsabkommen (ZAG) zwischen den großen Arbeitgeberverbänden und den Gewerkschaften vom 15. November 1918 brachte den Gewerkschaften mit der Anerkennung ihrer Verbände und der Durchsetzung des Acht-Stunden-Tages wichtige Erfolge. Aber dieses Abkommen und die Verordnung über Tarifverträge und Arbeiterausschüsse vom 23. Dezember 1918 verhalfen der Anerkennung der arbeitsrechtlichen Scheidung zwischen Tarifvertrag und Betriebsvereinbarung noch nicht zum Durchbruch, denn die Forderungen nach Arbeiterräten mit wirtschaftlicher Entscheidungsmacht nach dem Vorbild der russischen Sowjets und nach Sozialisierung von »Schlüsselindustrien« bewegten die Massen leidenschaftlich.

Die Wahlen zur Nationalversammlung vom Januar 1919 trugen zunächst wenig zur Beruhigung der Massenstreik-Bewegungen bei, obwohl die Weimarer Koalition aus

Mehrheitssozialdemokraten (MSPD), aus dem katholischen Zentrum und aus der Deutschen Demokratischen Partei (DDP) unter den sozialdemokratischen Reichskanzlern Philipp Scheidemann und Gustav Bauer unentwegt an stabilen Stützen eines künftigen Arbeits- und Sozialrechts arbeitete.

Die ungeklärte arbeitsrechtliche Situation spiegelt sich wider im Redebeitrag des langjährigen Vorsitzenden der freigewerkschaftlichen Zentralverbände auf der Konferenz vom April 1919. Carl Legien, ein gelernter Drechsler, wandte sich gegen die Forderung des Redakteurs der »Handlungsgehilfen-Zeitung« Paul Lange, Mitglied der neugegründeten Kommunistischen Partei Deutschlands (KPD), der sich für ein wirtschaftliches Rätesystem, und zwar unter Ausschaltung der Unternehmerschaft, ausgesprochen hatte. Es war den meisten Gewerkschaftsführern völlig bewusst, dass sich das »fremde russische Gewächs« nicht einmal im Mutterland der Sowjets bewährt hatte, vielmehr zur Lähmung, ja zum Zusammenbruch der Produktion geführt und den Übergang zur Parteidiktatur eröffnet hatte. Richtungsweisend war ohne Zweifel auch die Einsicht Legiens, dass die Zukunft der Betriebsräte von der Unterstützung durch starke Gewerkschaften abhängen werde.

Der Deutsche Metallarbeiterverband (DMV) hingegen blieb zunächst noch im Banne eines »reinen« Rätesystems, wie es das gemäßigte USPD-Mitglied Robert Dißmann auf der Generalversammlung im Oktober 1919 zum Ausdruck brachte. Für die Christliche Gewerkschaftsbewegung in Deutschland stand aber völlig außer Zweifel, dass ein »Mißbrauch von Arbeiterräten« zu dem Zweck, die »Diktatur des Proletariats« zu errichten, zu verurteilen war. Schon vor der Jahrhundertwende war es ihr Ziel gewesen, den Arbeiter »an der Stätte seiner lebenswichtigen Betätigung als Mensch und mit ausschlaggebender Produktionsfaktor« zur Geltung zu bringen. Zu Recht hat man die christliche Arbeiterbewegung daher neben den bürgerlichen Sozialreformern als Urheber des Betriebsräte-Gedankens bezeichnet.

Die Verwurzelung eines Räte-Systems in der Industriearbeiterschaft ist vielfach überschätzt worden. Dies belegt eine Flut von Eingaben aus den Belegschaften bei den Reichsbehörden, die den Wunsch nach Mitbestimmung in der Arbeitswelt in der Form von Betriebsräten dokumentiert.

Mit zunehmendem Abstand zur Revolutionsphase formierten sich unterdessen die kooperationsunwilligen Industriekreise aufs Neue, und es war vor allem die Schwerindustrie des Westens des Reiches, die sich den Demokratisierungstendenzen in der Arbeitswelt mit Nachdruck verschloss. Hier bildeten sich Ansätze einer Veto-Macht heraus, die den Kern der die Republik von Weimar unterminierenden Kräfte bilden sollte.

Herr Generaldirektor Vögler-Dortmund: Meine Herren, auch ich habe seinerzeit auf dem Standpunkt der Resolution des Reichsverbandes gestanden und glaubte, durch Mitarbeit am Betriebsrätegesetz der Industrie die Annahme zu ermöglichen. Aber schon wenige Sitzungen der vorbereitenden Kommission mußten jedem zeigen, daß der Geist, der in dieses Gesetz hineingelegt wird, eine schroffe Ablehnung nötig macht. Ich bitte mich nicht mißzuverstehen; ich erkenne die Arbeiterbewegung und die Vertretung der Arbeiterschaft in Arbeiter- und Angestelltenausschüssen als durchaus berechtigt an; aber hierum handelt es sich ja gar nicht. Die Rechte, die man jetzt den Betriebsräten geben will, die vielumstrittenen Paragraphen zeigen es, sind gar nicht dazu da, Rechte der Arbeiter zu befestigen, es sind Kontrollrechte über die Unternehmer. (Sehr richtig!) Meine Herren, jedem der beiden großen Faktoren im Produktionsprozeß, den Arbeitgebern und den Arbeitnehmern, sind natürliche, scharfe Grenzen gezogen. Der Arbeitnehmer ist sachverständig für die Ausführung der Arbeit, der Arbeitgeber ist sachverständig für die Leitung des Betriebes. Diese unsere Grenze wollen wir uns nicht verwischen lassen, wir wollen nicht, daß die eine Seite hineinpfuscht in das Handwerk der anderen. Jede Unklarheit im Betriebe muß sich rächen.

Meine Herren, einer der Herren Vorredner hat geglaubt, man dürfe das Wort: „Diktatur des Proletariats" nicht aussprechen. Mit dem Betriebsrätegesetz ist der Anfang der Diktatur der Handarbeiterschaft über die Kopfarbeiterschaft gemacht. (Sehr richtig!) Daran kann gar kein Zweifel sein. Die Autorität, die überall in deutschen Landen verloren ist, die vielleicht

— 28 —

nur noch in unserer Wirtschaft besteht, wird untergraben, man will die Wirtschaft demokratisieren, wie das Schlagwort heißt und mit dieser Demokratisierung geht die ganze Macht auf die Arbeitnehmerseite über. Meine Herren, der „Vorwärts" hat geglaubt, vor einigen Tagen erklären zu müssen, er betrachte die Annahme oder Ablehnung des Betriebsrätegesetzes als einen Prüfstein auf die sozialistische Republik. Wenn wir uns diese Tatsache vor Augen halten, dann, glaube ich, haben wir alle Ursache, geschlossen zusammenzustehen zum Kampfe und uns zu wehren gegen dieses Betriebsrätegesetz. (Beifall.) Das Betriebsrätegesetz muß nach meiner ehrlichen Überzeugung fallen, weil es gegen eines der vornehmsten Gesetze der Betriebsführung verstößt. (Sehr richtig!) Es ist unproduktiv im höchsten Maße. (Sehr richtig!) Wir bemühen uns, alle Reibungsflächen aus unsern Betrieben herauszubekommen, und jetzt bringt man uns mit dem Betriebsrätegesetz die Politik in die Wirtschaft und damit Reibungsflächen zwischen denen wir zermürbt werden, wenn wir sie nicht aus dem Wege schaffen. (Sehr richtig!) Das Betriebsrätegesetz muß ferner fallen, weil es der Anfang der Verkörperung der sozialistischen Wirtschaftstheorien ist. Sehen wir nach Rußland hin, da haben wir das Beispiel, was sozialistische Wirtschaft in ihrer Auswirkung erreicht. Sie bedeutet keine neue Zukunft, sie bedeutet den sicheren Untergang. Wir wollen aber nicht untergehen, und darum bekämpfen wir dieses Gesetz! Es darf nicht zur Tat werden. (Lebhafter, anhaltender Beifall.)

Protest des Generaldirektors der Deutsch-Luxemburgischen Bergwerks- und Hütten-AG Albert Vögler gegen das Betriebsrätegesetz (Dezember 1919).

Albert Vögler (1877 – 1945), Vorsitzender des Vereins deutscher Eisenhüttenleute, Mitglied des Reichstages für die DVP

»Magna Charta« der betrieblichen Mitbestimmung:
Das Betriebsrätegesetz von 1920

Wie war es möglich, dass das fortschrittlichste Betriebs-verfassungsgesetz Europas, das die Betriebsräte zu Verhandlungspartnern der Arbeitgeber machte, das Rechtssicherheit und Kontinuität versprach, von vielen Zeitgenossen als ein »Zerrbild von Betriebsräten« betrachtet wurde? Die Gewerkschaftsführungen hatten es sich in der politischen und gesellschaftlichen Umbruchsitua-tion von 1918/19 nicht leicht gemacht: Endlich hatten sie das Tarifvertragsprinzip durchgesetzt, das sich unter den Bedingungen der sich anbahnenden Hyperinflation zu bewähren hatte. Unabweisbar aber erschien ihnen, dass den tariflichen Vereinbarungen der Vorrang vor den betrieblichen zukam. Auf dem 10. Kongress der Freien Gewerkschaften im Juli 1919 in Nürnberg ließ sich die Führung um Legien ihre Haltung zur Betriebsrätefrage von den Delegierten mit 407:192 Stimmen legitimieren. Damit siegte auch das gewerkschaftliche Repräsentati-onsprinzip über das rätedemokratische Versammlungs-prinzip.

Es war bezeichnend, dass die USPD in der Nationalver-sammlung zusammen mit der Wirtschaftspartei DVP und der ultrarechten DNVP gegen das Betriebsrätegesetz (BRG) stimmte. Ohne Zweifel war das einigende Band bei der Ablehnung die tiefe Abneigung gegen die Macht des Parlaments. Bei der USPD kam hinzu, dass sie die harte Tatsache ignorierte, dass das Deutsche Reich und nicht nur die Eliten des Kaiserreichs den Krieg verloren hatte. Als leidenschaftliche Kriegsgegnerin fühlte sie sich nicht mitverantwortlich für die erheblichen Kriegsfolgelasten. Die hasserfüllte Abrechnung des USPD-Abgeordneten Curt Geyer am 14. Januar 1920 in der Nationalversamm-lung verzeichnete für viele Jahre die Urheberschaft für eine der wichtigsten Sozialreformen der Weimarer Repu-blik, als er die »gewaltigen Arbeiteraufstände« vom Früh-jahr 1919 zu den Geburtshelfern rechnete. Der Räte-Gedanke sei aber »ins Lächerliche verzerrt«. Mit dem BRG diffamierte er auch das »Repräsentationssystem

Das Kabinett Gustav Bauer: Bauer, stehend (SPD), der aus der Freien Gewerkschaftsbewegung kam, vorn mit dem Rücken zur Kamera Arbeits-minister Alexander Schlicke (SPD, zuvor Vorsitzender des DMV), 2. v. r. der aus der christlichen Gewerkschaftsbewegung stammende Postmi-nister Johannes Giesberts (Zentrum), rechts Außenminister Erich Koch-Weser (DDP)

Reichs-Gesetzblatt

Jahrgang 1920

Nr. 26

Inhalt: Betriebsrätegesetz. S. 147. — Wahlordnung zum Betriebsrätegesetze. S. 175.

(Nr. 7287) Betriebsrätegesetz. Vom 4. Februar 1920.

Die verfassunggebende Deutsche Nationalversammlung hat das folgende Gesetz beschlossen, das mit Zustimmung des Reichsrats hiermit verkündet wird.

I. Allgemeine Bestimmungen

§ 1

Zur Wahrnehmung der gemeinsamen wirtschaftlichen Interessen der Arbeitnehmer (Arbeiter und Angestellten) dem Arbeitgeber gegenüber und zur Unterstützung des Arbeitgebers in der Erfüllung der Betriebszwecke sind in allen Betrieben, die in der Regel mindestens zwanzig Arbeitnehmer beschäftigen, Betriebsräte zu errichten.

§ 2

In Betrieben, die in der Regel weniger als zwanzig, aber mindestens fünf wahlberechtigte Arbeitnehmer beschäftigen, von denen mindestens drei nach den §§ 20 und 21 wählbar sind, ist ein Betriebsobmann zu wählen.

Beschäftigen solche Betriebe mindestens fünf wahlberechtigte Arbeiter und fünf wahlberechtigte Angestellte, so kann ein gemeinsamer Betriebsobmann gewählt werden. Ist eine Einigung der Mehrheit beider Gruppen nicht zu erzielen, so wählen Arbeiter und Angestellte je einen Betriebsobmann.

§ 3

In Betrieben, die mindestens zwanzig Hausgewerbetreibende (§ 119b Gewerbeordnung) beschäftigen, welche in der Hauptsache für denselben Betrieb arbeiten und selbst keine Arbeitnehmer beschäftigen, muß ein besonderer Betriebsrat für die Hausgewerbetreibenden errichtet werden. Die näheren Bestimmungen trifft der Reichsarbeitsminister mit Zustimmung eines aus achtundzwanzig Mitgliedern bestehenden Ausschusses des Reichstags.

Reichs-Gesetzbl. 1920. 31

Ausgegeben zu Berlin den 9. Februar 1920.

(Vierzehnter Tag nach Ablauf des Ausgabetags: 23. Februar 1920)

Die Nationalversammlung verabschiedete das Betriebsrätegesetz mit 213 : 64 Stimmen der Regierungskoalition aus SPD, Zentrum, DDP gegen die linke USPD, die bürgerliche DVP und die ultrarechte DNVP.

Wahlplakat der freien Gewerkschaften zur Betriebsratswahl 1920.

Arenberg-Akte: Betriebsräte 1920.

Bergarbeiter! Wollt ihr

so?   oder   so?

behandelt sein?

Das Verhalten des Unternehmers

Ohne Betriebsrat!	Mit Betriebsrat!
Bei Tariffragen	
zahlt die Zechenverwaltung keinen Tariflohn und verweigert den Urlaub. Der Grundsatz der Arbeitgeber lautet: „Für viel Arbeit und lange Arbeitszeit möglichst wenig Lohn, an Urlaub garnicht zu denken".	ist der Arbeitgeber gehalten, den von der Gewerkschaft vereinbarten Lohn zu zahlen und Urlaub zu geben. Der Betriebsrat hat gemäß § 78 die Aufgabe, für die Durchführung der Tarifverträge einzutreten.
Bei Festsetzung der Arbeitsordnung	
bei mir gilt folgende Dienstvorschrift: § 1. Ich habe zu bestimmen. § 2. Jeder Arbeiter hat zu arbeiten und das Maul zu halten. § 3. Wer gegen die §§ 1 und 2 verstößt, wird entlassen.	gemäß § 78 Ziffer 3, § 80 und § 75 des BRG. hat die Zechenverwaltung mit dem Betriebsrat eine Arbeitsordnung zu vereinbaren. Hierbei kann der Betriebsrat gleichberechtigt mitwirken.
Bei Arbeiterentlassungen	
Arbeiter, die ihr Recht vertreten, werden ohne Ausnahme entlassen.	ist Einspruch gemäß § 84 des BRG. bei der Betriebsvertretung zu erheben. Bei Entlassungen ohne Zustimmung des Betriebsrats bzw. Arbeitsgerichts ist eine Entschädigung bis zu 6 Monaten Lohn zu zahlen.
Bei Bestrafungen im Einzelfall	
Bestrafungen aus ersichtlichem Grund und in nichtverständlicher Höhe sind an der Tagesordnung.	gemäß § 80 Abs. 2 des BRG. und § 22 Ziff. 16 Abs. 2 der Arbeits-Ordnung ist Bestrafung nur mit Zustimmung des Betriebsrats möglich bzw. ersetzt die Zustimmung des Betriebsrats das Arbeitsgericht durch einen Spruch.

Darum, Kameraden, wählt überall Betriebsräte!
Wählt die Liste der freien Gewerkschaften!

Wahlplakat der freien Gewerkschaften zur Betriebsratswahl 1920 im Bergbau

Am 13. Januar 1920 kam es während einer von der USPD aus Anlass der zweiten Lesung des Betriebsrätegesetzes (BRG) einberufenen Demonstration vor dem Reichstag zu schweren Tumulten.
Bilanz: 42 Tote, 105 Verletzte

der bürgerlichen Demokratie«. Die Hauptintention seiner Rede bestand indes darin, die Verantwortung für das Blutbad vor dem Reichstag am Vortage auf die regierende Mehrheitssozialdemokratie abzuwälzen. Es war aber der außerparlamentarischen Protest-Strategie der USPD zuzurechnen, dass eine von ihr einberufene Demonstration aus dem Ruder lief.

Der aus der freigewerkschaftlichen Angestelltenbewegung stammende Reichskanzler Gustav Bauer ließ im Reichstag aber keinen Zweifel an der Verantwortlichkeit der USPD: Das aus dem freiesten Wahlrecht hervorgegangene Parlament sei »unter die Diktatur der Straße« gestellt worden: »Die Unabhängige Sozialdemokratie wird die Flecke nicht abwaschen können.« Bauer gehörte, ebenso wie der aus der christlichen Gewerkschaftsbewegung stammende Postminister Johannes Giesberts, zu den Gestaltern des Arbeitsrechts in der Revolution, und zwar unter stetiger Einbeziehung der Repräsentanten aus dem Arbeitnehmer- wie aus dem Arbeitgeber-

(Dr. **Geyer** [Sachsen], Abgeordneter.)

Nachdem die Regierung dieses Blutbad hervorgerufen hat,
(Lachen bei den Mehrheitsparteien,)
ist sie heute dazu übergegangen, die Schuld an diesen
Vorgängen von sich abzuwälzen und auf die Unabhängige
Sozialdemokratie und auf die kommunistische Partei zu
wälzen. Wir haben heute aus dem Munde der Re-
gierungsvertreter Reden gehört, die selbst die Reden übertrafen, die seinerzeit der selige Puttkamer zur Begründung
des Ausnahmegesetzes gehalten hat.
(Sehr richtig! bei den Unabhängigen Sozialdemokraten.)
Wenn die Geschichte einst diese Reden beurteilen wird,
so wird sie urteilen, daß es unter der angeblich freiesten
Demokratie der Welt in Deutschland noch weniger Rechte
und Freiheiten gegeben hat, als es selbst unter der Herr-
schaft des Ausnahmegesetzes gegen die Sozialdemokratie
gegeben hat.
(Lachen und Zurufe von den Sozialdemokraten.)
Die Geschichte des vorliegenden Betriebsrätegesetzes
ist die Geschichte der Revolution in Deutschland.
(Sehr richtig! bei den Unabhängigen Sozialdemokraten.)
An der Wiege dieses Betriebsrätegesetzes standen jene
gewaltigen Arbeiteraufstände vom Frühling vorigen
Jahres, in denen die Regierung bereits ihren gegen-
revolutionären Charakter zeigte, indem sie mit Maschinen-
gewehren auf die Arbeiterschaft schießen ließ, die sich für
die Sozialisierung einsetzte.
(Sehr richtig! bei den Unabhängigen Sozialdemokraten.)
Heute, an dem Tage, wo dieses Betriebsrätegesetz hier
im Plenum der Nationalversammlung endgültig beraten
werden soll, hat die Regierung den Schlußstrich unter ihr
konterrevolutionäres Verhalten gezogen, wenn sie aber-
mals, wie damals im Frühjahr, Maschinengewehre gegen
die Arbeiter auffahren ließ, die für ihre Rechte und für
den Sozialismus demonstriert haben.
(Sehr wahr! bei den Unabhängigen Sozialdemokraten.)
In diesem Betriebsrätegesetz ist der Gedanke des
Rätesystems, wie ihn die klassenbewußte Arbeiterschaft
vertritt, ins Lächerliche verzerrt worden.
(Sehr richtig! bei den Unabhängigen Sozialdemokraten.)
Wenn es noch eines Beweises dafür bedürfte, so spricht
die Tatsache Bände, daß die Herren von der äußersten
Rechten soviel Vertrauen in den **Reichswirtschaftsrat**
setzen, den die Regierung schaffen will, daß sie ihm dieses
Betriebsrätegesetz zur Begutachtung und Umarbeitung
überweisen wollen,
(sehr gut! bei den Unabhängigen Sozialdemokraten)
nicht etwa, um die Arbeiterrechte in diesem Gesetze aus-
bauen zu können, sondern um dieses Gesetz durch diesen
sogenannten Reichswirtschaftsrat noch mehr zu ver-
schlechtern, als es bisher verschlechtert worden ist.
Der Name „Betriebsrätegesetz" soll nur dazu dienen,
um Verwirrung in den Köpfen der Arbeiterschaft anzu-
richten, die den Weg zum Sozialismus im **Rätesystem**
erblicken. Hat doch die Regierung, deren Nachfolgerin
jetzt diesen Gesetzentwurf vorlegt, sich von vornherein aufs
schroffste gegen das Rätesystem ausgesprochen. Vor jenen
großen Streiks im Frühjahr des vergangenen Jahres
hat die Regierung, deren Ministerpräsident Herr Scheidemann war, sich in der schroffsten Weise gegen das Rätesystem überhaupt ausgesprochen.

In der Nationalversammlung lehnt Dr. Curt Geyer (USPD) am
14. Januar 1920 die Verantwortung seiner Partei für das
Blutbad vor dem Reichstag und das BRG ab.

Das Organisationsverhältnis der Betriebsräte in der Metallindustrie

in den vergangenen Jahren war in der Arbeitergruppe folgendes:

Im Jahre	DMV	Andere freie Verbände	Christen	Hirsch-Duncker	Union. Syndikal.	KPD (RGO)	Unorganis	Näh. Ang. fehlen	Zu-sam-men
1922	26 430	2 576	1 783	646	243	—	733*	1079*	32 562
1923	22 495	2 069	1 346	468	164	—	618*	412*	26 858
1924	17 101	1 648	910	375	257	—	1134		21 425
1925	21 295	2 080	1 294	478	126	—	1097		26 370
1926	19 107	2 140	1 469	482	101	—	868	531	24 698
1927	21 238	1 939	1 467	466	94	—	859	491	26 554
1928	25 413	2 177	1 855	566	83	—	921		31 015
1929	25 462	1 891	1 970	499	61	295	876		31 054
1930	22 667	1 804	2 070	489	56	753	1006		28 845

* In dieser Zahl sind Arbeiter und Angestellte zusammengefaßt.

Die Wahlen wurden durchgängig gesondert für die Arbeiter-
und Angestelltengruppe durchgeführt. Gemeinsame Wahlen gemäß § 19 BRG werden in der Metallindustrie nicht vorgenommen.

Die Wahlbeteiligung

ist bei den Wahlen der Arbeitervertreter als gut zu bezeichnen.
In einer großen Anzahl Verwaltungsstellen findet eine Stimmab-
gabe bei den Betriebsratswahlen überhaupt nicht oder ver-
einzelt statt, da nur freigewerkschaftliche Vorschlagslisten eingereicht werden. Die Versuche links- und rechtsradikaler Parteien,
auf die Betriebsrätebewegung Einfluß zu gewinnen, haben hierin
bisher keine Änderung hervorgerufen. Aus Orten und Betrieben,
wo regelmäßig Stimmabgaben stattfinden, wird berichtet:

Aue i. E.: Bis 1923 war eine restlose Wahlbeteiligung festzustellen; nach dieser Zeit betrug sie 50 vH und hat sich zurzeit
auf 60 vH erhöht.

Dessau: Die Wahlbeteiligung beträgt zirka 95 vH und ist von
Jahr zu Jahr besser geworden.

Bremen: Die Wahlbeteiligung betrug nach Inkrafttreten des
Gesetzes 80 vH, in den letzten Jahren 90 bis 95 vH.

Dortmund: Im Dortmunder Bezirk beträgt die Wahlbeteiligung
75 bis 93 vH.

Auf der Dortmunder Union machen 88 bis 90 vH der
Wahlberechtigten von ihrem Wahlrecht Gebrauch.

Über die Wahlbeteiligung bei der Firma Hoesch liegen
folgende Zahlen vor:

Jahr	Zahl der Arbeiter (einschl. Jugendliche)	Abgegebene Stimmen	Wahlbeteiligung in vH
1920	7606	6048	79
1921	9316	7789	83
1922	9724	7474	77
1923 fand durch Verfügung der Regierung keine Wahl statt.			
1924	6949	5834	84
1925	7349	5877	80
1926	6403	4590	72
1928	7122	5830	82
1929	7443	5875	79
1930	7153	5810	81

Essen: Die Wahlbeteiligung bei der Fr. Krupp AG ist seit Inkrafttreten des Gesetzes stabil. Sie beträgt durchschnittlich 82 vH.

Frankfurt a. M.: In der übergroßen Mehrzahl der Betriebe wird
nur eine Liste eingereicht. Wo mehrere Listen eingereicht werden,
ist die Beteiligung eine gute.

Leipzig: Die Wahlbeteiligung ist gestiegen, wo gegnerische
Listen aufgestellt wurden.

10

Wahlbeteiligung bei den Betriebsratswahlen (hier: Arbeiterrat) in der
Metallindustrie 1920 – 1930

Betriebsratwahlen im Ruhrbergbau 1920 – 1924

	1920 II[a]	1921 I	II	1922 II[a]	1294 I	II
Freie Gewerkschaften[b]	45,7	144,8	41,2	41,7	92,2	32,2
Christliche Gwerkschaften[c]	18,9	63,3	18,0	20,6	60,7	21,2
Hirsch-Dunckersche Gewerkverein	0,7	3,9	1,1	1,3	4,5	1,6
Polnische Berufsvereinigung	7,5	20,8	5,9	3,0	3,4	1,2
Union der Hand- und Kopfarbeiter	--	91,3	26,0	32,9[d]	98,1	34,3
Syndikalisten	27,0	16,7	4,7	--	20,8	7,3
Wirtschaftsfriedl. Arbeiterverbände[e]	0,1	1,3	0,4	0,0	1,2	0,4
Sonstige	0,3	9,5	2,7	0,5	5,1	1,8
Insgesamt	100,0	351,6	100,0	100,0	285,9	100,0

I) abgegebene Stimmen in Tausend;
II) in v H der gültigen Stimmen;
a) Sitzverteilung in den Betriebsräten (Arbeitervertreter);
b) vor allem Bergarbeiterverband (»Alter Verband«)
c) vor allem Gewerkverein christlicher Bergarbeiter;
d) zusammen mit den Syndikalisten;
e) »Gelbe«

lager. Das Betriebsrätegesetz trug damit auch die Züge eines großen Kompromisses.

Im § 1 des BRG wurde die für den deutschen betriebsverfassungsrechtlichen Weg charakteristische Doppelfunktion des Betriebsrats festgeschrieben: Er hatte die wirtschaftlichen Interessen der Arbeiter und Angestellten wahrzunehmen, gleichzeitig aber den Arbeitgeber »in der Erfüllung der Betriebszwecke« zu unterstützen. Die im § 66, Absatz 3 formulierte Aufgabe, »den Betrieb vor Erschütterungen zu bewahren«, wurde fälschlich als wirtschaftsfriedliche Domestizierung gedeutet. Tatsächlich aber bekräftigte dieser Passus über die »Friedenspflicht« die Unterordnung der Betriebsräte unter die Gewerkschaften. Dabei kam ihnen die Aufgabe zu, die »gesetzlichen Vorschriften und maßgebenden Tarifverträge« zu überwachen. Auf Antrag des Betriebsrats konnten betriebsexterne Gewerkschafter sowohl an dessen Sitzungen wie auch an Betriebsversammlungen teilnehmen. Die Wahrung der Vereinigungsfreiheit verpflichtete sowohl den Betriebsrat als auch den Arbeitgeber; Mitglieder bestimmter Parteien oder Verbände durften nicht benachteiligt werden. Eine Mitbestimmung bei Einstellungen wurde zwar ausgeschlossen, bei Einzelentlassungen aber musste der Betriebsrat gehört werden. Schließlich durfte ein Mitglied des Betriebsrats nur mit Zustimmung der Betriebsvertretung gekündigt werden.

Die 1921 und 1922 hinzugekommenen Ausführungsgesetze über die Pflicht zur Vorlage der Betriebsbilanz und über die Entsendung zweier Betriebsräte in den Aufsichtsrat von Kapitalgesellschaften rundeten ein Gesetz ab, das dem Aufstieg des Belegschaftsvertreters zu Selbstbewusstsein und Sachverstand den Weg ebnete. Belegschaftsversammlungen und jährliche Neuwahlen verbürgten ein hohes Maß von Kontrolle durch die Basis. Die ungewöhnlich hohe Wahlbeteiligung zeugt von der breiten Akzeptanz, die sich das Betriebsrätewesen, gestützt durch Gewerkschaften und deren qualifizierte Weiterbildung, erarbeitete. Die politische Zusammensetzung der Betriebsräte warf jedoch die Frage auf, ob sie zwischen den politischen Flügeln zerrieben werden würden oder sich als Katalysator der Überwindung der gewerkschaftspolitischen Spaltung erweisen würden.

Gespaltene Akzeptanz:
Unternehmer und Betriebsrat in den 1920er Jahren

In der Endphase des Krieges hatten führende Unternehmer einen Lernprozess durchgemacht. Angesichts der bevorstehenden Kapitulation des Deutschen Reiches hatten sie Verhandlungen mit den Gewerkschaftsführungen aufgenommen, um nicht mit der diskreditierten Monarchie der Hohenzollern und den kriegswirtschaftlichen Reglementierungen in einen Abstiegsstrudel zu geraten. Schon vor dem Ausbruch der Novemberrevolution aber zeigte sich, dass die großindustriellen Arbeitgeberverbände das erforderliche sozialpolitische Anpassungstempo nicht mithalten wollten. Es waren einzelne Industrieführer wie Hugo Stinnes aus der westlichen Schwerindustrie und weitsichtige Verbandspolitiker wie Hans von Raumer aus dem Zentralverband der deutschen Elektro-Industrie, die ein Bündnis mit den Gewerkschaftsspitzen um Carl Legien schmiedeten. Grundsätzlich aber galt, dass die Arbeitgeberverbände unter der Regie von Geschäftsführern und Verbandssyndici in den alten machtpolitischen Wahrnehmungsmustern verharrten, die vor dem Ersten Weltkrieg eine Anerkennung der Gewerkschaften als Tarifverbände – 1913 standen lediglich etwa 16 Prozent der deutschen Arbeitnehmer in tarifvertraglich geregelten Arbeitsverhältnissen – verhindert hatten.

In der chemischen Industrie zeigte sich am Verhalten des Bayer-Vorstandschefs Carl Duisberg, dass ein Gesinnungswandel auch der opportunistischen Anpassung an den neuen Geist der republikanischen Zeit entspringen konnte. Im elektrotechnischen Flügel der so genannten Neuen Industrien war es Carl Friedrich von Siemens, der endlich von der Unterstützung wirtschaftsfriedlicher Verbände Abstand nahm, um in Kooperation mit den zuvor bekämpften Gewerkschaftsverbänden den Fortgang der Produktion zu gewährleisten. Dabei war ihm durchaus bewusst, dass damit Zugeständnisse von Dauer verbunden waren. Dies zeigte sich schon in der Gründung einer Sozialpolitischen Abteilung, mit der die innerbetriebli-

Carl Duisberg (Vorstandsvorsitzender der Bayer AG) mit dem Schwerindustriellen Hugo Stinnes (links), seit Herbst 1918 ebenfalls ein Befürworter der Kooperation mit den Gewerkschaften (1923)

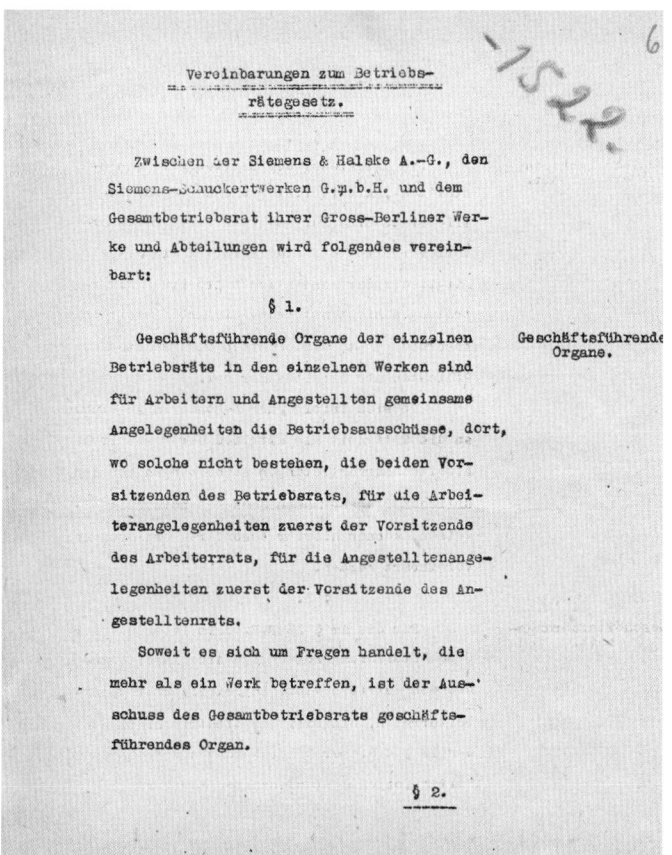

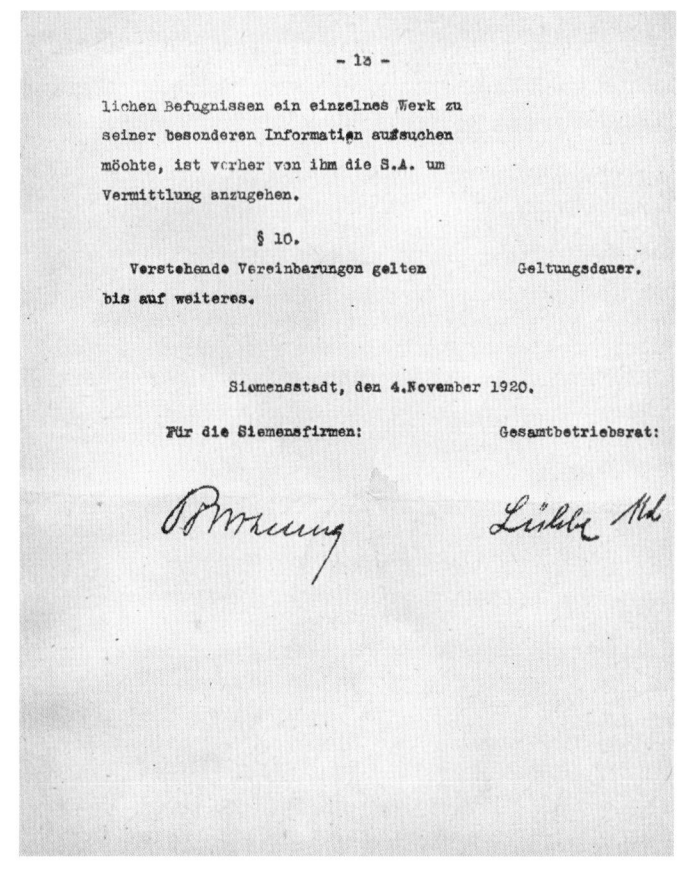

In der Betriebsvereinbarung vom 4. November 1920 regeln Vorstände und Betriebsräte von Siemens die Arbeitsgrundlagen für die Belegschaftsvertretungen (z. B. Freistellungen von der Arbeit, Büros incl. Ausstattung etc.).

chen Sozialbeziehungen im Siemens-Konzern zentral gesteuert werden sollten. Von Siemens ließ keinen Zweifel darüber aufkommen, dass man das betriebliche Feld nicht den »Agitatoren« überlassen dürfe, dass das Misstrauen in der Arbeiterschaft beseitigt werden müsse und dass man das »Vorteilhafte für den Produktionsprozess« herausschälen müsse. Er wies die Sozialpolitische Abteilung an, den Betriebsräten schon von Anfang an ein fertiges Arbeitsprogramm zu unterbreiten. An die Stelle repressiver Betriebsstrategien sollte ein vorausschauendes Kooperationskonzept treten. So kam es im November 1920 zu förmlichen »Vereinbarungen zum Betriebsrätegesetz« mit dem Berliner Gesamtbetriebsrats-Vorsitzenden Erich Lübbe, in denen Freistellungen, Sprechstunden, Bezahlung, Räume, Büroeinrichtungen, Bekanntmachungen des Betriebsrates sowie Verfahrensfragen der Zusammenarbeit geregelt wurden. Diese bahnbrechende Betriebsvereinbarung wurde vom DMV in seiner Betriebsräte-Zeitschrift als vorbildlich charakterisiert.

Indes erwiesen sich die Verhältnisse in der chemischen Industrie, in der die gewerkschaftliche Organisierung der überwiegend ungelernten Arbeiter vor dem Ersten Weltkrieg auf enorme Hindernisse gestoßen war, als komplizierter. So waren es kommunistische Gruppierungen, die, nachdem sie die Betriebsratsmehrheit erhalten hatten, z. B. bei der Bayer-AG in Leverkusen mit einer klassenkämpferisch aufgeladenen Politik des Verbalradikalismus und Aktionismus eine Regulierung sozialer Konflikte nach den Maßgaben des Betriebsrätegesetzes verhinderten und damit die Chancen einer kooperativen Politik verspielten.

Lag in den Neuen Industrien ein hoher Grad der Verschriftlichung von Vereinbarungen mit Betriebsräten vor, so war es charakteristisch für die Schwerindustrie des Westens, dass Zugeständnisse jeglicher Art verweigert wurden. Hier setzten sich beinahe ungebrochen die wirtschaftlichen Interessen der Großkonzerne durch, die sich den Umgang mit Industriearbeitern nur über Disziplinierungsmittel vorstellen konnten. Freistellungen von der Berufsarbeit wollte der Arbeitgeberverband der Nord-

Fließfertigung bei Siemens (1927): Moderne Produktionskonzepte in der Elektroindustrie

Carl Friedrich von Siemens (1932). Seit 1919 Aufsichtsratsvorsitzender von Siemens

westlichen Gruppe des Vereins Deutscher Eisen- und Stahlindustrieller Arbeitnordwest ebenso verhindern wie eine Beurlaubung von Betriebsräten zu Weiterbildungskursen. Arbeitsrechts-Publikationen, Telefon und Schreibmaschine wurden den Betriebsräten oftmals verweigert. Unter dem Vorsitz des erzreaktionären ehemaligen Krupp-Direktors und Zechenverbands-Vorsitzenden Alfred Hugenberg, der überdies ein mächtiges Presse-Imperium aufbaute, griff der Zechenverband auf die Herr-im-Hause-Politik der Vorkriegszeit zurück. Die massiven Gesetzesverstöße gegen Tarifverträge, gegen das Schlichtungswesen und gegen das Betriebsrätegesetz in der Mark-Stabilisierungskrise von 1923/24 und beim Ruhreisenstreit vom November 1928, der Massenaussperrung von 250.000 Arbeitern, signalisierten das un-

Essen, Mittwoch, 19. November 1924
Nr. 272. 25. Jahrgang

⚒ **Deutsche** ⚒

Bergwerks-Zeitung

Einzelpreis **20 Reichspfennig.**
(alle Aufschläge eingeschlossen)

Erscheint täglich, ausgenommen Montags.

Industrie- und Handelsblatt
mit Wochenschrift „Technische Blätter"

Hat sich das Betriebsrätegesetz bewährt?

Wir begannen in Nr. 272 der D. B.-Z. mit der Veröffentlichung der Ergebnisse einer Rundfrage über die Erfahrungen der Werke mit den Betriebsräten und lassen nachstehend den Schluß folgen.

Die letzte Frage hieß: „Hat der Betriebsrat im Betriebsrätegesetz zuviel Rechte, und was wäre abzuändern?"

Viele Werke stehen auf dem Standpunkt, daß das Betriebsrätegesetz vollständig abzuschaffen sei. Sie sind der Ansicht, daß das Experiment des BRG. einen vollständigen Fehlschlag bedeute, der zu beseitigen sei. Andere Werke wiederum wünschen eine Aenderung des BRG. hauptsächlich dahin, daß die Befugnisse der Betriebsräte, ganz besonders bezüglich der §§ 66 Ziffer 9, 80, Abs. 2, 84, 71, 96 und 74 des Gesetzes aufzuheben seien. Auf alle Fälle wird verlangt, daß ein Eingreifen in die Betriebsleitung, wie dies häufig vorgekommen ist, nicht mehr stattzufinden habe. Alle befragten Werke sind einmütig der Ansicht, daß die im BRG. vorgesehenen Rechte des Betriebsrates viel zu weit gehen und daher zu beseitigen, zum mindesten aber auf eine Wahrnehmung lediglich wirtschaftlicher und sozialer Aufgaben zu beschränken seien.

Aus den mitgeteilten Antworten ergibt sich ohne weiteres, daß man von einer Bewährung des Betriebsrätegesetzes nicht im entferntesten sprechen kann, wenn man die Meinung unserer heimischen Industrie darüber hört, die gewiß Gelegenheit genug gehabt hat, Erfahrungen auf diesem Gebiet zu sammeln. Gerade die unruhigen Jahre nach dem Inkrafttreten des Gesetzes wären besonders geeignet gewesen, eine Belastungsprobe zu liefern. Die Tatsachen haben ergeben, daß sie nicht bestanden worden ist. Es scheint wichtig zu sein, was viele Werke zur ratio legis meinen: Die Arbeiterschaft ist nach wie vor für die darin ausgesprochene Idee der Zusammenarbeit zwischen Unternehmer und Arbeiter. Es mag sein, daß viele verständige Arbeiter sehr wohl für eine solche Zusammenarbeit im Sinne des Gesetzes zu haben gewesen wären, wenn sie nicht durch die unverantwortliche Hetzerei der radikalen Elemente und der politisierten Arbeiterschaft daran gehindert worden wären. Das Amt des Betriebsrates ist vielfach zum Spielball politischer Kämpfe gemacht worden, wobei bei dem geringen Wahlalter (18 Jahre) natürlich der jugendlich-radikale Unverstand über die Erfahrung und das Alter gesiegt hat. Wenn etwas geändert werden müßte, so ist es in erster Linie diese Altersgrenze. Wer praktisch mit dem Gesetz zu arbeiten gehabt hat, weiß nur zu genau, wieviel Unheil unter Mißbrauch seiner Bestimmungen gerade durch die kommunistisch verhetzte Jugend angerichtet worden ist. Eine Heraufsetzung des Wahlalters auf wenigstens 21, besser noch 25 Jahre, ist daher die dringendste Notwendigkeit.

Ein weiterer Uebelstand, der in fast allen Antworten wiederkehrt und der unbedingt abgestellt werden muß, ist die politische Betätigung der Mitglieder der Betriebsräte. Daß ihnen das Gesetz im § 66 ausschließlich wirtschaftliche Befugnisse zugewiesen hat, haben sie fast durchweg nicht beachtet. Die dort als Aufgabe der Betriebsräte so schön bezeichnete „Sorge für den möglichst hohen Stand und möglichste Wirtschaftlichkeit der Betriebsleistungen" haben sie ebensowenig erfüllt, wie die die „Bewahrung des Betriebes vor Erschütterungen" vielfach nicht mit dem nötigen Nachdruck gepflegt, ja in einzelnen Fällen sogar bewußt das Gegenteil daran getan haben. Auch mit der „Förderung des Einvernehmens innerhalb der Arbeiterschaft sowie zwischen ihr und dem Arbeitgeber" ist es nicht weit hergewesen. Es ist auch hier gerade das Entgegengesetzte vielfach beobachtet worden; daß nämlich aus politischen Motiven der Betriebsrat einen Teil der Arbeiterschaft gegen den anderen aufgehetzt und alles nur Mögliche geleistet hat, die Kluft zwischen Arbeitgeber und Arbeitnehmer zu erweitern. Und gerade in der letztgenannten Tätigkeit liegt die Todsünde wider den Geist des Gesetzes, das berufen war, in erster Linie eine Brücke zum sozialen Frieden zu schlagen. In dieser Hinsicht ist das Betriebsrätegesetz ein vollständiger Fehlschlag geworden.

Auf dem letzten internationalen sozialpolitischen Kongreß in Prag ist eine Resolution gefaßt worden, die auf Grund der Bewährung der Betriebsräteverfassung in Deutschland ihre Einführung auch in den anderen Ländern fordert. Wie es mit dieser „Bewährung" aussieht, geht für jeden Einsichtigen aus den von uns mitgeteilten Antworten der Praxis hervor, woraus zu ersehen ist, mit welchen Instrumenten auf derartigen internationalen Kongreß die Musik gemacht wird. J.—

schon fr
auch jet
Das
die Vert
in Frank
kung ab
Sorte „b
und mit
köpfe w
schieden
mager
Spatzenk
mager 1
Braunko
erhöht:
Schiff fr
Die
sich über
Brennsto
noch nic
ob es sich
werden
empfang
vergewis
nicht he
Handel
gründun
mit der
fuhr vor
ist man l
Notwend
mischung
Ausserde
zwischen
elsässisch
Sehr ern
gierung,
belastet
Fr. je T
nehmen.
Regierun
hauptet
nung st
England
zu schäd

Umfrage der unternehmernahen DBZ vom November 1924: Das BRG sei ein vollständiger Fehlschlag.

verhohlene Bemühen, die durch die Wandlungen auf den Märkten verloren gegangene Weltgeltung durch Druck auf Löhne und Arbeitszeiten wiederzuerringen. So verwundert es nicht, dass viele Ruhrzechen auf eine Umfrage der unternehmernahen »Deutschen Bergwerks-Zeitung« vom November 1924 mit der Forderung reagierten, »daß das Betriebsrätegesetz vollständig abzuschaffen sei«. Es handele sich beim BRG um ein Experiment, das vollständig fehlgeschlagen sei. Die »geschlossene Gesellschaft« der Bergwerksdirektoren, als Bergassessoren a. D. aus dem preußischen Staatsdienst hervorgegangen, wollte ihre Vorkriegsposition durch eine repressive betriebliche Sozialpolitik wiederherstellen. Eines der Ergebnisse der daraus resultierenden Unterdrückungspolitik war eine Radikalisierung der Belegschaften.

Der Vorsitzende des Zechen-Verbandes und Zeitungsverleger Alfred Hugenberg (DNVP)

Druck von allen Seiten:
Betriebliche Mitbestimmung in der Weltwirtschaftskrise

Unter den Ländern mit kapitalistischer Wirtschaftsordnung hatte die Weltwirtschaftskrise ihre härtesten Auswirkungen in den Vereinigten Staaten und im Deutschen Reich. Massenentlassungen und Kurzarbeit trafen Millionen von Arbeitern und Angestellten. Die Bezüge der Beamten unterlagen wegen der Krise in den öffentlichen Haushalten erheblichen Kürzungen. Unter Eingriff in laufende Tarifverträge wurden die Löhne durch Notverordnungen gesenkt. Wegen der rasch wachsenden Zahl von Arbeitslosen wagte kaum noch jemand, Überstunden zu verweigern, sich krank zu melden oder gar »blau« zu machen. Die Bereitschaft, den Betriebsrat in Arbeitsplatzkonflikten anzurufen, ging drastisch zurück, ja selbst die gewählten Arbeiter- und Angestelltenvertreter zeigten zunehmend weniger Neigung, Kontroversen mit dem Arbeitgeber zuzuspitzen.

Vielfach nutzte die Kapitalseite die Wirtschaftslage dazu aus, ihre betriebliche Machtposition zu festigen und die vermeintlichen Fesseln des Betriebsrätegesetzes zu lockern. Das geschah umso augenfälliger gegenüber den kommunistischen Belegschaftsvertretern, die seit 1929 aufs Neue stärker in Erscheinung traten. Mit eigenständigen Verbandsgründungen der Roten Gewerkschaftsopposition (RGO) und separaten Listen bei den Betriebsratswahlen seit 1930 waren sie vom Arbeitgeber leicht auszumachen.

Arbeitslosenschlange beim Stempeln im Hof des Arbeitsamtes Hannover (Frühjahr 1932)

Für die Betriebsräte aus dem freigewerkschaftlichen und aus dem christgewerkschaftlichen Lager entstand durch die kommunistischen Gruppierungen nunmehr eine doppelte Frontstellung: Auf der einen Seite ein gestärkt auftretender Arbeitgeber, und auf der anderen Seite ein kompromisslos auftretender kommunistischer Kollege, der mit seinen Klassenkampfparolen die Situation durchgreifender zu verbessern versprach als eine Politik der kleinen Schritte, wie sie die Gewerkschaften und die Betriebsräte zehn Jahre lang vertreten hatten.

Demonstration der RGO anlässlich der Betriebsrätewahlen bei der Leipziger Kammgarnspinnerei Stöhr & Co am 19. März 1931

RGO-Streikversammlung im Ruhrbergbau im Januar 1931. Der Streik sollte den »endgültigen Sturz der Bourgeoisie« herbeiführen. Er brach am 7. Januar zusammen.

Arbeiter der Stirn u. der Faust!

Kämpfer in der N. S. B. O.!

Das kaum Glaubliche ist eingetroffen. Die Tarife stehen nur noch auf dem Papier. Der Willkür der reaktionären Unternehmer ist Tür und Tor geöffnet. Die Arbeiter, deren Löhne ohnehin kaum zum Leben reichten, werden auf den Stand chinesischer Kulis herabgedrückt. Das alles geschieht von einer verkalkten Adelskaste, die sich um einige Jahrhunderte verrechnet hat.

Wir pfeifen auf einen Feudalstaat, in dem der Arbeiter als Mensch zweiter Klasse betrachtet wird, bei Hundslöhnen schuften muß und im übrigen den Mund zu halten hat.

Wir bekämpfen diesen reaktionären Klüngel mit aller Macht. Unser Ziel ist der deutsche Staat der Schaffenden aller Berufe. Darum erweitert die Kampf-Front!

Tretet ein in die N. S. B. O.

Ruht und rastet nicht, bis das Kabinett Papen in der Versenkung verschwunden ist.

Nieder mit der Reaktion!

Fort mit den liberal-kapitalistischen Scharfmachern und den marxistischen Volksbetrügern.

Her mit dem deutschen Arbeiterstaat, in dem der Arbeiter als gleichberechtigt anerkannt wird.

Bochum, im September 1932.

Nationalsozialistische Betriebszellen-Organisation Westfalen-Süd

Verantw. Ernst Stein, Bochum — Druck: Kreul, Bochum

Flugblatt der NSBO Dortmund (1932)

Auf der betrieblichen Ebene spiegelten sich die harten Auseinandersetzungen der verfeindeten Brüder aus dem Lager der Arbeiterbewegung, aus SPD und KPD; die ebenso radikale wie wirkungslose kommunistische Klassenkampfpolitik, die sich in haltlosen verbalen Attacken gegen die sogenannten »Sozialfaschisten« aus der Sozialdemokratie erging, vertiefte die Gräben auf der Arbeitnehmerseite. Dies führte in den Betrieben zu einer heillosen Verwirrung der Fronten, so dass, als sich mit der Nationalsozialistischen Betriebszellen-Organisation (NSBO) eine neue Kraft in den Fabriken ausbreitete, die Verteidiger betriebsdemokratischer Positionen unter dem Ansturm von Rechts und Links zerrieben zu werden drohten. Ökonomische Ausweglosigkeit und Zukunftsangst, Not, demütigende Ohnmacht, Armut und Unsicherheit waren charakteristisch für die Krisenerfahrungen.

Es waren die Nationalsozialisten, die mit dem Versprechen wirtschaftlichen Aufstiegs die Nutznießer dieser Entwicklung waren. Die NSBO gab sich unter der Führung des aus dem Arbeiterbezirk Berlin-Neukölln stammenden Walter Schuhmann durchaus klassenkämpferisch, wobei als Gegner in Übereinstimmung mit dem parteitypischen Rassismus das »jüdische Großkapital« attackiert wurde. Die Politisierung der Betriebsratswahlen schlug sich auch in Wahldemonstrationen vor den Werkstoren nieder. Im Januarstreik 1931 im Ruhrbergbau hielt sich die RGO strikt an die Generallinie der KPD, die den Streik als Mittel verstand, um den »endgültigen Sturz der Bourgeoisie« vorzubereiten. Zwischen 1928 und 1932 rief die KPD siebenmal den politischen Massenstreik aus, der jedesmal ausblieb, ja nicht einmal von der Mehrheit der eigenen Mitglieder befolgt wurde. Der Streik bei den Berliner Verkehrsbetrieben (BVG) im November 1932 sah Kommunisten und Nationalsozialisten als Streikposten Seite an Seite.

In den modernen Industrien, in denen das Betriebsrätewesen im Grunde anerkannt war, suchten die Werksleitungen durch eine Politik der Arbeitszeitverkürzung die Arbeitslosigkeit ihrer Facharbeiter einzugrenzen. Die Freien Gewerkschaften erlitten bei den Betriebsratswahlen erhebliche Einbußen aber gerade in jenen Industrien, in denen die Arbeitgeber besonders kompromisslos auftraten. Die westliche Schwerindustrie war an einer Beruhigung der sozialen Lage nicht interessiert und blies zum Angriff nicht nur auf Betriebsräte und Tarifverträge, sondern auf den Weimarer Sozialstaat insgesamt, der – in Verkehrung der realen gesellschaftlichen Machtverhältnisse – als »Gewerkschaftsstaat« abgelehnt wurde. Das war ein wesentlicher Schritt zur Machtübertragung auf die Nationalsozialisten.

Kommunisten und Nazis rufen Anfang November 1932 zum Berliner Verkehrstreik auf. Links ein NSBO-Mann, rechts einer von der RGO

Der von den Unternehmern bezahlte Autor Paul Osthold fasste 1934 die Position des Zechenverbandes gegen den angeblichen »Gewerkschaftsstaat« von Weimar zusammen.

Die Gewerkschaftsideologie beherrscht nun in dem von uns betrachteten Zeitabschnitt den größten Teil des deutschen Volkes, insbesondere soweit das Verhältnis von Staat und Wirtschaft in Frage kommt. Die Gewerkschaften übertragen im Dienste der Machterweiterung ihrer Organisation den Repräsentationsgedanken der Demokratie auf das Wirtschaftsleben. Ebenso wie in der Demokratie alle wirtschaftlichen Stände und politischen Meinungen, soweit sie schlagkräftig genug sind, durch ihre Beauftragten, ihre Repräsentanten, im Parlament vertreten sind und dort an der Willensbildung des Staates teilnehmen, so sollen auch die Arbeiter und Angestellten durch ihre Repräsentanten, die Gewerkschaften, in allen Einflußzentren des Wirtschaftslebens vertreten sein und dort an der Willensbildung der Wirtschaft teilnehmen.

[...] Das ist die Atmosphäre, in der während dieser Zeit die Arbeitgeberverbände zu wirken haben. Ihre Aufgabe ist eine doppelte: Zunächst haben sie Wirtschaftsführung und Betrieb gegen die ununterbrochenen Anstürme der Gewerkschaften zu verteidigen und dann den Lebenskreis des freien Wirtschaftslebens gegen das ständige Vordringen des Staates zu sichern. Bei der Durchführung dieser Doppelaufgabe waren sie aller-

dings in der ungünstigsten Lage. Politisch war ihr Einfluß, verglichen mit dem der Gewerkschaften, zu gering, weil sie zwar schwerwiegende wirtschaftliche Interessen wahrzunehmen, aber doch keine Millionenzahlen an stimmberechtigten Mitgliedern ins Feld zu führen hatten. Und in der sozialen Demokratie wiegt allein diese Zahl. Psychologisch waren sie vereinsamt; wie erwähnt, ließ sich wiederum der größte Teil unseres Volkes durch den schnellen Aufschwung des Wirtschaftslebens nach 1924 täuschen und glaubte, seiner alten romantischen Abneigung gegen den »Kapitalismus« ungestraft die Zügel schießen lassen zu können.

[...] Die Tätigkeit der Arbeitgeberverbände war unter diesen Umständen, soweit ihr Kampf gegen das Machtstreben der Gewerkschaften und ihren Staat in Frage stand, zur Erfolglosigkeit verdammt. Sie kämpften den heroischen Kampf einer Truppe, die zwar weiß, daß ihrer eigenen Kraft der Sieg nicht mehr zugänglich ist, daß sie aber die Stellung bis zum äußersten halten muß, in Erwartung einer unversehenen Hilfe. Es war also eine Art Wellington-Leistung, die die deutschen Arbeitgeberverbände bis zum Durchbruch der Nationalen Revolution vollbrachten. In ihrer Front focht auch der Zechenverband.

Auf dem Weg in die Diktatur:
Die schrittweise Aushöhlung des Rechtsstaats

Am Vormittag des 30. Januar 1933 vereidigte Reichspräsident Paul von Hindenburg die erste Reichsregierung, in der Nationalsozialisten vertreten waren. Wie ihre Vorgänger verdankte sie ihre Berufung nicht einer parlamentarischen Mehrheit, sondern dem Notverordnungsrecht des Reichspräsidenten. Mit Reichskanzler Adolf Hitler, Innenminister Wilhelm Frick und dem Minister ohne Geschäftsbereich Hermann Göring, der gleichzeitig kommissarisch preußischer Innenminister wurde, erweckte das elfköpfige Kabinett den Eindruck, die Nationalsozialisten seien nur als Juniorpartner in eine Regierung altbekannter Konservativer aufgenommen worden, die die Richtlinien der Politik weiter bestimmten. Dabei verfügten sie nun mit dem Innenminister für Preußen und das Reich über die wichtigsten Machthebel zur Ausschaltung des Rechtsstaates.

Als erste Maßnahme beschloss das Kabinett, den Reichstag aufzulösen; am 1. Februar vollzog Reichspräsident Hindenburg diesen Akt und legte den 5. März als Termin für die Neuwahlen fest. Sofort begann der Wahlkampf – aber mit äußerst ungleichen Mitteln: Zeitungen von SPD und KPD wurden verboten, die am 4. Februar von Hindenburg erlassene »Verordnung zum Schutze des deutschen Volkes« schränkte die Versammlungs- und Pressefreiheit ein.

Der von einem Einzeltäter verursachte Reichstagsbrand in der Nacht vom 27. auf den 28. Februar gab den willkommenen Anlass, die Repressionen gegenüber den verhassten »Marxisten«, wie die Kommunisten und Sozialdemokraten nicht nur von den Nationalsozialisten genannt wurden, zu verschärfen. Noch in der Nacht verordnete Göring das Verbot der kommunistischen Presse, die Schließung der kommunistischen Parteibüros und »Schutzhaft« für alle Abgeordneten und Funktionäre der KPD an; sämtliche Zeitungen, Flugblätter und Plakate der SPD wurden für die Dauer von 14 Tagen – der End-

Das von Reichspräsident von Hindenburg am 30. Januar 1933 berufene Kabinett der »nationalen Konzentration«, das mit Hitler, Frick und Göring zunächst nur drei Nationalsozialisten aufweist

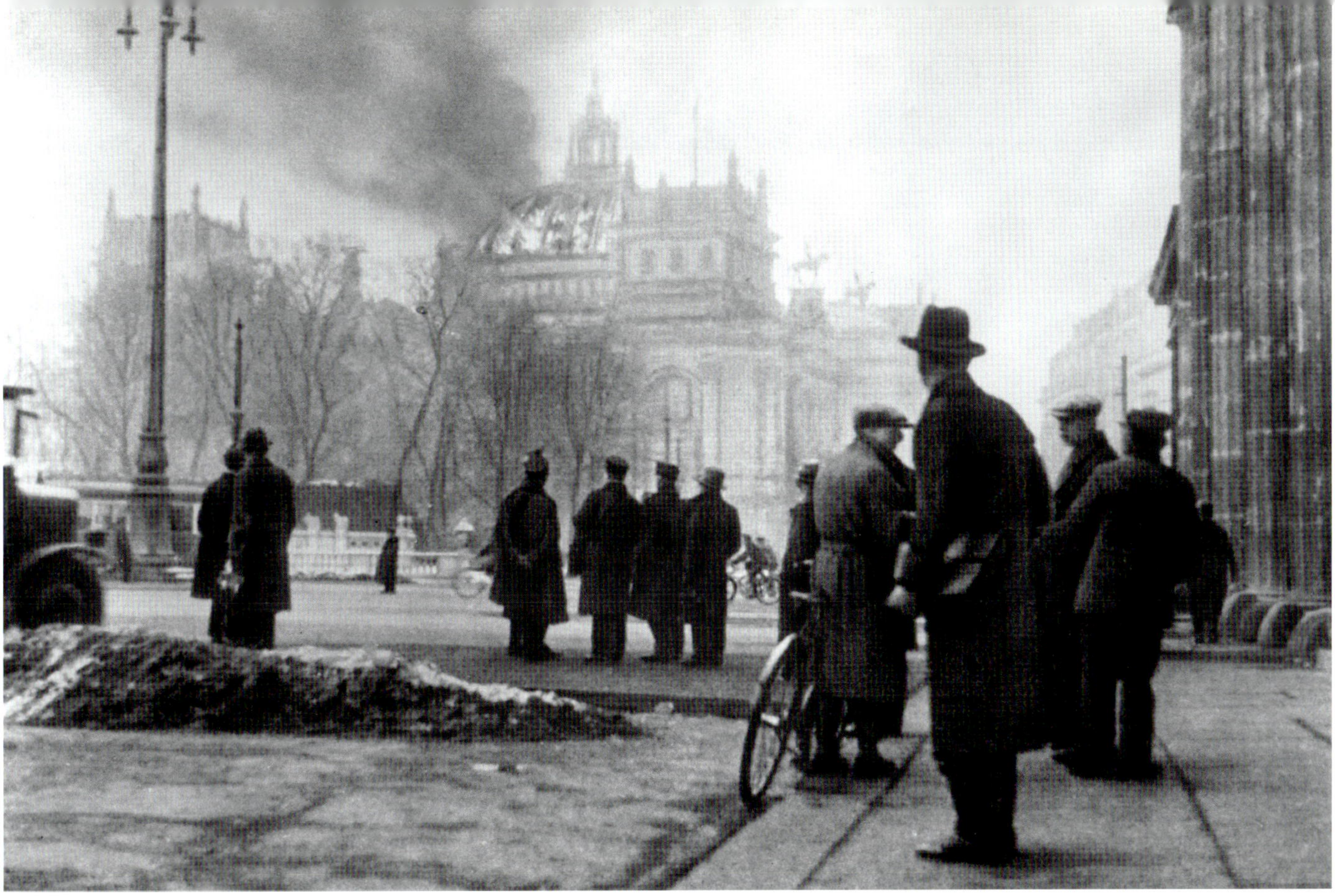

Der Reichstag brennt. Foto vom Morgen des 28. Februar 1933

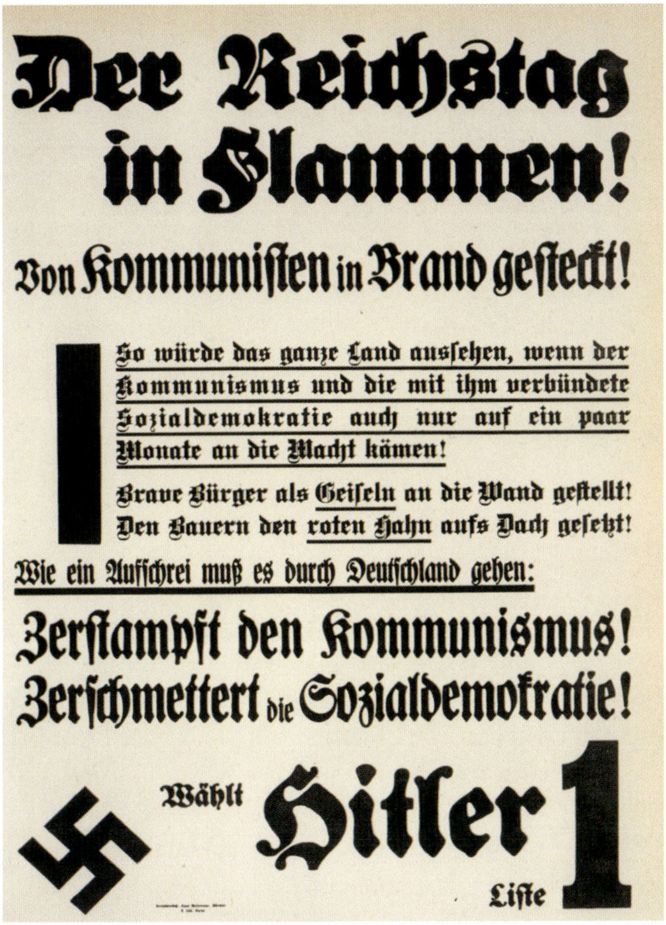

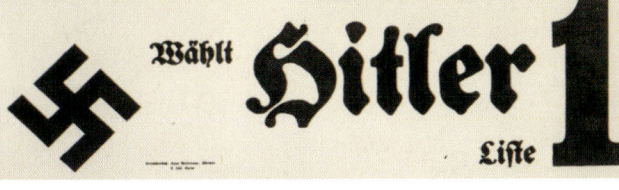

Flugblatt der NSDAP zur Reichstagswahl vom 5. März 1933, das den Kommunisten fälschlich die Brandstifter-Rolle zuweist

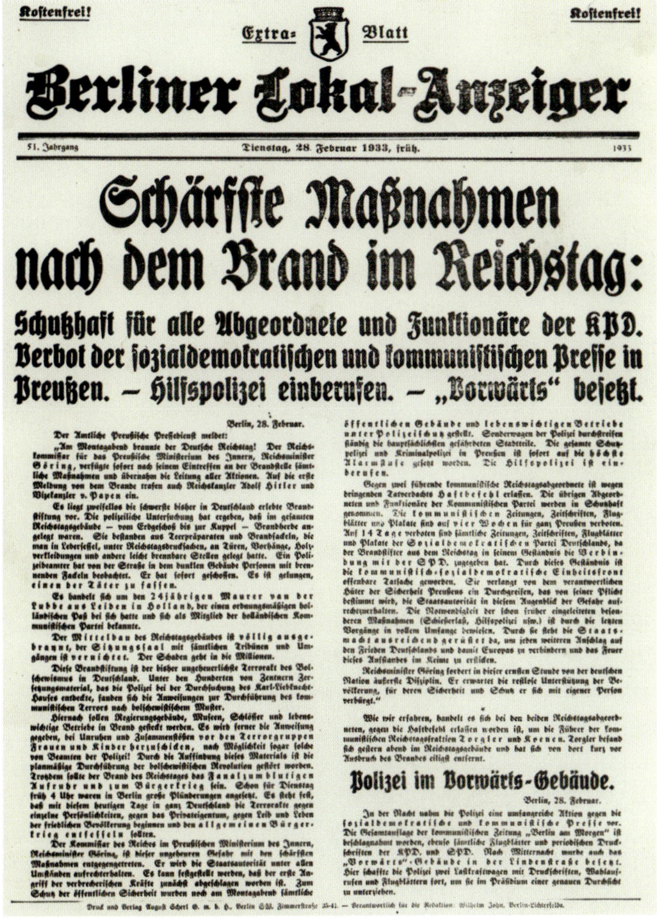

Kostenfrei! Extra-Blatt Kostenfrei!

Berliner Lokal-Anzeiger

51. Jahrgang — Dienstag, 28. Februar 1933, früh.

Schärfste Maßnahmen nach dem Brand im Reichstag:

Schutzhaft für alle Abgeordnete und Funktionäre der KPD. Verbot der sozialdemokratischen und kommunistischen Presse in Preußen. – Hilfspolizei einberufen. – „Vorwärts" besetzt.

Berlin, 28. Februar.

Der Amtliche Preußische Pressedienst meldet:

„Am Montagabend brannte der Deutsche Reichstag! Der Reichskommissar für das Preußische Ministerium des Innern, Reichsminister Göring, verfügte sofort nach seinem Eintreffen an der Brandstelle sämtliche Maßnahmen und übernahm die Leitung aller Aktionen. Auf die erste Meldung von dem Brande trafen auch Reichskanzler Adolf Hitler und Vizekanzler v. Papen ein.

Es liegt zweifellos die schwerste bisher in Deutschland erlebte Brandstiftung vor. Die polizeiliche Untersuchung hat ergeben, daß im gesamten Reichstagsgebäude – vom Erdgeschoß bis zur Kuppel – Brandherde angelegt waren. Sie bestanden aus Teerpräparaten und Brandfackeln, die man in Ledersessel, unter Reichstagsdrucksachen, an Türen, Vorhänge, Holzverkleidungen und andere leicht brennbare Stellen gelegt hatte. Ein Polizeibeamter hat von der Straße in dem dunklen Gebäude Personen mit brennenden Fackeln beobachtet. Er hat sofort geschossen. Es ist gelungen, einen der Täter zu fassen.

Es handelt sich um den 24jährigen Maurer van der Lubbe aus Leiden in Holland, der einen ordnungsmäßigen holländischen Paß bei sich hatte und sich als Mitglied der holländischen Kommunistischen Partei bekannte.

Der Mittelbau des Reichstagsgebäudes ist völlig ausgebrannt, der Sitzungssaal mit sämtlichen Tribünen und Umgängen ist vernichtet. Der Schaden geht in die Millionen.

Diese Brandstiftung ist der bisher ungeheuerlichste Terrorakt des Bolschewismus in Deutschland. Unter den Hunderten von Zentnern Zersetzungsmaterial, das die Polizei bei der Durchsuchung des Karl-Liebknecht-Hauses entdeckte, fanden sich die Anweisungen zur Durchführung des kommunistischen Terrors nach bolschewistischem Muster.

Hiernach sollen Regierungsgebäude, Museen, Schlösser und lebenswichtige Betriebe in Brand gesteckt werden. Es wird ferner die Anweisung gegeben, bei Unruhen und Zusammenstößen vor den Terrorgruppen Frauen und Kinder herzuschicken, nach Möglichkeit sogar solche von Beamten der Polizei! Durch die Auffindung dieses Materials ist die planmäßige Durchführung der bolschewistischen Revolution gestört worden. Trotzdem sollte der Brand des Reichstages das Fanal zum blutigen Aufruhr und zum Bürgerkrieg sein. Schon für Dienstag früh 4 Uhr waren in Berlin große Plünderungen angesetzt. Es steht fest, daß mit diesem heutigen Tage in ganz Deutschland die Terrorakte gegen einzelne Persönlichkeiten, gegen das Privateigentum, gegen Leib und Leben der friedlichen Bevölkerung beginnen und den allgemeinen Bürgerkrieg entfesseln sollten.

Der Kommissar des Reiches im Preußischen Ministerium des Innern, Reichsminister Göring, ist dieser ungeheuren Gefahr mit den schärfsten Maßnahmen entgegengetreten. Er wird die Staatsautorität unter allen Umständen aufrechterhalten. Es kann festgestellt werden, daß der erste Angriff der verbrecherischen Kräfte zunächst abgeschlagen worden ist. Zum Schutz der öffentlichen Sicherheit wurden noch am Montagabend sämtliche öffentlichen Gebäude und lebenswichtigen Betriebe unter Polizeischutz gestellt. Sonderwagen der Polizei durchstreifen ständig die hauptsächlichsten gefährdeten Stadtteile. Die gesamte Schutzpolizei und Kriminalpolizei in Preußen ist sofort auf die höchste Alarmstufe gesetzt worden. Die Hilfspolizei ist einberufen.

Gegen zwei führende kommunistische Reichstagsabgeordnete ist wegen dringenden Tatverdachts Haftbefehl erlassen. Die übrigen Abgeordneten und Funktionäre der Kommunistischen Partei werden in Schutzhaft genommen. Die kommunistischen Zeitungen, Zeitschriften, Flugblätter und Plakate sind auf vier Wochen für ganz Preußen verboten. Auf 14 Tage verboten sind sämtliche Zeitungen, Zeitschriften, Flugblätter und Plakate der Sozialdemokratischen Partei Deutschlands, da der Brandstifter aus dem Reichstag in seinem Geständnis die Verbindung mit der SPD. zugegeben hat. Durch dieses Geständnis ist die kommunistisch-sozialdemokratische Einheitsfront offenbare Tatsache geworden. Sie verlangt von dem verantwortlichen Hüter der Sicherheit Preußens ein Durchgreifen, das von seiner Pflicht bestimmt wird, die Staatsautorität in diesem Augenblick der Gefahr aufrechtzuerhalten. Die Notwendigkeit der schon früher eingeleiteten besonderen Maßnahmen (Schießerlaß, Hilfspolizei usw.) ist durch die letzten Vorgänge in vollem Umfange bewiesen. Durch sie steht die Staatsmacht ausreichend gerüstet da, um jeden weiteren Anschlag auf den Frieden Deutschlands und damit Europas zu verhindern und das Feuer dieses Aufstandes im Keime zu ersticken.

Reichsminister Göring fordert in dieser ernsten Stunde von der deutschen Nation äußerste Disziplin. Er erwartet die restlose Unterstützung der Bevölkerung, für deren Sicherheit und Schutz er sich mit eigener Person verbürgt."

Wie wir erfahren, handelt es sich bei den beiden Reichstagsabgeordneten, gegen die Haftbefehl erlassen worden ist, um die Führer der kommunistischen Reichstagsfraktion Torgler und Koenen. Torgler befand sich gestern abend im Reichstagsgebäude und hat sich von dort kurz vor Ausbruch des Brandes eiligst entfernt.

Polizei im Vorwärts-Gebäude.

Berlin, 28. Februar.

In der Nacht nahm die Polizei eine umfangreiche Aktion gegen die sozialdemokratische und kommunistische Presse vor. Die Gesamtauflage der kommunistischen Zeitung „Berlin am Morgen" ist beschlagnahmt worden, ebenso sämtliche Flugblätter und periodischen Druckschriften der KPD. und SPD. Nach Mitternacht wurde auch das „Vorwärts"-Gebäude in der Lindenstraße besetzt. Hier schaffte die Polizei zwei Lastkraftwagen mit Druckschriften, Wahlaufrufen und Flugblättern fort, um sie im Präsidium einer genauen Durchsicht zu unterziehen.

Druck und Verlag August Scherl G. m. b. H., Berlin SW. Zimmerstraße 35-41. — Verantwortlich für die Redaktion: Wilhelm John, Berlin-Lichterfelde.

Mit der »Reichstagsbrand-Verordnung« vom 28. Februar 1933 aus dem Innenministerium von Frick werden wesentliche Grundrechte der Weimarer Reichsverfassung dauerhaft außer Kraft gesetzt.

Amtliche Mitteilung des Regierungspräsidenten von Potsdam über den Hilfspolizei-Erlass des kommissarischen Preußischen Innenministers Hermann Göring vom 22. Februar 1933

Auf Weisung des Herrn Ministers des Innern ist für den Regierungsbezirk eine Hilfspolizei aufgestellt worden, die an weißen Armbinden mit der Aufschrift »Hilfspolizei« und dem Stempel der Polizeibehörde kenntlich ist. Die Beamten der Hilfspolizei, die von mir auf Grund des § 13 des Polizeiverwaltungsgesetzes vom 1.6.1931 bestätigt sind, führen einen Ausweis mit Lichtbild bei sich. Den Anweisungen der Hilfspolizeibeamten ist ebenso wie den Anweisungen der staatlichen und kommunalen Polizeibeamten Folge zu leisten.

Hilfspolizei-Erlass des kommissarischen Preußischen Innenministers Hermann Göring vom Februar 1933, durch den SA-, SS- und Stahlhelm-Männer einen hoheitlichen Polizei-Status erhalten.

Polizei und SA Hand in Hand (5. März 1933).

phase des Wahlkampfes – verboten. Am folgenden Tag erwirkte die Hitler-Regierung den Erlass einer neuen Notverordnung des Reichspräsidenten »zum Schutz von Volk und Staat«, die die wichtigsten Grundrechte »bis auf weiteres« außer Kraft setzte. Persönliche Freiheit, Meinungs- und Pressefreiheit, Brief-, Post- und Telefongeheimnis, Vereins- und Versammlungsrecht wurden eingeschränkt. In mehreren Erlassen hatte Göring schon vorher die preußische Polizei zum schärferen Vorgehen gegen »staatsfeindliche Organisationen« aufgefordert; am 22. Februar verlieh er den »nationalen Verbänden« (SA, SS und Stahl-

helm) den Status einer freiwilligen »Hilfspolizei«. Damit waren die nationalsozialistischen Kampfverbände zu Hoheitsträgern geworden – ihr Gewaltterror war nun in Preußen vom Staat legalisiert.

Dennoch erreichten Hitler und die NSDAP ihr Wahlziel nicht: Zwar konnte die NSDAP ihren Stimmenanteil auf 43,9 Prozent steigern und sich zusammen mit dem »Koalitionspartner« DNVP die parlamentarische Mehrheit sichern, aber das Wahlergebnis von SPD, KPD und den katholischen Parteien Zentrum und BVP war trotz aller

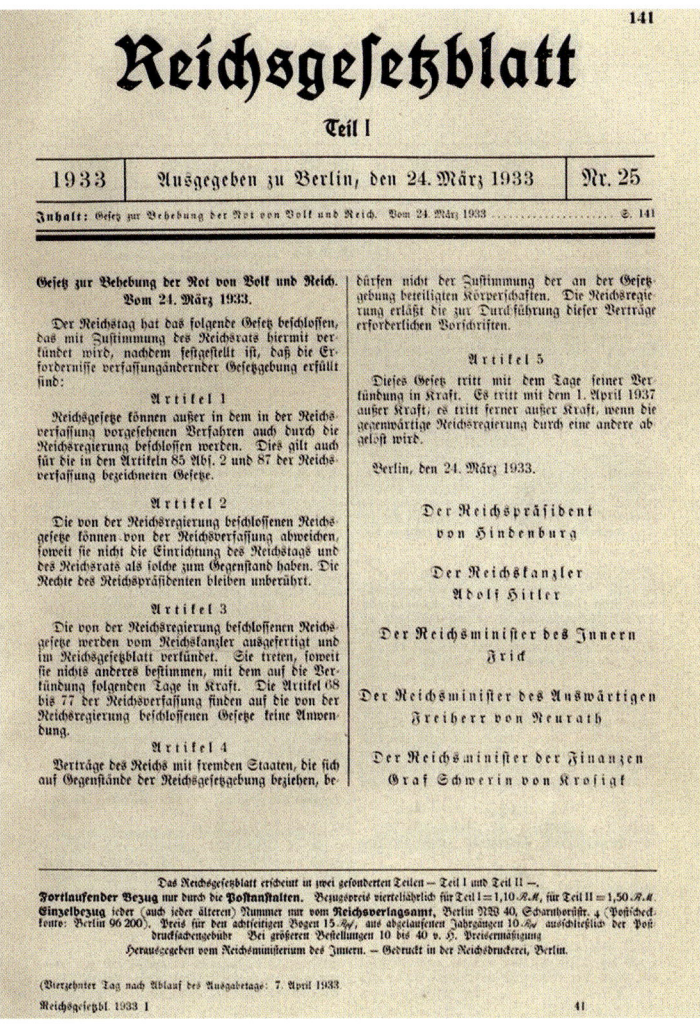

Ermächtigungsgesetz vom 24. März 1933. Der Vorsitzende der SPD, Otto Wels (1873 – 1939), hielt im Reichstag eine mutige Rede gegen den Nazi-Terror.

Beeinträchtigungen und Repressionen erstaunlich stabil geblieben. Vor allem fehlte der Regierung die Zwei-Drittel- Mehrheit, um die Grundlagen der Reichsverfassung außer Kraft zu setzen.

Die nationalsozialistische Führung hatte keinen Hehl daraus gemacht, dass der neu gewählte Reichstag nur einen Zweck haben sollte: die Verabschiedung eines Gesetzes, das die Regierung legitimieren sollte, »zur Behebung der Not von Volk und Reich« aus eigener Vollmacht – ohne Zustimmung des Parlaments oder des Reichspräsidenten – gesetzliche Maßnahmen zu ergreifen. Ein solches »Ermächtigungsgesetz« lag den Reichstagsabgeordneten vor, die am 23. März 1933 in der dem beschädigten Reichstagsgebäude gegenüber liegenden Kroll-Oper zu ihrer ersten Arbeitssitzung zusammentraten. Allerdings fehlten die 81 gewählten kommunistischen Abgeordneten – sie befanden sich in Haft oder auf der Flucht. Gegen die Stimmen der SPD nahm der Reichstag das Gesetz an. Damit hatten die Machthaber eine pseudo-parlamentarische Legalisierung ihrer Diktatur erreicht.

Gewaltsame Aktionen:
NSBO, SA und SS gegen Gewerkschafter und Betriebsräte

Besetzung und Verwüstung des Volkshauses der Gewerkschaften in Leipzig durch die SA am 9. März 1933

Mit der Ernennung von Mitgliedern der NS-Gliederungen zu »Hilfspolizisten« und nach der Reichstagsbrand-Verordnung vom 28. Februar 1933 gab es kein Halten mehr für den nationalsozialistischen Mob. In diesem Endstadium der sog. »Bewegungsphase« der faschistischen Herrschaftssicherung dienten die marodierenden SA-, SS- und NSBO-Trupps zunächst noch dem Kalkül der NS-Führung, die demokratischen Institutionen der Weimarer Republik im Kern zu erschüttern. Waren in der Nacht nach dem Reichstagsbrand schon Tausende von kommunistischen Funktionären verhaftet worden, so wurde nach der Reichstagswahl vom 5. März 1933 der Terror gegen Kommunisten und auch Sozialdemokraten verschärft. Hitler persönlich hatte auf der Kabinettssitzung vom 7. März das Signal für eine »Revolution« gegeben, durch die der »Marxismus« zerschlagen werden sollte. Die kommunistischen Reichstagsmandate wurden – im Vorgriff auf die Verabschiedung des Ermächtigungsgesetzes – annulliert. Mitglieder der organisierten Arbeiterbewegung verschwanden in Folterkellern und »Privatgefängnissen«, bis für die Vollziehung künftiger Gewalttaten in aller Öffentlichkeit Konzentrationslager errichtet wurden. Am 21. März 1933 kündigte der »Völkische Beobachter« die Errichtung eines ersten KZ für 5.000 Häftlinge bei Dachau an. Ende Juli 1933 lag die Zahl der »Schutzhäftlinge« bei etwa 27.000. In Sachsen wurde der Verlagsleiter der »Chemnitzer Volkstimme« von SA-Leuten erschossen; am 10./11. März überfielen SA-Trupps die Bochumer Verbandzentrale des freien Bergarbeiterverbandes und inhaftierten die Gewerkschaftsführer Fritz Husemann und August Schmidt. Die Bundesschule des ADGB in Bernau, Stätte intensiver Betriebsratsschulungen, wurde besetzt, das gesammelte Schrifttum, Zeugnis des allmählichen Hineinwachsens der Arbeiterklasse in den demokratischen Staat, mit purer Zerstörungslust verbrannt.

Gewerkschafts-Mitglieder!

Durch die Besetzung des Volkshauses ist den Gewerkschaften und allen anderen Mietern die Fortsetzung ihrer Arbeiten erschwert. Alle notwendigen Schritte sind eingeleitet worden, um die Behinderung unserer Tätigkeit zu beenden.

Herr von Killinger hat unseren Unterhändlern versichert, daß er die rein gewerkschaftliche Tätigkeit nicht unterbinden wolle und die Gewerkschafts- und Volkshäuser freigeben werde, sobald es ihm möglich erscheint.

Wir bitten unsere Mitglieder, ihren Organisationen die Treue zu wahren, die als eine der deutschesten Tugenden sicherlich den Wünschen des Herrn Reichskommissars entspricht. Auch bitten wir, keine der Verleumdungen und Gerüchte zu glauben, die aus dunklen Quellen jetzt über die Gewerkschaften und ihre Führer hereinbrechen. Unsere Tätigkeit gilt dem Wohle der deutschen Arbeiterschaft, wir können stolz jedem Kritiker in die Augen sehen, da die Sauberkeit unserer Handlungen für alle rechtlich denkenden Menschen feststeht.

Gewerkschaftsmitglieder! Wahrt auch weiter Besonnenheit und Disziplin!

Allgemeiner Deutscher Gewerkschaftsbund
Ortsausschuß Leipzig

Der ADGB Leipzig ruft Mitglieder Mitte März 1933 zur Besonnenheit auf.

Polizeiprotokoll über die Misshandlung des Betriebsratsvorsitzenden der Berliner Verkehrsgesellschaft (BVG) Johann Flieger durch die SA in der Nacht vom 21. auf den 22. März 1933

Alsbald wurde das Bemühen Hitlers sichtbar, die Kontrolle über die wilden SA-Aktionen zurückzugewinnen. Am 10. März forderte er SA und SS zu »höchster Disziplin« auf, angeblich, damit der »Vollzug der nationalen Erhebung ein von oben geleiteter, planmäßiger sein« könne. Auch Walter Schuhmann von der NSBO zeigte sich besorgt, dass die ausufernden Terrorakte das Vertrauen der Machthaber in seine Führungsqualitäten erschüttern könnten. Für ihn war überdies noch nicht ausgemacht, wie viel Widerstand in den Gewerkschaftshochburgen zu erwarten war. Der ADGB sah sich nun

üblen Verleumdungskampagnen ausgesetzt, in denen sich der Hass gegen eine qualifizierte Gewerkschaftsorganisation austobte, deren Unterstützungswesen man nichts Positives entgegensetzen konnte.

Noch blieben die Gewerkschaftsführer in der Illusion befangen, dass man den Staat gegen die »wilden« Aktionen der Parteigliederungen in Anschlag bringen könne. Die Aufrufe zur »Besonnenheit und Disziplin« zeugen davon, dass man glaubte, nur einem vorübergehenden Gewaltexzess ausgesetzt zu sein. In dem Schreiben des

ADGB ALLGEMEINER DEUTSCHER GEWERKSCHAFTSBUND

BUNDESVORSTAND

Berlin SW19, Inselstrasse 6 / Fernsprechanschluss: Amt F7 (Jannowitz) 6581
Bankkonto: Bank der Arbeiter, Angestellten und Beamten, Berlin SW19, Wallstr. 62

Rk. 4140

den 5. April 1933   37

Herrn
Reichspräsident von Hindenburg
Berlin W 8
Wilhelmstrasse 73

1. Abgabebescheid
2. Dem Herrn Reichskanzler

Tgb. Nr. 1700/33 Schl/Be

Sehr geehrter Herr Reichspräsident!

Wir nehmen Bezug auf wiederholte Äusserungen des
Herrn Reichskanzlers Adolf H i t l e r und auf eine
Erklärung des Herrn Minister G ö r i n g vor der gesamten ausländischen Presse, wonach die Reichsregierung und
die Preussische Regierung bestrebt sind, jedes Mittel
zu ergreifen, um Disziplin, Ruhe und Ordnung aufrecht zu
erhalten. Als Beweis dafür, dass die Rechtsunsicherheit
in Deutschland, insbesondere gegenüber unseren Gewerkschaften und ihren Beauftragten, nach wie vor weiter besteht,
teilen wir Ihnen eine Anzahl weiterer Übertretungen mit,
die uns seit dem 21. März durch unsere Ortsausschüsse und
Verbandsvorstände der einzelnen Gewerkschaften gemeldet
wurden.

Nach dem Stande vom 25. März waren unsere Verwaltungsgebäude und Büros durch S.A., S.S. oder durch Polizei
besetzt und zwar in:

Aachen	Döbeln	Plauen
Annaberg	Freiburg i.Br.	Pirmasens
Auerbach	Goch	Reutlingen
Bautzen	Gelsenkirchen	Rosenheim
Bitterfeld	Hamborn	Sagan
Bremen	Kassel	Schneidemühl
Breslau	Leipzig	Schönebeck
Bunzlau	Ludwigshafen	Werningerode
Braunschweig	Meissen	Wuppertal
Castrop-Rauxel	Nürnberg	Wurzen
Cleve	Olbernhau	Zittau
Dresden	Osnabrück	Zwickau
Duisburg	Oberhausen	Zweibrücken.

-2-

J. J. 5362

Unterm 1. April meldet der Vorstand des Deutschen Metallarbeiter-Verbandes, dass sein Büro in Mettmann- Westfalen
von S.A.-Leuten vollständig ausgeräumt und sämtliches Inventar in das dortige S.A.-Heim geschafft worden ist.

Aus Leipzig-Volkshaus berichtet ein Protokoll der S.A.-
Standarte 107 vom 18. März, unterzeichnet Martin, dass allein
in den Zimmern 12 und 13 (von etwa 150 Büros) des Volkshauses die Geldschränke mittels Gebläseapparates aufge-
schnitten und das in den Geldschränken befindliche Bargeld
in Höhe von ungefähr Mk. 2000.- sowie Haupt- und Kassen-
bücher von "Unbekannten" herausgenommen wurden. Polizei-
wachtmeister S c h i e f e r und der Staf, namens
S t o f f r e g e n , haben sich persönlich von dem Zustand
der Geldschränke überzeugt. Obwohl in der Leipziger Presse
anlässlich von Besichtigungen des Volkshauses behauptet
wurde, dass alle Räume völlig intakt seien, ist durch Augen-
zeugen inzwischen festgestellt, dass die Büroräume ausge-
raubt und das Mobiliar verschleppt oder verbrannt worden ist.
Die Gewerkschaftshäuser und Büros wurden in S.A.-Unter-
künfte verwandet und offiziell als solche bezeichnet.

In Leipzig versuchten Vertreter des Gesamtverbandes mit
Genehmigung des Polizeipräsidenten und des Standartenführers
Stoffregen die Büroräume zu betreten, um Material zur
Auszahlung von Unterstützungen zu holen. Dabei wurde festgestellt, dass die Räume sich in einem Zustand befinden,
wie er schlimmer nach einer Brandkatastrophe nicht sein
kann. Sämtliche Akten, Bücher, Archive usw. sind aus den
Räumen entfernt und, wie an den Brandstellen in den Höfen
zu erkennen ist, verbrannt worden.

Wir beschränken uns auf diese wesentlichsten Feststellun-
gen und machen darauf aufmerksam, dass durch die Besetzung,
Beschlagnahme und Versiegelung der Gewerkschaftshäuser bezw. der
Büros die Arbeit im Interesse hunderttausender unserer Mitglieder stillgelegt ist. Es werden nicht nur die allgemeinen
Verwaltungsarbeiten und -massnahmen gestört, sondern es tritt
insbesondere auch eine Störung bezüglich der Unterstützungs-
anweisungen und -auszahlungen an arbeitslose, kranke und invalide Mitglieder ein. So z.B. ist dem Vorstand des Verbandes
der Fabrikarbeiter in Hannover unmöglich gemacht, an seine
etwa 25.000 invalide Mitglieder Unterstützungsbeträge zur
Auszahlung anzuweisen. Durch die Besetzung der Büros wird
die Auskunft und Raterteilung in allen arbeitsrechtlichen
und beruflichen Angelegenheiten völlig unterbunden. Die Gewerkschaften werden zu einem erheblichen Teil somit gehindert,
ihre satzungsmässig vorgesehenen Aufgaben zu erfüllen.

-7-

J. J. 5367

Protest des ADGB vom 5. April 1933 beim Reichspräsidenten gegen
den »ungeheuren Terror«, der sich gegen Gewerkschaften richtet

---

Hinzu kommt der ungeheure Terror, der sich insbesondere
in der Zeit nach den abgeschlossenen politischen Wahlen in
fast allen Gebieten Deutschlands gegen die hauptamtlichen
und ehrenamtlichen Funktionäre der Gewerkschaften auswirkt.
Die Zahl der ohne Angabe von Gründen Verhafteten geht in die
hunderte. Wir fügen als Beweismittel für die vorgekommenen
Terrorakte einige Abschriften bei, in denen die Betroffenen
selbst berichten. Zahlreiche Fälle sind uns gemeldet worden,
wo die Betroffenen in der Regel nachts aus ihren Wohnungen
verschleppt und teilweise unmenschlich verprügelt wurden,
die sich aber aus Angst vor weiteren Strafexpeditionen
hüten, schriftliche Angaben zu machen. Die Polizei lehnte
in der Regel ein Eingreifen ab.

Wir halten uns als Sachwalter unserer Mitglieder für
verpflichtet, Ihnen, Herr Reichspräsident, von diesen Vorkommnissen Kenntnis zu geben, weil wir annehmen dürfen, dass
alle verantwortlichen Stellen des Reiches und der Länder
von diesen Zuständen keinerlei Kenntnis erhalten und infol-
gedessen die Ungesetzlichkeiten gegen die Gewerkschaften
und ihre Mitglieder nur deshalb fortgeführt werden können.

Wir bitten Sie, Herr Reichspräsident, auch unter Bezug-
nahme auf unsere früheren Zuschriften vom 8., 11., 13. und
15. und 20. März alles einzusetzen, um Recht und Gerechtig-
keit in Deutschland wieder zur Geltung zu bringen.

Mit vorzüglicher Hochachtung
Der Vorstand des Allgemeinen
Deutschen Gewerkschafts-Bundes

Schlimme

Einschreiben!
Anlagen!

J. J. 5368

SS-Mannschaft auf dem Gelände der ehemaligen Zeche Hercules in Essen (1933)

Blätter für Theorie und Praxis
+ der Nationalsozialistischen Betriebszellen-Organisation +
HERAUSGEBER: REINHOLD MUCHOW + SCHRIFTLEITUNG: HANS BIALLAS
ERSCHEINT VIERZEHNTÄGIG FERNRUF: MÜNCHEN 90012

Folge 3 München, 1. April 1933 3. Jahrgang

WARUM
wir die Gewerkschafts-häuser besetzen

— Gegen die marxistische
Verseuchung
der Gewerkschaften

In allen größeren deutschen Städten werden, z. T. unter Führung der N.S.B.O., die Häuser der „Freien" Gewerkschaften von S.A., S.S. und Polizei besetzt. Seit dem Bestehen der N.S.B.O. haben wir nie einen Zweifel darüber gelassen, wie wir uns zu den Gewerkschaften stellen.

Die N.S.D.A.P., insbesondere die Nationalsozialistische Betriebszellen-Organisation als die politische Kampfform des Nationalsozialismus in den Betrieben, hat stets betont, daß der Kampf nicht den Gewerkschaften an sich gilt. Der Gewerkschaftsgedanke wird restlos anerkannt, rücksichtslos bekämpft wird dagegen der Mißbrauch des Lebenswillens der deutschen Arbeiterschaft und ihrer Organisationen zu volksfeindlichen Zwecken.

Zum Zeichen, daß wir gerade die „Freien" Gewerkschaften nicht als „frei" betrachten, dienen die von uns stets bei Erwähnung ihres Namens bei dem Worte „frei" angebrachten Gänsefüßchen.

Unser Wille ist, die Gewerkschaften wirklich wieder frei zu machen, und zwar frei vom Geiste des Internationalismus, frei vom Marxismus, vor allem frei von der Sozialdemokratischen Partei, — frei aber auch von Korruption und arbeiterfeindlichem Bonzentum!

Was waren denn die Gewerkschaften seit jener verruchten Revolte des Jahres 1918? Nicht mehr und nicht weniger als eine Unterorganisation der S.P.D. Die Bildung der „Eisernen Front" aus den verschiedensten marxistischen Gruppen und Grüppchen, besonders des „Reichsbanners" und als zweite Hauptstütze der „Freien" Gewerkschaften, beweist unsere Ansicht.

Oft genug wurde den Gewerkschaften die Hand gereicht, immer wieder forderten wir sie in Wort und Schrift auf, sich von der Sozialdemokratie und ihrem verbrecherischen Treiben zu lösen. Spott und Hohn waren die Antwort! Ja, man konnte die Beobachtung machen, daß die Gewerkschaftspresse die marxistischen Parteiblätter in Beschimpfungen des Nationalsozialismus und seines Führers noch übertrafen.

Nach der Ernennung Adolf Hitlers zum Kanzler, als die S.P.D.-Presse sich zu ducken anfing, wagten die Gewerkschaftszeitschriften, offenbar im Vollgefühl ihrer „Unantastbarkeit", die Aufbauarbeit des Kanzlers weiter durch erlogene Schmähartikel zu stören.

Jetzt darf sich niemand wundern, wenn wir bei dem großen Aufräumen

Rechtfertigungsversuch der Gewaltaktionen gegen die Gewerkschaften durch die Nazis vom 1. April 1933

ADGB-Bundesvorstandes an Reichspräsident von Hindenburg vom 5. April sind sorgfältig alle Orte des Terrors aufgelistet, so auch die Stürmung des Leipziger Volkshauses am 9. März. Die Plünderung der Gewerkschaftskassen allerorten führten nach Aussage des Sekretärs des ADGB-Bundesvorstandes Hermann Schlimme zu dramatischen Unterbrechungen der Auszahlungen an Zehntausende arbeitslose, kranke und invalide Mitglieder. Der »ungeheure Terror« wurde mutig zur Sprache gebracht. Indes, von diesem Reichspräsidenten, der mit den Stimmen von SPD-Anhängern 1932 seine zweite Amtszeit antreten konnte, waren weder Mitgefühl noch staatspolitische Verantwortung zu erwarten.

Wenn Hitler sich überhaupt zu Aufrufen der »Mäßigung« bereit fand, dann vor allem wegen der Proteste der Vereinigung der Deutschen Arbeitgeberverbände (VDA) und des Reichsverbandes der Deutschen Industrie (RDI), deren Repräsentanten unter der Führung Gustav Krupps von Bohlen und Halbach sich beim NS-Innenminister Frick für »Ruhe in den Betrieben« einsetzten. Die industriellen Eliten wollten den leichten Aufschwung der Wirtschaft, der sich nicht wegen, sondern trotz der Politik der Reichsregierung abzeichnete, keineswegs aufs Spiel gesetzt sehen. Am allerwenigsten wollten sie sich als Zielscheibe für sozialrevolutionär gefärbte Nazi-Parolen von den »Wirtschafts-Bonzen« hergeben. Daher ging der wilde Terror allmählich in den staatlich gelenkten Terror über. Dass in aller Öffentlichkeit Gewalttaten verübt und Opfer ungesühnt zur Schau gestellt werden konnten, verstärkte das Gefühl von Willkür und Rechtlosigkeit auch über die Kreise der Arbeiterorganisationen hinaus.

Bewährungsprobe:
Die Betriebsratswahlen im März 1933

Nachdem die Regierung Brüning die Betriebsratswahlen für 1932 wegen der Gefahr eines weiteren Radikalisierungsschubs in den Betrieben ausgesetzt hatte, kam den Wahlen in der letzten Märzwoche 1933 der Charakter einer Nagelprobe zu. Von einer »nationalen Aufbruchsstimmung« im Sinne des Regimes war in den Betrieben nichts zu spüren. Bei den Wahlen zum Arbeiterrat der Berliner Elektrizitätswerke errangen die freigewerkschaftlichen Kandidaten 91 Prozent der Stimmen, die Konkurrenten der RGO lediglich fünf Prozent, die der NSBO 2,5 Prozent. Bei den Berliner Gaswerken kamen die Freien Gewerkschaften auf 61 Prozent der Stimmen, während die NSBO mit vier Prozent (RGO: 34 Prozent) vorlieb nehmen musste. Bei den Hamburger Straßenbahnarbeitern entschieden sich 90 Prozent für die Freien Gewerkschaften, während die RGO (vier Prozent) und die NSBO klar distanziert wurden. Dabei waren zahlreiche Betriebsräte durch die NSBO, wie der ADGB-Vorsitzende Leipart in einem Schreiben an den Reichsarbeitsminister Seldte beklagte, stark behindert worden.

Zu größeren Wahlerfolgen war die NSBO in jenen industriellen Branchen gekommen, in denen eine Gewerkschaftsbindung fehlte oder in denen kaum kirchliche Bindungen vorlagen. So waren bei Krupp in Essen in einigen Abteilungen bis zu 50 Prozent der Stimmen der NSBO zugefallen, und im Ruhrbergbau kam die NSBO im März 1933 auf 30,9 Prozent der Stimmen, knapp vor den Freien Gewerkschaften (30,6 Prozent) und dem sich bei 23 Prozent behauptenden Christlichen Gewerkverein. Für dieses Wahlergebnis waren wohl die Protestwähler ausschlaggebend, die von der RGO gewechselt waren, außerdem die Ungelernten in den Tagesbetrieben und die bodenständigen Bergleute mit agrarischer Bindung aus den Randzonen des Ruhrreviers.

Gemeinsamer Wahlaufruf des ADGB und der Freien Angestellten-verbände (Afa-Bund) zu den Betriebsratswahlen im März 1933

Wahlaufruf der NSBO vom Frühjahr 1933 gegen »volkszerstörenden Marxismus« und »Weltjudentum«

Wahlplakat der RGO, Bezirk Weser-Ems

GEWERKSCHAFTS-ZEITUNG
ORGAN DES ALLGEMEINEN DEUTSCHEN GEWERKSCHAFTSBUNDES

Redaktion und Expedition: Berlin SW 19, Inselstraße 6. Fernspr.: F 7. Jannowitz 6581
Das Blatt erscheint wöchentlich am Sonnabend. Bezugspreis monatlich 1,00 Reichsmark

BERLIN 29. April 1933
43. JAHRGANG
NUMMER 17

Neuwahl der Betriebsräte 1933

Nachdem die Neuwahl der Betriebsräte im ganzen Reich durch amtliche Verfügungen der Länderregierungen *ausgesetzt* worden ist, kann in absehbarer Zeit ein Gesamtergebnis der Wahlen nicht erwartet werden.

Soweit dem ADGB. Berichte über das Ergebnis der bereits stattgefundenen Wahlen zu den Arbeiterräten zugeleitet wurden, erhalten *die freien Gewerkschaften nahezu drei Viertel der Mandate* in den Arbeiterräten.

Nach den vorliegenden Berichten sind in 1387. Betrieben 9235 Arbeiterratsmitglieder gewählt worden. Davon erhielten die Listen der:

	Mandate	v. H.
freien Gewerkschaften	6 777	73,4
christlichen Gewerkschaften . .	693	7,6
Hirsch-Dunckerschen Gewerksch.	55	0,6
RGO.	450	4,9
Syndikalisten	3	—
NSBO.	1 083	11,7
sonstigen Vereinigungen . . .	96	1,0
nichtorganisierten Vertreter . .	78	0,8
Zusammen . .	9 235	100,0

Wenn die vorliegenden Zahlen auch nur einen kleinen Teil der insgesamt zu wählenden Arbeiterräte wiedergeben, dürften sie doch im Hinblick auf das Gesamtergebnis als *repräsentativ* anzusehen sein. Sie beweisen, daß die freien Gewerkschaften das Vertrauen der Belegschaften genießen. Das Ergebnis vom Jahre 1931, in welchem die Listen der freien Gewerkschaften 83,6 v. H. der gewählten Arbeiterräte erhielten, wäre in ruhigen Zeiten spielend erreicht worden.

Das letzte von den Freien Gewerkschaften verkündete Wahlergebnis der Betriebsratswahlen vom März 1933: Die freigewerkschaftlichen Betriebsräte dominieren eindeutig.

Die Erfolge der NSBO im Leuna-Werk der IG-Farben (1931: 10,9 Prozent; 1933: 27,1 Prozent) sind wohl auch auf eine Überzahl von Un- und Angelernten ohne längerfristige Gewerkschaftsbindung zurückzuführen. Während die Kommunisten – sie kamen nur noch auf 11,7 Prozent der Stimmen (1931: 35,9 Prozent) – übermäßig verloren, holten die Freien Gewerkschaften beachtlich auf (39,4 Prozent). Was die RGO-Verluste angeht, so muss freilich bedacht werden, dass wegen der Verhaftungswelle der kommunistischen Funktionäre Kandidaten fehlten oder Wahllisten gar nicht zustande kommen konnten. Gleichwohl ist nicht von der Hand zu weisen: Der soziale Radikalismus, der lediglich einen Reflex auf aktuelle Konfliktlagen darstellte, führte dazu, dass die meisten NSBO- Stimmen aus der Konkursmasse der RGO hervorgegangen waren.

Insgesamt aber verdient es festgehalten zu werden, dass sich im Frühjahr 1933 in der Mehrzahl aller Betriebe ein überwältigendes Votum für die Freien Gewerkschaften abzeichnete. Nach einer Statistik in der »Gewerkschafts-Zeitung« vom 29. April 1933 zeigte sich nach einer Auswertung der Wahlen in 1.387 Betrieben mit 9.235 Arbeiterratsmitgliedern folgendes Ergebnis: Freie Gewerkschaften 73,4 Prozent, Christliche Gewerkschaften 7,6 Prozent, Hirsch-Dunckersche Gewerkvereine 0,6 Prozent, RGO 4,9 Prozent, NSBO 11,7 Prozent. Spiegelt man dieses Ergebnis, in Zeiten des Terrors, vor das Ergebnis der Reichstagswahlen vom 5. März 1933, so verbietet es sich vor dem Hintergrund der Betriebsratswahlen 1933, der industriellen Arbeiterschaft eine starke Affinität zum Nationalsozialismus zuzuschreiben. Es war das Bekenntnis zu den Errungenschaften der betrieblichen Partizipation, das die NSBO zur Behinderung von Wahlen trieb und das Bündnis aus Nationalsozialisten und Deutschnationalen veranlasste, die Betriebsratswahlen bis zum 30. September zunächst auszusetzen.

Die betriebsdemokratischen Bastionen zeigten sich als überaus beständig. Die Haltung der deutschen Arbeiterschaft zu den sozialpolitischen Fortschritten der Weimarer Republik sollte zuallererst an ihrem Votum für die »andere Demokratie« in ihrer wirtschaftlichen Lebenswelt, dem Betrieb, abgelesen werden.

Berliner Betriebsratswahlen

Zusammenbruch von RGO. und NSBO.

Das Ergebnis der Betriebsratswahlen bei den Berliner Elektrizitätswerken A.-G. („Bewag") und einer Reihe Berliner Gaswerken zeigt einen vollen Erfolg der freigewerkschaftlichen Kandidaturen und den gänzlichen Zusammenbruch der RGO. und der „Nationalsozialistischen Betriebszellen-Organisation".

Das Wahlergebnis bei der „Bewag" lautet:

A r b e i t e r r a t

Beschäftigte etwa	3500
abgegebene Stimmen	3320
Freie Gewerkschaften	3034
RGO.	156
Nationalsozialisten	83

A n g e s t e l l t e n r a t

abgegebene Stimmen	2547
Freie Gewerkschaften	1916
Nationalsozialisten	443
„Komba"	135
GdA.	38

Georg Doehring, wiedergewählter Betriebsrat der Berliner Elektrizitätswerke, wird am 21. März 1933 zusammen mit zehn weiteren Betriebsratsmitgliedern der Bewag in der Firmenhauptverwaltung von der SA verhaftet und ins SA-Gefängnis Papestraße gebracht (Foto nach 1945).

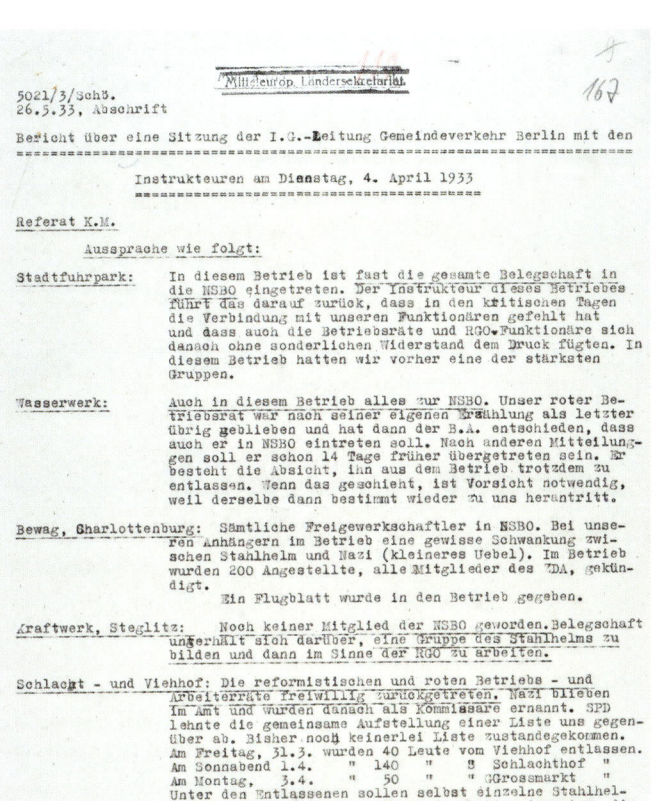

RGO-Instrukteure der Berliner Betriebe berichten, dass seit Ende März 1933 RGO-Mitglieder massenhaft zur NSBO überlaufen.

Anmeldebestätigung eines Reichsbahn-Arbeiters bei der NSBO Ludwigshafen vom 1. April 1933

Abschaffung der Betriebsdemokratie:
Das Gesetz vom 4. April 1933

Die terroristischen Maßnahmen der neuen Machthaber gegen die Arbeiterbewegung ermunterten jene Industriekreise zu forscherem Auftreten, die sich nie mit betriebsdemokratischen Standards abgefunden hatten. Das waren zum einen Mittelbetriebe, deren Inhaber die Stunde gekommen sahen, unter Abstreifung arbeitsrechtlicher Normen einen ungehemmt autoritären Führungsstil wiederzubeleben. Das waren zum anderen jene schwerindustriellen Kreise, die nicht nur die wirtschaftlichen und politischen Krisen der Republik genutzt hatten, um ihre Herr-im-Hause-Position zurückzugewinnen, sondern die schon in der Phase ökonomischer Konsolidierung zwischen 1925 und 1928 die Weimarer Republik als »Gewerkschafsstaat« massiv bekämpft hatten. Einig waren sich diese Kreise in der irrigen Auffassung, ein sozial gebändigter Kapitalismus sei dem Konkurrenzdruck im In- und Ausland nicht gewachsen. Dabei war es charakteristisch, dass eigene unternehmerische Fehlentscheidungen und nicht realisierbare Gewinnerwartungen auf eine angebliche »Überlastung der Wirtschaft durch Politik« – gemeint waren Parlament und Gewerkschaften – geschoben wurden.

Exemplarisch tritt diese Haltung hervor in dem Schlusswort des Vorsitzenden von Bergbau-Verein und Zechenverband auf der Hauptversammlung des Bergbau-Vereins am 1. April 1933. Ernst Brandi beteuerte seine Bereitschaft, »an dem großen Werk der nationalen Regierung mitzuarbeiten«. Die Skepsis, die die westliche Schwerindustrie gegenüber der Bewegung Hitlers intern geäußert hatte, war einer kooperativen, nun auch mit deutlichen finanziellen Zuschüssen operierenden Haltung gewichen, zumal man noch immer Alfred Hugenberg als einflussreichen Sachwalter von Wirtschaftsinteressen in der Reichsregierung einschätzte. Noch im März 1932 hatte Brandi hingegen bemerkt: »Ob Hitler etwas Besseres bringen würde, ist uns selbstverständlich höchst zweifelhaft. Hitler und seine Nazis sind heute ein gärender Haufen ...«

Der Vorsitzende von Bergbau-Verein und Zechenverband, Ernst Brandi (1875 – 1937)

„Hoffnung und Zuversicht"

Brandi und Dr. von Loewenstein auf der Bergbau-Tagung

(Telephonat unseres Wirtschaftskorrespondenten)

DÜSSELDORF, 1. April.

✕ Der Bergbau-Verein in Essen hielt am Sonnabend vormittag seine Hauptversammlung ab, in der der Vorsitzende, Dr. Brandi, einleitend darauf hinwies, dass der Bergbauverein in diesem Jahr auf ein 75jähriges Bestehen zurückblicken könne. Dieser Tatsache werde man im Herbst in Verbindung mit dem 14. Allgemeinen deutschen Bergmannstag gedenken, der nach fünfjähriger Unterbrechung in Essen stattfinden soll. Dr. Brandi führte dann weiter u. a. aus, dass die Generalversammlungen des Bergbauvereins seit den grossen Zusammenbruch am Kriegsende steis unter dem Zeichen schwerster Sorge um Vaterland und Wirtschaft gestanden haben. Getreu seiner alten Ueberzeugung, habe der Verein im Kampf gegen die unheilvollen Wirkungen des bisher herrschenden politischen Systems geführt, um die Wirtschaft gesund und die darin beschäftigten Menschen in Arbeit und Verdienst zu erhalten. Heute in der 75. Generalversammlung stehen seit Jahren zum erstenmal wieder über die Tagung die Worte „Hoffnung und Zuversicht". Im laufenden Geschäftsjahr habe sich der grosse nationale Aufschwung der Wirtschaft, und im Anfang dieses Jahres habe sich nun die grosse Umwälzung und Umgestaltung zu einem nationalen Staat mit starker und zielbewusster Führung vollzogen. Das erfülle den Bergbau heute mit starker Hoffnung, mit einem begründeten Optimismus, weil man an die Stärke dieser deutschen Ideale, an die Ehrlichkeit und an die Fähigkeit der neuen Führer glaube. Auch an den Bergbau würden unter diesen geänderten Verhältnissen höhere Anforderungen gestellt und grössere Opfer verlangt. In bewährter Einigkeit und vertrauensvoller Zusammenarbeit, wovon gerade der Ruhrbergbau stets getragen gewesen sei, werde auch der Bergbauverein zu seinem Teil am Gelingen des grossen Werkes mitarbeiten.

Sodann erstattete das geschäftsführende Vorstandsmitglied, Bergassessor Dr. von Loewenstein, den Geschäftsbericht. Er gab im wesentlichen einen Ueberblick über die im verflossenen Geschäftsjahr behandelten Aufgabengebiete des Bergbauvereins und des Zechenverbandes. Die Lage des Ruhrbergbaues habe sich im vergangenen Jahre weiter verschärft.

Mit einer Förderung von 73,3 Mill. To. und mit einer Kokserzeugung von 15,4 Mill. To. sei man auf den Stand zu Anfang des Jahrhunderts zurückgeworfen.

Damit habe auch der Absatz des Syndikats eine entsprechende Schrumpfung erfahren. Besonders ungünstig habe sich bemerkbar gemacht, dass der Absatz in das unbestrittene Gebiet stärker zurückgegangen sei und in das bestrittene Gebiet. Naturgemäss habe dies eine zusätzliche Verschlechterung der Erlöse bedeutet. In der Förderung und im Absatz ergebe sich gegenüber 1929 ein Rückgang von 40 bis 50 pCt., in den Erlösen eine Einbusse um etwa 5 RM pro Tonne. Wenn man überhaupt noch arbeite, so habe man das den ausserordentlich scharfen Eingriffen in die Gestaltung der Betriebe zuzuschreiben, die es ermöglicht haben, die Selbstkosten in hohem Grade herabzudrücken. Dr. von Loewenstein behandelte dann eine ganze Reihe von Einzelfragen, wie zum Beispiel die Ermässigung der Küstentarife, die noch

sehr viel weitergetrieben werden müsse, ferner das Problem des Wasserstrassenbaues, die Arbeitsbeschaffung und Siedlung, schliesslich noch einige sozialpolitische Fragen. Zur Lohnfrage bemerkte Dr. von Loewenstein, einschliesslich der ab 1. Juli vorgenommenen Kürzungen der Sozialzulagen

belaufe sich der Gesamtabbau der Löhne gegenüber dem Höchststande der Tarifsätze auf fast 21 pCt. im Durchschnitt, doch sei das Reallohnniveau der Gesamtbelegschaft niemals unter das Vorkriegsniveau gesunken.

Nach den Indexzahlen für Januar 1933 liege dieses Reallohnniveau sogar je Schicht um 8 bis 9 pCt. über dem Lohn von 1913/14. Für die ganze Entwicklung der Lohnpolitik sei es besonders verhängnisvoll, dass Kurzarbeit und Feierschichten den tatsächlichen Stand der Tariflöhne je Stunde oder je Schicht vollständig verschleiern. Es sei eine direkte Verfälschung des Tarifgedankens, wenn die Löhne bei uns in einer solchen Höhe festgelegt werden, dass sie praktisch nur Höchstlöhne sind. Dem Arbeitnehmer nützen hohe Maximalsätze gar nichts, wenn er sie nur für drei Schichten in einer Woche erhalte.

Der Referent schloss seinen Bericht im Hinblick auf die von Grund auf geänderte politische Lage mit der sicheren Zuversicht, damit gleichzeitig ein Kapitel der Geschichte des Ruhrbergbaues beschliessen zu können, das in der Erinnerung aller, die es miterlebt hätten, als eine furchtbare Heimsuchung lebendig bleiben werde, in die ferne Zukunft eine ernste Mahnung sein werde, dass die wirtschaftliche Entwicklung ihren Weg stets mit unheimlicher Konsequenz weitergehe. In den hinter uns liegenden Jahren habe man sich hierin getäuscht und

geglaubt, die Eigengesetzlichkeit der Wirtschaft unter politische Ansprüche zwingen zu können.

Dies habe sich der Arbeiterschaft furchtbar gerächt. Man werde also noch lange und harte Arbeit leisten müssen, die aber leichter getragen werden könne in dem Bewusstsein, dass heute Männer an der Spitze der Regierung stehen, die auch den Mut zum Handeln haben.

Dr. Brandi ergänzte diese Ausführungen noch durch ein kurzes Schlusswort, in dem er u. a. ausführte, der Bergbau sei bereit, an dem grossen Werk der nationalen Regierung mitzuarbeiten, insbesondere

bei der Herstellung der Volksgemeinschaft mitzuwirken mit den Arbeitern,

von denen die Unternehmer nicht länger Feindschaft, Misstrauen und Klassenhass trennen sollte, sondern die mit den Unternehmern in der Werksgemeinschaft innerhalb aller Industriezweige zusammenwirken müssten. Mit unverantwortlichen Berufsvertretern politischer Monopolwerkschaften, die eine Macht hinter sich hätten, sei dieses grosse Ziel aber nicht zu erreichen. Der Kontakt mit den eigenen Arbeitern müsse hergestellt werden, deren Existenz wie die der Unternehmer mit dem Gedeihen der Werke unmittelbar verknüpft sei.

Brandi diffamiert die verfolgten Gewerkschafter als »unverantwortliche Berufsvertreter politischer Monopolgewerkschaften« und stellt seine Verbände in den Dienst der Regierung.

Vertraulich!

Aktennotiz

über eine Besprechung in der Schöneberger-Straße am 23. März 1933, 3¹⁵ Uhr nachm.

Anwesend waren die Herren: Dr. C. F. v. Siemens Dr. Wagner
                            Dir. Dr. v. Witzleben Engel Brn.

glieder neben der bisherigen Gewerkschaftsrichtung anerkannt würden. Herr Engel kündigte an, daß die Regierung in den nächsten Tagen eine Notverordnung herausgeben würde, durch die die NSBO neben den übrigen Gewerkschaften als gleichberechtigt anerkannt würden. Er sprach die Erwartung aus, daß die Firmenleitung dieser Notwendigkeit bereits jetzt Rechnung trage und die NSBO als gleichberechtigt ansehe. Ihre Vertreter müssten in der gleichen Weise wie die Vertreter anderer Gewerkschaftsrichtungen ihre Interessen gegenüber den Firmenvertretern selbständig vertreten können. Herr Engel teilte ferner mit, daß durch eine Notverordnung die Betriebsrätewahlen um ein Jahr vertagt werden würden, weil zweifellos im Falle der Wahl heute die NSBO die erforderlichen Mehrheiten noch nicht erreichen würden. Es sei aber nicht möglich, die kommunistischen Vertreter der Betriebsvertretungen, ähnlich wie dies im Parlament geschehen sei, auszuschalten. Man glaube aber, in einem Jahr so weit zu sein, daß man bei diesen Wahlen die absolute Mehrheit erreiche. Herr Engel kündigte an, was Herr Dr. Wagner bestätigte, daß die Regierung beabsichtige, für die einzelnen Betriebe Kommissare zu ernennen, die für die Zeit bis zur Neuwahl der Betriebsvertretungen kommissarisch die Rechte der Arbeitnehmer wahrzunehmen hätten. Herr Engel forderte sodann, daß die zum 31.März 1933 ausgesprochenen Kündigungen zurückgenommen werden sollten.

Herr v. S i e m e n s erwiderte folgendes:
Er wolle zunächst seiner Freude darüber Ausdruck geben, daß Herr Dr. Wagner sowohl wie Herr Engel in ihren Ausführungen auf die enge

---

Der NSBO-Leiter Berlin, Johannes Engel, gibt die schwache Stellung der NSBO in den Betrieben zu und kündigt die Abschaffung der Betriebsräte an.

Gleichzeitig hatte er die Bedeutung der NSDAP aber darin gesehen, »den eigentlichen Marxismus mit Stumpf und Stil auszurotten« und auf privatwirtschaftlicher Grundlage ein System »des Führertums durch Auslese« zu setzen. Nun sah er eine »Werksgemeinschaft« als Grundlage einer »Volksgemeinschaft« durch die »unverantwortlichen Berufsvertreter politischer Monopolgewerkschaften« bedroht. Daher begrüßten Bergbau-Verein und Zechenverband die Ausschaltung von Gewerkschaften und Betriebsräten ausdrücklich.

Unterdessen war sich die NSBO-Führung nach der Reichstagswahl vom 5. März darüber im Klaren, dass »der Nationalsozialismus die Arbeitermassen nicht in vollem Umfang erfaßt hat«. Eine bloße Konkurrenzorganisation zu den Gewerkschaften aufzubauen, schien NSBO-Führer Walter Schuhmann am 14. März als wenig aussichtsreich: »Die Gewerkschaften sind, insbesondere durch ihre sozialen Einrichtungen, im Bewußtsein der Arbeiterschaft so fest verwurzelt, daß es kaum möglich

Reichsgesetzblatt

Teil I

1933	Ausgegeben zu Berlin, den 5. April 1933	Nr. 31

Inhalt: Gesetz über Betriebsvertretungen und über wirtschaftliche Vereinigungen. Vom 4. April 1933 . . . S. 161

Gesetz zur Abwehr politischer Gewalttaten. Vom 4. April 1933 . . . . S. 162

Gesetz über die vorläufige Anwendung zweiseitiger Wirtschaftsabkommen mit ausländischen Staaten. Vom 4. April 1933 . . . . S. 162

Dritte Verordnung zur Durchführung der aktienrechtlichen Vorschriften der Verordnung des Reichspräsidenten über Aktienrecht, Bankenaufsicht und über eine Steueramnestie. Vom 1. April 1933 . . . . S. 163

Gesetz über Betriebsvertretungen und über wirtschaftliche Vereinigungen. Vom 4. April 1933*).

Die Reichsregierung hat das folgende Gesetz beschlossen, das hiermit verkündet wird:

Artikel I
Betriebsvertretungen

§ 1

(1) Aus Gründen der öffentlichen Sicherheit und Ordnung kann die oberste Landesbehörde für das Land, für einen Teil des Landes oder für einzelne Betriebe die Wahlen zu den gesetzlichen Betriebsvertretungen bis längstens zum 30. September dieses Jahres aussetzen.

(2) Wird die Wahl ausgesetzt, so bleibt die bisherige Betriebsvertretung im Amte. Eine Ergänzung der Betriebsvertretung wegen Ausscheidens von Mitgliedern ist nur erforderlich, wenn die Zahl ihrer Mitglieder unter die Hälfte der gesetzlichen Mitgliederzahl oder auf weniger als drei Mitglieder gesunken ist. Die zur Erreichung dieser Mindeststärke erforderlichen neuen Betriebsvertretungsmitglieder sind von der obersten Landesbehörde oder der von ihr bestimmten Behörde aus den wählbaren Arbeitnehmern der Belegschaft zu ernennen.

§ 2

Die oberste Landesbehörde oder die von ihr bestimmte Behörde kann das Erlöschen der Mitgliedschaft solcher Betriebsvertretungsmitglieder anordnen, die in staats- oder wirtschaftsfeindlichem Sinne eingestellt sind. An Stelle der ausgeschlossenen

*) Veröffentlicht im Deutschen Reichsanzeiger und Preußischen Staatsanzeiger Nr. 80 vom 4. April 1933.

(Vierzehnter Tag nach Ablauf des Ausgabetags: 19. April 1933)

Reichsgesetzbl. 1933 I

Mitglieder kann sie aus den wählbaren Arbeitnehmern der Belegschaft neue Betriebsvertretungsmitglieder ernennen.

§ 3

Auf die nach § 50 des Betriebsrätegesetzes gebildeten Gesamtbetriebsräte und die nach den §§ 61 und 62 gebildeten besonderen Vertretungen finden die vorstehenden Vorschriften entsprechende Anwendung. Bei Streitigkeiten über die Anwendung der vorstehenden Vorschriften findet § 93 des Betriebsrätegesetzes keine Anwendung.

§ 4

Für die Verwaltungen und Betriebe des Reichs einschließlich der Deutschen Reichsbahn-Gesellschaft und der Reichsbank treten für die Ausübung der im Artikel I enthaltenen Befugnisse der obersten Landesbehörden an deren Stelle die zuständigen obersten Reichsbehörden.

§ 5

Die Vorschriften des § 1 Abs. 2 und des § 2 Satz 2 finden auch auf Maßnahmen Anwendung, die vor dem Inkrafttreten dieses Gesetzes getroffen worden sind.

Artikel II
Entlassung von Arbeitnehmern

Das im § 84 des Betriebsrätegesetzes vorgesehene Recht des Einspruchs gegen die Kündigung eines Arbeitnehmers besteht nicht, wenn die Kündigung mit dem Verdacht staatsfeindlicher Einstellung begründet wird. Der Arbeitnehmer kann binnen einer Woche die nach Artikel I § 2 zuständige Behörde anrufen. Diese entscheidet nach Anhörung der Be-

47

---

teiligten, ob der Verdacht gerechtfertigt ist. Verneint sie dies, so gilt die Kündigung als zurückgenommen.

Artikel III
Vertretung wirtschaftlicher Vereinigungen in der knappschaftlichen Versicherung

§ 1

Der § 184, der § 157 Satz 2 und 3 und der § 180 Abs. 3 des Reichsknappschaftsgesetzes fallen weg.

§ 2

Der Reichsarbeitsminister kann Mitgliedern von Versicherungs- oder Bergaufsichtsbehörden als Kommissaren die Aufgaben der zur Zeit im Amt befindlichen Organe übertragen; die Kommissare unterstehen der Weisung des Reichsarbeitsministers.

Artikel IV
Prozeßvertretung vor den Arbeitsgerichtsbehörden

Der § 11 des Arbeitsgerichtsgesetzes erhält folgenden Abs. 3:

Der Reichsarbeitsminister kann im Einvernehmen mit dem Reichswirtschaftsminister und dem Reichsminister der Justiz durch Verordnung andere Vereinigungen den in den Absätzen 1 und 2 bezeichneten Vereinigungen für die Prozeßvertretung gleichstellen.

Artikel V
Ausführungsbestimmungen

Der Reichsarbeitsminister ist ermächtigt, zur Durchführung der Vorschriften dieses Gesetzes Rechtsverordnungen und allgemeine Verwaltungsvorschriften zu erlassen; er kann Vorschriften des Reichsknappschaftsgesetzes zwecks Anpassung an die Vorschriften des Artikels III dieses Gesetzes ändern.

Berlin, den 4. April 1933.

Der Reichskanzler
Adolf Hitler

Der Reichsarbeitsminister
Franz Seldte

Der Reichsminister des Innern
Frick

Für den Reichsminister der Justiz
Der Reichsminister der Finanzen
Graf Schwerin von Krosigk

Der Reichswirtschaftsminister
Hugenberg

---

sein wird, sie durch eine neue Gewerkschaftsart zu ersetzen«. Schuhmann forderte daher die Alternative, dass der Nationalsozialismus »die Gewerkschaftsführung und Verwaltung kontrolliert und einschreitet«. Auch der NSBO-Leiter Berlins, Johannes Engel, räumte in einem Gespräch mit der Siemens-Firmenleitung am Tag nach den Betriebsratswahlen ein, dass »zweifellos im Falle einer Wahl heute die NSBO die erforderlichen Mehrheiten noch nicht erreichen« würde. Er kündigte am 23. März aber bereits eine »Notverordnung« der Regierung an, die die NSBO, die über keine Tariffähigkeit verfügte, »neben den übrigen Gewerkschaften als gleichberechtigt« anerkennen würde.

Tatsächlich befasste sich das Reichskabinett schon einen Tag nach der Verabschiedung des Ermächtigungsgesetzes, am 24. März 1933, mit einer Vorlage des Reichsarbeitsministeriums, die den oberen Landesbehörden das Recht gab, »aus Gründen der öffentlichen Sicherheit und Ordnung« die Betriebsratswahlen bis zum 30. September 1933 auszusetzen. Am 4. April fertigte Hitler das »Gesetz über Betriebsvertretungen und über wirtschaftliche Vereinigungen« aus, das das Erlöschen der Mitgliedschaft in Betriebsräten durch Anordnung ermöglichte, wenn die Belegschaftsvertreter »in staats- oder wirtschaftsfeindlichem Sinne eingestellt sind«. An ihrer Stelle konnten Ersatzmitglieder ernannt werden. Angesichts der Tatsache, dass es inzwischen zur willkürlichen Vertreibung

Zu III a 4684/33.   224

Niederschrift
über die Ergebnisse der Besprechung mit den Vertretern
der Reichsressorts und der Länder am 11. April 1933
über die Durchführung des Gesetzes über Betriebsvertretungen und über wirtschaftliche Vereinigungen.

1.) Durchführungsbehörden

Mit der Durchführung des Gesetzes sind in der Mehrzahl der Länder die höheren Verwaltungsbehörden beauftragt, die
sich im Einzelfall der örtlichen Polizeibehörde und der Gewerbe-
aufsicht als Hilfsorgan bedienen können. Die Heranziehung von
Schlichtungs- und ähnlichen Behörden wurde von allen Beteiligten als unzweckmäßig angesehen.

Die endgültige Regelung der Behördenzuständigkeit wird
von den Ländern und Reichsressorts dem Reichsarbeitsministerium
mitgeteilt und von diesem im Reichsarbeitsblatt veröffentlicht
werden.

Der Artikel II der Verordnung ist nach überwiegender
Auffassung der Ressorts dahin aufzufassen, daß in Verwaltungen
und Betrieben des Reichs nicht die Landesbehörden, sondern die
nach Artikel I § 4 vorgesehenen Reichsbehörden entscheiden. Dabei wird als Entscheidungsstelle jeweils eine der entlassenden
Behörde vorgesetzte Behörde in Frage kommen. Die Reichsbehörden
werden mit den Landespolizeibehörden bei Beseitigung staatsfeindlicher Arbeitnehmer eng zusammen arbeiten und Anregungen
dieser Behörden im Einzelfall nachprüfen.

2.) Staatsfeindliche und wirtschaftsfeindliche
Einstellung.

Einverständnis bestand, daß kommunistische Einstellung
eines Arbeitnehmers als staats- und wirtschaftsfeindlich anzusehen

---

Auf der Besprechung der Reichsressorts und der Länder am 11. April 1933 wird definiert, was als »staats- und wirtschaftsfeindliche Einstellung« zu verstehen ist.

---

sehen sei.

Im allgemeinen stimmte man weiter dahin überein, daß
die bloße theoretische Ablehnung des gegenwärtigen Staats oder
der gegenwärtigen Wirtschaftsform allein nicht genüge, um die
Voraussetzungen des Gesetzes zu erfüllen. Erforderlich sei vielmehr regelmäßig eine staatsfeindliche Einstellung des Arbeitnehmers in dem Sinne, daß die Gefahr einer Schädigung des Staats
oder der Wirtschaft durch Betätigung der feindseligen Einstellung bestehe.

Die Mitgliedschaft bei der sozialdemokratischen Partei
oder den freien Gewerkschaften werde hiernach allein grundsätzlich nicht zu einem Einschreiten auf Grund des Gesetzes genügen;
Entscheidung nach Lage des Einzelfalles. Jedenfalls werde eine
Entlassung sozialdemokratischer und freigewerkschaftlicher Arbeitnehmer auf Grund des Artikels II wegen staatsfeindlicher
Einstellung nur beim Vorliegen besonderer Tatsachen, die eine
Gefährdung des Staats durch Betätigung der feindseligen Einstellung befürchten ließen, erfolgen können. Dagegen könne an
eine weitere Auslegung des Begriffs der Wirtschaftsfeindlichkeit
zur Beseitigung von Betriebsvertretungsmitgliedern nach Artikel
I § 2 als Organe der Wirtschaftsverfassung gedacht werden. Im
übrigen müsse bei der Anwendung des Gesetzes ein Unterschied

---

sei zu den nationalsozialistischen abgegrenzt seien.

3.) Eingriff in die Betriebsvertretung vor dem
Inkrafttreten des Gesetzes.

Soweit vor Inkrafttreten des Gesetzes Mitglieder von Betriebsvertretungen durch nichtbehördliche Stellen abgesetzt und
durch neue Mitglieder ersetzt sind, wird es Aufgabe der nunmehr
zuständigen Behörde sein, für eine dem Gesetz entsprechende
Betriebsvertretung zu sorgen. Dabei wird es nach der vorherrschenden Meinung der Ressortvertreter das Ziel sein müssen,
die bestehenden tatsächlichen Zustände möglichst weitgehend zu
legalisieren, zumal es sich nur um eine Übergangsregelung handele, auf Erhaltung des Wirtschaftsfriedens besonderes Gewicht
zu legen sei und dem Arbeitnehmer sein Arbeitsplatz im Betrieb
erhalten bleibe.

4.) Einzelfragen.

a) Eine Entlassung von Arbeitnehmern lediglich wegen
nicht arischer Abstammung ist nicht nach den Vorschriften dieses Gesetzes zu behandeln. In diesen Fällen ist daher die Anrufung des Arbeitsgerichts möglich.

b) Erfolgt eine Entlassung auf Grund des Artikel II, so

---

von gewählten Betriebsräten gekommen war, legten sich die Ressortvertreter des Reichs und der Länder am 11. April darauf fest, »die bestehenden tatsächlichen Zustände« weitgehend zu »legalisieren«; es komme auf die Erhaltung des »Wirtschaftsfriedens« an. Damit waren zwei Kernbereiche des Betriebsrätegesetzes gefallen: Erstens das Recht des Einspruchs gegen die Kündigung eines Arbeitnehmers durch Anrufung des Betriebsrats (§ 84), und zwar insbesondere dann, »wenn der begründete Verdacht vorliegt, daß die Kündigung wegen der Zugehörigkeit zu einem bestimmten Geschlechte, wegen politischer, militärischer, konfessioneller oder gewerkschaftlicher Betätigung« erfolgt ist, und zweitens die Verpflichtung des Arbeitgebers, zur Kündigung eines

Mitglieds des Betriebsrats die Zustimmung der Betriebsvertretung einzuholen (§ 96). Ohne Zweifel sollte das Gesetz zweierlei leisten: Zum einen die nachträgliche »rechtliche« Anerkennung der Amtsenthebungen, und zum anderen die Begrenzung weiterer Willkürakte, die die NS-Gliederungen im Glauben vollzogen, Ziel des Nationalsozialismus sei die Ersetzung alter Eliten durch verdiente Kämpfer der Bewegung. Die Reichsregierung war sich völlig darüber im Klaren, dass die Wirtschaftsführer nicht weiter verunsichert werden durften.

Gewaltsam abgesetzt:
Betriebsräte bei Siemens

Für das Berliner Dynamowerk von Siemens lag das Ergebnis der Betriebsratswahlen am 23. März vor: Im Arbeiterrat hatten die Freien Gewerkschaften sieben und die NSBO zwei Mandate erhalten; im Angestelltenrat war der freigewerkschaftliche Allgemeine freie Angestellten-Bund nun mit einem und der christlich-nationale Gesamtverband deutschen Angestelltenverbände mit zwei Sitzen vertreten – die NSBO war hier leer ausgegangen. Das Signal war eindeutig: Über Betriebsratswahlen konnten die Nationalsozialisten die Siemens-Betriebe nicht erobern.

Erich Lübbe (1891 – 1977), vom September 1939 bis Mai 1945 im KZ Sachsenhausen interniert; Dezember 1946 bis November 1948 Mitglied des Magistrats von Groß-Berlin; September 1951 – Ende 1957 Leiter der Abteilung Mitbestimmung beim DGB-Bundesvorstand; 1958 – 1961 Geschäftsführer der »Stiftung Mitbestimmung«

Die Nationalsozialisten erhöhten den Druck auf ihre Weise: Noch am 23. März organisierte die NSBO eine Demonstration vor dem Siemens-Verwaltungsgebäude, an der 1.500 Personen teilnahmen. Die Hauptforderung erläuterte Johann Engel, Gründer der NSBO und ihr Berliner Gauleiter, in einem Gespräch, zu dem ihn Firmenchef Carl Friedrich von Siemens vorgelassen hatte: die Entfernung der »roten Betriebsräte«. Siemens wies dies ab, aber gestand Engel immerhin zu, dass die NSBO bei Siemens nun als »Gewerkschaft« akzeptiert wurde.

Am Morgen des 27. März besetzten die NSBO-Aktivisten in einer konzertierten Aktion mehrere Betriebsratsbüros des Berliner Siemens-Konzerns. 23 freigewerkschaftliche Betriebsräte wurden von NSBO-Betriebsräten ihrer Ämter enthoben und mit Gewalt gezwungen, ihre Büros zu verlassen – darunter der Gesamtbetriebsratsvorsitzende der Berliner Siemens-Betriebe, Erich Lübbe, der erst vier Tage zuvor im Dynamowerk als Belegschaftsvertreter wieder gewählt worden war.

Der 1891 geborene Erich Lübbe hatte während der Weimarer Republik bei Siemens, aber auch in Gewerkschaft und Politik eine steile Karriere absolviert. Er war Ende August 1915 als gelernter Maschinenschlosser in die Dienste der Siemens-Schuckert-Werke getreten, in deren Dynamowerk er seit September 1916 als Dreher arbeite-

Berlin, den 27. März 1933.

B e r i c h t

über die Besetzung des Gesamtbetriebsrates der Groß-Berliner Werke des Siemens-Konzerns durch die Nationalsozialisten.

- - - - - - - - - - - - - - - - -

Am Montag, den 27.März ds.Js. war das Geschäftszimmer des Gesamtbetriebsrates bei Betriebsbeginn durch Nationalsozialisten besetzt.

Von den freigewerkschaftlichen Ausschussmitglieder betrat zuerst Herr W a l t e r das Zimmer, in dem sich Herr S c h r ö d e r befand. Herr S c h r ö d e r machte Herrn W a l t e r darauf aufmerksam, dass er seine Tätigkeit nicht aufzunehmen brauche. Herr W a l t e r erklärte, dass er dies doch zu tun gedenke. Daraufhin trat der S.A.-Mann Kreutz dann an ihn heran und drängte ihn aus dem Zimmer. Daraufhin betrat Herr W a l t e r das Schreibzimmer, in welchem sich Frl. R i t t e r befand. Hinter ihm kam der Nationalsozialist Kreutz ebenfalls ins Schreibzimmer und forderte Herrn Walter nochmals auf, die Räume zu verlassen. Auf die wiederholte Weigerung des Herrn W a l t e r fasste der Nationalsozialist Herrn W a l t e r an den Mantel und drängte ihn auch aus diesem Zimmer hinaus.

Bald darauf betrat Herr E c k e r t die Räume des Gesamtbetriebsrates. In seinem Zimmer war eine Anzahl Nationalsozialisten versammelt, von denen er Herrn v. Poncet kannte. Dieser machte ihn darauf aufmerksam, dass die Nationalsozialisten sich nicht mehr von ihm vertreten lassen wollten und forderte ihn auf, die Räume zu verlassen und verlangte die Uebergabe der Schlüssel. Herr E c k e r t lehnte die Uebergabe der Schlüssel ab und verliess unter Protest die Räume.

Um 8.05 Uhr betrat der Unterzeichnete die Räume des Gesamtbetriebsrates. In seinem Büro waren ebenfalls Nationalsozialisten an-

-2

wesend. Von den Anwesenden kannte der Unterzeichnete nur einen Herrn, und zwar den Herrn v. P o n c e t vom Betriebsrat des Verwaltungsgebäudes S & H. Als der Unterzeichnete das Zimmer betrat, wurde ihm von den Anwesenden erklärt, die Tätigkeit hier im Hause habe aufgehört. Der Unterzeichnete zog sich seinen Mantel aus und legte ihn auf den Tisch und setzte sich auf seinen Platz. Er fragte die Anwesenden, mit welchem Recht sie hier erschienen seien. Einer der Nationalsozialisten erklärte, es sei ein neues Recht, worauf der Unterzeichnete erklärte, er kenne dieses Recht nicht, sondern sei als gewählter Vertreter von der Belegschaft im Recht und werde dieses Recht auch ausüben. Als einer nochmaligen Aufforderung der Nationalsozialisten nicht wich, wurde nach draussen gerufen und ein S.A.-Mann mit dunkler Jacke und braunen Hosen erschien und forderte den Unterzeichneten im barschen Ton auf, den Raum zu verlassen. Auch dieser Aufforderung folgte der Unterzeichnete nicht; darauf wurde von den Nazis Herr S c h r ö d e r, ein nationalsozialistisches Mitglied des Gesamtbetriebsausschusses, angerufen. Herr S c h r ö d e r erschien erst nach dreimaligem Anruf der Nationalsozialisten.

Der Nationalsozialist in Uniform fragte Herrn S c h r ö d e r, wer dieser Herr sei. Herr S c h r ö d e r erklärte," das ist der Abgeordnete Lübbe." Darauf erklärte der S.A.-Mann, "verschwinden Sie hier". Der Unterzeichnete erklärte, er weiche nicht. Der S.A.-Mann trat an den Unterzeichneten heran und versuchte den Stuhl umzuwerfen. Worauf der Unterzeichnete hinter den Schreibtisch trat und denselben vorrückte. In diesem Moment zog der SA-Mann einen Revolver und hielt ihn dem Unterzeichneten vor die Stirn und ersuchte nochmals den Raum zu verlassen. Der Unterzeichnete verweigerte dies und forderte den SA.-Mann auf zu schiessen. Der SA-Mann nahm den Revolver von der Stirn und stiess ihm denselben dreimal vor den Leib. Darauf forderte der anwesende Herr von P o n c e t den SA-Mann auf, den Revolver einzustecken. Dieser tat das. Inzwischen waren -3

Bericht von Erich Lübbe über die gewaltsame Vertreibung der freigewerkschaftlichen Betriebsräte aus dem Büro des Berliner Gesamtbetriebsrates am 27. März 1933

- 3 -

mehrere Nationalsozialisten hinter dem Schreibtisch herumgelaufen und standen somit im Rücken des Unterzeichneten. Sie rückten den Schreibtisch wieder beiseite, der Unterzeichnete trat hinter einen Rollschrank. Dieser Rollschrank fiel um, über den Rollschrank wurde dann der Unterzeichnete mit Gewalt von den vier bis fünf Nationalsozialisten aus dem Zimmer heraustransportiert. Bei diesem Herausbringen wehrte sich der Unterzeichnete weiter, worauf der SA-Mann nochmals rief "Du wehrst Dich noch?" noch einmal nach dem Revolver griff. Bei diesem Vorgang war dann der Unterzeichnete an der Tür angelangt.

Der SA-Mann konnte als der Arbeiter K r e u t z aus dem Kabelwerk festgestellt werden.

---

te. Seit 1910 Mitglied des DMV, trat er im Frühjahr 1918 der USPD bei. Kurz darauf wurde er in den Arbeiterausschuss des Werkes gewählt. Nach Inkrafttreten des Betriebsrätegesetzes wurde er Betriebsratsvorsitzender des Dynamowerkes und nach Bildung des Gesamtbetriebsrates der Groß-Berliner Werke des Siemens-Konzerns im Juni 1920 einer der beiden Vorsitzenden. Damit wurde er von der Produktionsarbeit freigestellt. Im Jahr 1930 wurde er als ehrenamtliches Mitglied in den Hauptvorstand des DMV gewählt. Bei den Reichstagswahlen am 6. November 1932 und am 5. März 1933 kandidierte er erfolgreich für die SPD in Berlin für den Reichstag. Er war bei den Nationalsozialisten besonders verhasst, weil er zu den 94 Abgeordneten der SPD gehörte, die am 23. März – also vier Tage zuvor – bei der namentlichen Abstimmung über das Ermächtigungsgesetz trotz aller Drohungen der Nationalsozialisten mit »Nein« gestimmt hatten.

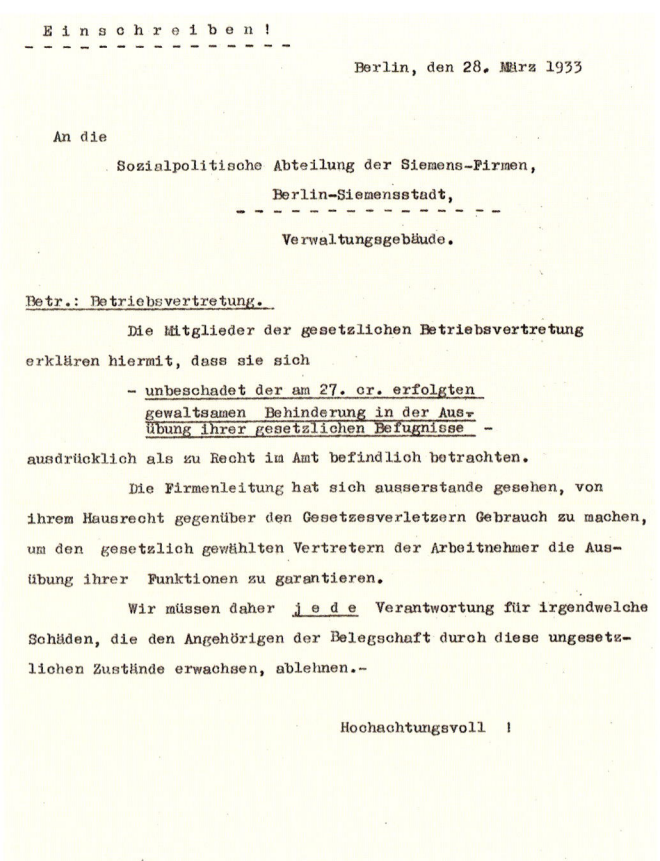

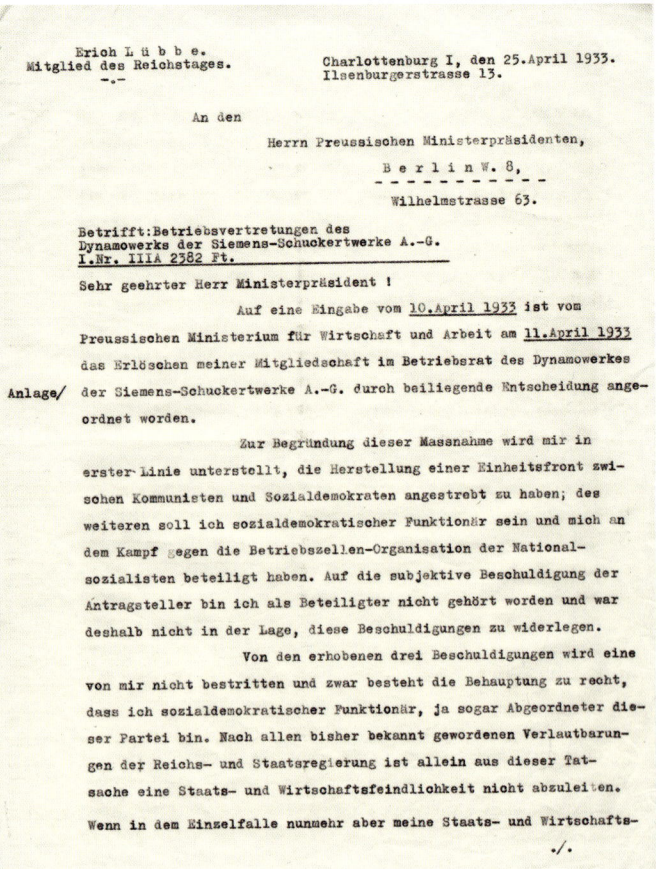

Schreiben von Erich Lübbe an die Leitung von Siemens vom 28. März 1933. Mit gleichlautenden Schreiben protestieren die freigewerkschaftlichen Betriebsratsmitglieder von Siemens gegen die Behinderung ihrer Amtsausübung.

Erich Lübbe fordert vom Preußischen Ministerpräsident eine Überprüfung seiner Amtsenthebung als Betriebsrat.

Lübbe und seine bedrängten Kollegen eilten nach den Gewaltakten in den Betriebsratsbüros sofort zu ihrem Ansprechpartner im Konzern, Dr. Karl Burhenne von der Sozialpolitischen Abteilung, und forderten von ihm Schutz gegenüber den Gewaltmaßnahmen der NSBO. Burhenne teilte ihnen mit, »dass er sich außerstande sehe, gegenwärtig in diese Vorgänge eingreifen zu können«. Er hielt »es für das Beste, dass die anwesenden Mitglieder des Gesamtbetriebsrates zunächst einmal beurlaubt werden und spricht diese Beurlaubungen bis auf weiteres aus«. Der Schutz der Firmenleitung gegenüber den nationalsozialistischen Angriffen auf die gesetzlichen Interessenvertreter der Arbeiterschaft bestand also darin, dass man die gewählten Betriebsräte mit ihrer Beurlaubung aus den Betrieben drängte.

Die beurlaubten Betriebsräte protestierten am Folgetag per Einschreiben gegen die Absetzung durch die NSBO und erklärten, »dass sie sich unbeschadet der am 27. cr. [des laufenden Monats] erfolgten gewaltsamen Behinderung in der Ausübung ihrer gesetzlichen Befugnisse ausdrücklich als zu Recht im Amt befindlich betrachten«. Die

Firmenleitung antwortete in einer kurzen Notiz mit dem lapidaren Hinweis, dass sie sich außerstande sehe, »von ihrem Hausrecht gegenüber den Gesetzesverletzern Gebrauch zu machen«. Sie hielt sich aus der Auseinandersetzung heraus, als ob sie die Vorgänge in ihren Betrieben nichts anginge. Damit stützte sie aber durch ihre Duldung das Vorgehen der NSBO.

Das »Gesetz über Betriebsvertretungen und über wirtschaftliche Vereinigungen« vom 4. April 1933 sanktionierte das eigenmächtige Vorgehen der NSBO nachträglich. Auf eine Eingabe der NSBO hin ordnete das Preußische Ministerium für Wirtschaft und Arbeit am 11. April 1933 an, dass die Mitgliedschaft der Freigewerkschafter im Siemens-Betriebsrat erloschen sei. Erich Lübbe erhob darauf Einspruch beim Preußischen Ministerpräsidenten Hermann Göring. In seinem Schreiben vom 25. April wies er den Vorwurf der Staats- und Wirtschaftsfeindlichkeit zurück. Er betonte, dass er wohl nicht ohne Grund seitens der Kommunisten der am meisten gehasste Arbeitnehmervertreter des Konzerns sei, und berief sich dabei auf das Zeugnis des feindlichkeit aus der subjektiven Beschuldigung hergeleitet wird, dass ich sachliche Kritik an der Politik der N.S.B.O. geübt habe, so kann dieser Umstand für die Entscheidung wohl nicht bestimmend gewesen sein, da auch offiziell seitens der Reichsregierung weder vor noch nach dem 30. Januar 1933 eine solche Kritik verboten worden ist.

Es sei bemerkt, dass meine kritische Stellungnahme zur Politik der N.S.B.O. sich auf die Autarkie bezog. Ich war zu einer solchen Stellungnahme gezwungen, da das Unternehmen, dessen Belegschaft ich zu vertreten hatte, zu 50 % auf Export angewiesen ist. Der Versuch einer Beweisführung für eine unsachliche Kritik gegen die N.S.B.O. dürfte meiner Ansicht nach von den Antragstellern überhaupt nicht unternommen worden sein.

Soweit Behauptungen aufgestellt worden sind, dass ich Bestrebungen zur Herstellung einer Einheitsfront zwischen kommunistischen und sozialdemokratischen Arbeitern gefördert habe, darf ich darauf verweisen, dass ich seitens der Kommunisten wohl der gehassteste Arbeitnehmervertreter des Konzerns war. Ich bin in der Lage, diese Behauptung durch Vorlage unzähliger Zeitungsausschnitte beweisen zu können. Es ist den Antragstellern genau bekannt, dass die Kommunisten seit Jahren in Wort und Schrift versucht haben, der Belegschaft klar zu machen, dass meine jeweilige Stellungnahme zu den Zeitereignissen nur als Förderung nationalsozialistischer Interessen anzusehen sei.

Das Gesetz über die Betriebsvertretungen vom 4. April 1933 besagt nichts darüber, dass die Entscheidung der obersten Landesbehörde endgültig ist, daher sehe ich mich genötigt, obige Ausführungen zu Ihrer Kenntnis zu bringen, da ich auch nicht stillschweigend den Vorwurf der Staats- und Wirtschaftsfeindlichkeit hinnehmen kann.

Dieser Vorwurf ist so sehr den Tatsachen widersprechend, dass er auf alle diejenigen, die meine mehr als 12-jährige Tätigkeit als Arbeitnehmervertreter im Aufsichtsrat der Siemens-Schuckert-Werke A.-G. zu beobachten Gelegenheit hatten, als absurd wirken muss und nur aus diesem Grunde berufe ich mich auch noch für meine Einstellung zum Staat und zur Wirtschaft auf das Zeugnis des Herrn Dr. Fritz T h y s s e n , Mühlheim/Ruhr, welcher mich seit mehr als 10 Jahren persönlich kennt.

Ich bitte ergebenst, eine Nachprüfung der Anordnung vornehmen zu wollen und sehe Ihrem Bescheid mit Interesse entgegen.-

Mit vorzüglicher Hochachtung !

Ein Durchschlag wurde an das Preussische Ministerium für Wirtschaft und Arbeit gesandt.

NSBO-Betriebsrat Käding (2. v. r. in Uniform) bei einer »Fahnenweihe« bei Siemens im Sommer 1933; links: Johannes Engel, Treuhänder der Arbeit für Berlin und Brandenburg

Stahlmagnaten und NSDAP-Mitglieds Fritz Thyssen, den er durch die gemeinsame Mitgliedschaft im Siemens-Aufsichtsrat seit mehr als zehn Jahren persönlich kannte. Seine Motive für das Schreiben an Göring erläuterte er einen Tag später in einem Brief an Carl Friedrich von Siemens: Seine persönliche Ehre habe ihn veranlasst, Ein-

spruch gegen die Absetzung und die dabei genannten Gründe zu erheben. Der geäußerte Protest besaß für ihn nur symbolischen Gehalt: »Ich habe nicht die Auffassung, dass mein Vorgehen den Erfolg haben wird, dass meine Zugehörigkeit zur Betriebsvertretung wieder festgestellt wird.«

In der Tat blieb seine Eingabe bei Göring unbeantwortet und folgenlos. Am 8. Mai 1933 erging dagegen eine Anordnung des Berliner Polizeipräsidenten, dass die Aufsichtsratsämter von Lübbe und von weiteren Betriebsräten erloschen seien. Die inzwischen eingesetzten NSBO-Betriebsräte wurden durch den Erlass als kommissarische Aufsichtsratsmitglieder berufen. Damit waren alle Dämme gebrochen: Am folgenden Tag ordnete die Siemens-Firmenleitung an, dass diejenigen amtsenthobenen Betriebsräte, die nicht weiter beschäftigt werden könnten, sofort zu entlassen seien. Erich Lübbe selbst wurde am 16. Mai gekündigt.

Ruhrbergbau und NSBO:
Konzertierte Aktion
gegen Betriebsräte

In den Chef-Etagen keines Industriezweiges konnte sich die NSBO in der Unterstützung ihres gewaltsamen Auftretens gegen Betriebsräte und Gewerkschafter so gewiss sein wie im Ruhrbergbau. Die Zechendirektionen hatten die Wirtschaftskrise als Rückenwind genutzt, um die betrieblichen sozialen Beziehungen nach ihrem begrenzten Verständnis von industriellen Konflikten umzuformen. Dabei zeigten die Arbeitgeber keinerlei Interesse, einen Facharbeiterstamm für die Nachkrisenzeit zu binden. Nichts lag den Bergbauindustriellen ferner als eine Fürsorgepflicht für die Bergleute. Die Krise wurde systematisch zur Abstreifung der »Tariffesseln« genutzt. Nur so glaubte man die gewaltigen Rationalisierungsanstrengungen auf einem enger gewordenen Weltenergiemarkt amortisieren zu können. Während die kleineren Gesellschaften, bei denen noch ein persönlicheres Verhältnis zwischen Arbeitgeber und Belegschaft denkbar schien, kompromissbereiter waren, setzten die großen Konzerne, unterstützt von den Verbandsjuristen, ihren »Klassenkampf von oben« fort. Im RDI suchten sie ihren Kurs der Zerstörung des Weimarer Arbeitsrechts rücksichtslos durchzusetzen, und daher lehnten sie den Vorstoß von Gustav Krupp und Carl Friedrich von Siemens, noch im März 1933 in Kooperation mit den Gewerkschaften die Autonomie der Wirtschaft zu retten, ab. Ernst Brandi sah in den Gewaltmaßnahmen in den Betrieben und gegen die Gewerkschaftshäuser lediglich eine gewisse »Rauhbeinigkeit«.

Fritz Johlitz (1893 – 1974), NSBO-Gauleiter in Essen, 1933 Betriebsratsvorsitzender bei Fried. Krupp, seit Juli 1932 Mitglied des Reichstages

Im Schlagschatten dieser Frontstellung vollzog sich der Machtausbau der NSBO unter ihrem Essener Gauleiter Fritz Johlitz, der den Stimmenzuwachs der NSBO bei den Betriebsratswahlen im Ruhrbergbau ausnutzen wollte und schon zwei Tage vor dem Gesetz vom 4. April die NSBO-Aktivisten zur Herausdrängung der Freien Gewerkschafter aus den Betriebsräten aufforderte. Seine Parole – »Die Macht der marxistischen Landesverräter im Bergbau ist damit endgültig gebrochen« – entsprach dabei

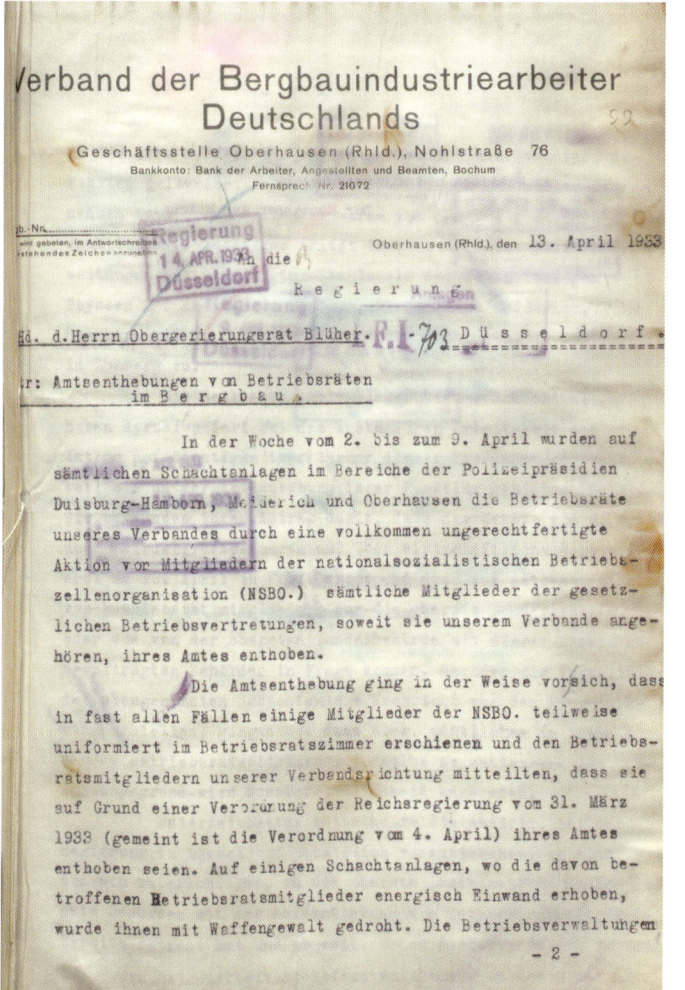

Verband der Bergbauindustriearbeiter Deutschlands

(Geschäftsstelle Oberhausen (Rhld.), Nohlstraße 76

Bankkonto: Bank der Arbeiter, Angestellten und Beamten, Bochum
Fernsprech. Nr. 21072

Oberhausen (Rhld.), den 13. April 1933

An die

R e g i e r u n g

Hd. d. Herrn Oberregierungsrat Blüher. F.I.-703 D ü s s e l d o r f

betr: Amtsenthebungen von Betriebsräten
im B e r g b a u.

In der Woche vom 2. bis zum 9. April wurden auf sämtlichen Schachtanlagen im Bereiche der Polizeipräsidien Duisburg-Hamborn, Meiderich und Oberhausen die Betriebsräte unseres Verbandes durch eine vollkommen ungerechtfertigte Aktion vor Mitgliedern der nationalsozialistischen Betriebszellenorganisation (NSBO.) sämtliche Mitglieder der gesetzlichen Betriebsvertretungen, soweit sie unserem Verbande angehören, ihres Amtes entnoben.

Die Amtsenthebung ging in der Weise vorsich, dass in fast allen Fällen einige Mitglieder der NSBO. teilweise uniformiert im Betriebsratszimmer erschienen und den Betriebsratsmitgliedern unserer Verbandsrichtung mitteilten, dass sie auf Grund einer Verordnung der Reichsregierung vom 31. März 1933 (gemeint ist die Verordnung vom 4. April) ihres Amtes enthoben seien. Auf einigen Schachtanlagen, wo die davon betroffenen Betriebsratsmitglieder energisch Einwand erhoben, wurde ihnen mit Waffengewalt gedroht. Die Betriebsverwaltungen

- 2 -

Protestschreiben von Heinrich Jochem gegen die gewaltsame Absetzung von Betriebsräten

völlig der rückwärtsgewandten Sozialphantasie der Bergassessoren-Kaste im Direktionsrang. Am Ende des nationalsozialistischen Zerstörungswerks am Weimarer Arbeitsrecht konnte der Vorstand des Bergbau-Vereins am 5. Juli 1933 geradezu euphorisch feststellen, dass in den Betrieben »nur noch der Unternehmer bestimmen« soll: »Er braucht den Betriebsrat oder die NSBO nicht zu fragen oder zu hören« – eine Einschätzung, die sich bald als eine tiefe Verkennung der Eigendynamik des Nationalsozialismus erweisen sollte.

Der Mut von Gewerkschaftsführern wie Fritz Husemann vom Freien Bergarbeiterverband und von Heinrich Imbusch vom Christlichen Gewerkverein sollte ebenso Beachtung finden wie die Protestaktionen von Gewerk-

<u>Abschrift.</u>

Zechenverband Essen,
Friedrichstrasse 2   Essen, den 15.Mai 1933.
Gerichtsass.Dr.Pohle.

An
    Herrn Regierungsassessor Dr. Graf v. Stosch, Polizeipräsidium
                        Recklinghausen.
    .-.-.-.-.-.-.-.-.-.

            Sehr geehrter Herr Graf!

        Unter Bezugnahme auf unsere mündliche Unterredung vom
13.ds.Mts. erlaube ich mir, Ihnen zur Frage der Absetzung von
Betriebsräten und deren Neubestellung auf Grund des Gesetzes
vom 4.April 1933 folgendes zusammenfassend mitzuteilen:
        Im Rahmen der Säuberungsaktion in den Betriebsvertre-
tungen sind auf fast sämtlichen Sachsenanlagen des Ruhrreviers
Betriebsratsmitglieder sowohl kommunistischer wie gewerkschaftlicher Richtung aus ihren Ämtern entfernt und durch nationale Belegschaftsmitglieder ersetzt worden. Hierbei wurde
von dem in Art. I § 2 des Gesetzes vom 4. April 1933 vorgesehenen amtlichen Abberufungsverfahren regelmässig Abstand genommen. Die Absetzung der früheren und die Amtsübernahme der neu-
en nationalen Betriebsratsmitglieder erfolgte vielmehr durch
revolutionäre Massnahmen, die teils vor, teils nach Inkrafttreten des Gesetzes vom 4. April 1933 vorgenommen wurden.
        Um die Möglichkeit zur Rückkehr zu geordneten Rechts-
zuständen im Betriebsverfassungsrecht zu gewinnen, bleibt
nichts anderes übrig, als eine generelle nachträgliche Legalisierung aller dieser Massnahmen, und zwar aus folgenden Gründen:
        1. Es würde zu einer verhängnisvollen Verwirrung der
Verhältnisse führen, wenn man die Absetzung der früheren Betriebsräte als ungesetzlich bezeichnen wollte. Das würde nämlich zur Folge haben, dass alle Massnahmen, die inzwischen der
neue Betriebsrat getroffen hat, ebenfalls unwirk-
sam wären. Tatsächlich haben aber die Zechenverwaltungen den
neuen Betriebsrat von sich aus,ß vielleicht auch teilweise
unter dem Druck der Verhältnisse - als gesetzlich, rechts-
wirksame Betriebsvertretung anerkannt, und mit diesem Betriebsrat verhandelt. Sie haben den neuen Betriebsratsmitgliedern
                                                    <u>die</u>

III b. 9525

Der Zechenverband fordert vom Polizeipräsidenten in Recklinghausen
die endgültige Beseitigung der demokratisch gewählten Betriebsräte.

- 2 -   168
                                                        171
die gleichen Rechte eingeräumt, die Mitgliedern des Betriebsrats zustehen, insbesondere Ihnen also die Arbeitszeitversäum-
nis für notwendige Betriebsratsgeschäfte vergütet(§ 35 BRG.),
die Geschäftsräume zur Verfügung gestellt, Geschäftsführungs-
kosten ersetzt (§ 36 BRG.), sie in Einspruchsstreitigkeiten
als massgebende Instanz anerkannt (§§ 84 ff.BRG.), sie bei
Entlassungen und Einstellungen gehört (§ 74 BRG.) und unter
Umständen sogar Betriebsvereinbarungen mit ihnen abgeschlossen
(§§ 66, 78 BRG.). Alles dies wäre ungesetzlich, wenn den auf
revolutionärem Wege eingesetzten Betriebsräten die rechtliche
Anerkennung versagt würde.

        3. Hierzu kommt, dass das etwaige Nebeneinanderbestehen
zweier Betriebsräte - des früheren inzwischen abgesetzten
Betriebsrats und des neu eingesetzten nationalen Betriebsrats
praktisch zu unerträglichen Zuständen führen würde, wobei zu
bemerken ist, dass rechtlich ein derartiges Nebeneinander-
bestehen zweier Betriebsräte überhaupt nicht möglich ist. Wie
grosse Unzuträglichkeiten sich ergeben können, geht schon
daraus hervor, dass zahlreiche Betriebsratsmitglieder, die den
Gewerkschaften angehören, gegen die Zechenverwaltungen vorge-
gangen sind, um im Wege des arbeitsgerichtlichen Verfahrens
feststellen zu lassen, dass ihre Amtsenthebung zu Unrecht erfolgt und ihnen die Amtsausübung weiter zu gestatten sei. Es
besteht die Gefahr, dass die Gerichte auf Drängen der betroffe-
                                                        <u>nen</u>

- 3 -   169
                                                        172
nen Betriebsratsmitglieder und der hinter ihnen stehenden
Organisationen in Kürze über jene Klagen entscheiden und
die Absetzung als ungesetzlich bezeichnen. Dieser Gefahr ist
um so dringender, als aus Art. I § 2 des Gesetzes vom 4.April
1933 der Schluß gezogen worden ist, dass neben dem dort
vorgesehenen amtlichen Verfahren eine Absetzung von Betriebsratsmitgliedern auf anderem Wege unzulässig sei. Die Gewerkschaftspresse hat hierauf mit besonderem Nachdruck hingewie-

same Betriebsverfassungskörper seit Wochen betrachten. Um die-
se Verwirrung zu beheben, bleibt nichts anderes übrig, als ein
Akt des Gesetzgebers durch den generell alle vor oder nach
Inkrafttreten des Gesetzes vorgenommenen revolutionären Maß-

- 6 -   172
                                                        175
nahmen zur Aufräumung der Betriebe legalisiert werden.
Selbstverständlich muss solchen Massnahmen, ...

        Aus all diesen Gründen scheint mir hervorzugehen, dass
die nachträgliche Sanktionierung die einzige Möglichkeit
bietet, um die Rechtssicherheit zu wahren und wiederherzustellen. Ich wäre sehr verbunden, wenn Sie sich in dieser
Richtung nachdrücklich einsetzen würden.

                    Mit verbindlichster Begrüßung
                        Ihr Ihnen sehr ergebener
                            gez.Unterschrift.

Verwaltungsgebäude von Bergbau-Verein und Zechen-Verband in Essen

Heinrich Jochem (1898 – 1978) auf der Reichskonferenz des Freien Bergarbeiterverbandes 1929 (unten, 2. v. r. In der zweiten Reihe links der von den Nazis 1935 ermordete Vorsitzende des Verbandes und SPD-Reichstagsabgeordnete Fritz Husemann, daneben der ADGB-Vorsitzende Theodor Leipart). Jochem – wie seine Frau – im Widerstand aktiv, prägt auch nach 1945 die Politik der Bergarbeitergewerkschaft.

schaftern auf regionaler und lokaler Ebene. Der Leiter der Oberhausener Geschäftsstelle des Alten Verbandes, Heinrich Jochem, beklagte sich in seinem Schreiben vom 13. April 1933 an die Bezirksregierung in Düsseldorf bitter über die mit Waffengewalt erzwungenen, von den Werksleitungen gebilligten Amtsenthebungen von Betriebsräten. Klageerhebungen bei Arbeitsgerichten wurden von den Direktionen mit der fristlosen Entlassung der Betriebsräte beantwortet. Heinrich Jochem gehörte, zusammen mit seiner Ehefrau Else, später zum aktiven Widerstand.

Während die Ruhrindustriellen, wie sich am Beispiel des Direktors der Zeche Concordia in Oberhausen, Dr. Gustav Dechamps, aufzeigen lässt, einen charakteristischen Grad von Gleichgültigkeit gegenüber dem Schicksal der alten Betriebsräte an den Tag legten, versuchte der Zechenverband in verschiedenen Schreiben an die Mittelbehörden, die »Säuberungsaktionen in den Betriebsvertretungen« beschleunigt mit dem Mantel von Rechtmäßigkeit einzukleiden, und er forderte, dass »generell alle vor oder nach Inkrafttreten des Gesetzes [vom 4. April] vorgenommenen revolutionären Maßnahmen zur Aufräumung der Betriebe legalisiert werden«. Zur völligen Pervertierung rechtsstaatlicher Traditionen des Deutschen Reichs wurde ausgerechnet der Bruch des Rechts als einzige Möglichkeit bezeichnet, »um Rechtssicherheit zu wahren und wiederherzustellen«.

Werksgemeinschaft im Nationalsozialismus:
Die Krupp'sche Gußstahlfabrik

Bereits im Dezember 1932 hatte das Krupp-Direktionsmitglied Arthur Klotzbach den Eindruck, dass »der Tiefpunkt bei uns und in der Welt durchschritten zu sein scheint«. Dabei war die Waffenproduktion der Gußstahlfabrik für den weiteren Aufschwung bis 1935 eher unerheblich. Die Ernennung Hitlers zum Reichskanzler löste beim Ehepaar Bertha und Gustav Krupp von Bohlen und Halbach keine Euphorie aus. Krupp war Mitglied in der DVP. Für die plebejisch auftretende NS-Bewegung hatten die Krupps zunächst allenfalls Verachtung übrig. So gab es bis zum Februar 1933 auch keinerlei Zahlungen an die NSDAP aus der Firmenkasse. Auch wenn Krupp als Vorsitzender des RDI einen Anpassungskurs an das Regime einleitete, vermisste der linke Flügel der NSDAP jedoch in der berühmten Traditionsfirma des Reviers jeden revolutionären Schwung. Vorstand und Aufsichtsrat blieben gegenüber den personalpolitischen Anmaßungen der NS-Satrapen im Übrigen verschlossen.

Anders sah es bei den Betriebsratswahlen aus. Hier gelang der NSBO in der Gußstahlfabrik Ende März 1933 ein relativer Erfolg mit einem Stimmenanteil von etwa 25 Prozent. Der Anteil der Freien Gewerkschaften stieg aber sogar noch von 31,74 für 1931 auf 37,45 Prozent; sie konnten im Arbeiterrat nun 12 statt 10 Sitze beanspruchen. Die Christlichen Gewerkschaften behielten, bei leichten Stimmeneinbußen, ihre 10 Sitze. Auffällig ist, dass die Sitze der Roten Betriebseinheitsliste von 1931, die zu den Wahlen nicht mehr antrat, wohl überwiegend den Nazis zugefallen waren, die schon 1931 mit dem NSBO-Gauleiter Fritz Johlitz erstmals im Betriebsrat vertreten waren. Der Schlosser Johlitz war in der Kraftwagenhalle beschäftigt.

Anstatt mit den Freien ein Bündnis gegen die NSBO zu knüpfen, hielten es die Christlichen Gewerkschaften »diesmal für angebracht, ihren bisherigen Bundesgenossen, die SPD, fallen zu lassen und sich zu der NSDAP

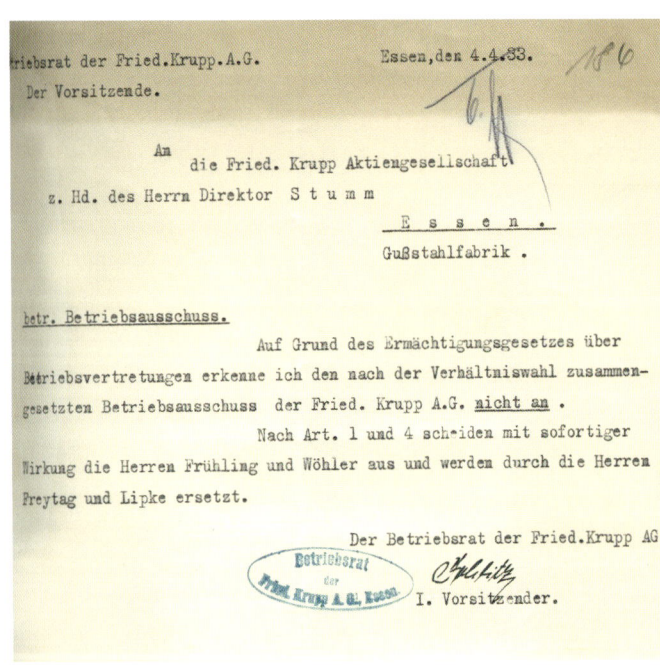

NSBO-Aktivist Johlitz fordert die Ersetzung der Betriebsräte der Freien Gewerkschaften durch Nationalsozialisten.

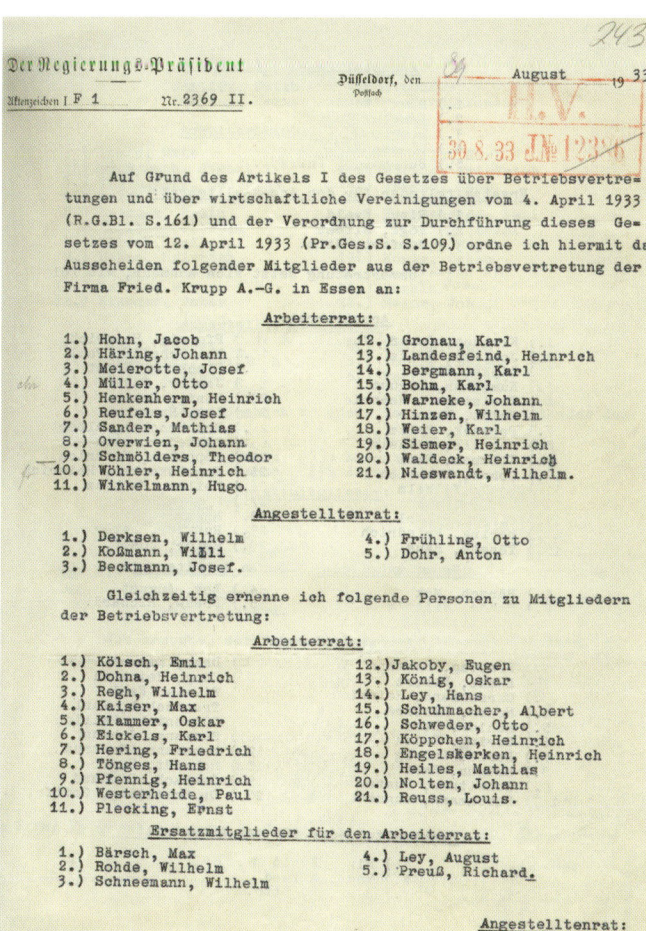

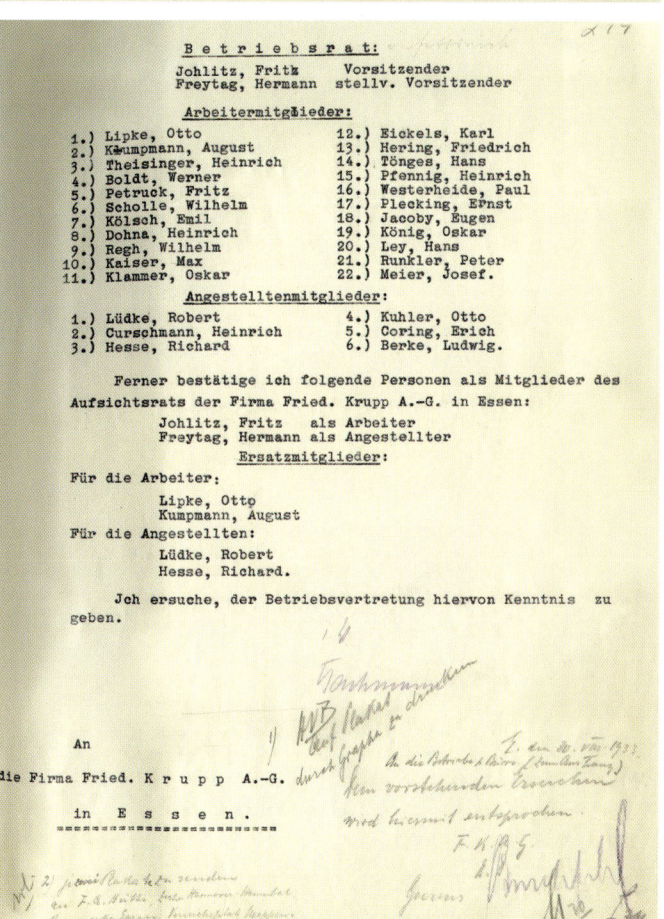

Der Vorsitzende des Krupp'schen Arbeiterrates Oskar Klammer bei einer Gedenkfeier am 31. März 1934 für die von französischen Besatzungssoldaten am 31. März 1923 erschossenen Werksangehörigen (links: Gustav Krupp)

zu schlagen«, wie im Geschäftsbericht der Sozialpolitischen Abteilung für 1932/33 süffisant vermerkt wurde. Mit den Stimmen der Christlichen Gewerkschafter wurde Johlitz zum Vorsitzenden des Betriebsausschusses gewählt. Bereits am 4. April, als im Kabinett die Entscheidung für das Gesetz über Betriebsvertretungen gerade erst gefallen war, beanspruchte Johlitz gegenüber dem Krupp-Direktor Stumm die Sitze der Freigewerkschafter Frühling und Wöhler. In der Folgezeit konnte sich Johlitz in seinem Kurs des Machtausbaus auf das Zurückweichen der Firmenleitung verlassen. Diese beruhigte sich damit, dass der Willkürakt »im Augenblick hingenommen werden« müsse. Die Freien Gewerkschafter wurden auch aus allen Kommissionen, wie etwa dem Wohnungsausschuss und der Lohnkommission, gedrängt. Die Düsseldorfer Bezirksregierung gab schließlich am 29. August das Ausscheiden aller freigewerkschaftlichen und christgewerkschaftlichen Betriebsvertreter bekannt und »legalisierte« die neue, rein nationalsozialistische Betriebsvertretung; gleichzeitig wurden die Nationalsozialisten Johlitz und Freytag als Betriebsvertreter im Aufsichtsrat bestätigt.

Bei der pompös aufgezogenen Feier am 1. Mai 1933 im Lichthof des Hauptverwaltungsgebäudes war der Krupp'sche Eigensinn gleichwohl deutlich zu spüren: Gustav Krupp sprach in herkömmlichen Worten von

Der Regierungspräsident in Düsseldorf ordnet das Ausscheiden der Christlichen Gewerkschafter aus dem Betriebsrat an.

Zur Feier des „Tages der nationalen Arbeit" versammelten sich am 1. Mai, morgens 7.30 Uhr, Werkleitung und Abordnungen aller Betriebe und Büros der Gußstahlfabrik im Lichthof des Hauptverwaltungsgebäudes. Die weite Halle war festlich mit Grün und Fahnen, Reichsfahnen, Hakenkreuzfahnen, Kruppschen Handelsflaggen, geschmückt. Das Lied „Wo gen Himmel Eichen ragen", gesungen von dem Kruppschen Männergesangverein „Gemeinwohl", leitete die Feier ein. Herr Krupp von Bohlen und Halbach ergriff dann das Wort zu folgender Ansprache:

Mitarbeiter!

Der Anerkennung der Arbeit, der körperlichen wie der geistigen, soll der heutige Tag gewidmet sein, dem innerlichen Zusammenkommen aller soll dieser Tag dienen, aller, die in der Arbeit verbunden sind.

Noch stehen wir inmitten der Auswirkungen der gewaltigen Geschehnisse der letzten Jahrzehnte, noch branden die Wogen, aufgepeitscht durch die Stürme, die uns umtobt haben. Lassen wir hoffen, daß je länger, je mehr die großen Linien sich durchsetzen werden, die unserem Volke Richtung und Gesundung bringen sollen. Was heute in Deutschland vorgeht, ist in tiefem Grunde die Wiederholung des Kampfes zwischen Materialismus und Idealismus, der von alters her die Menschheit bewegt. Dabei wird es, so hoffe ich, für den künftigen Geschichtschreiber unschwer sein, festzustellen, daß in der neueren Zeit der Materialismus in Deutschland so recht seinen Einzug gehalten hat nach dem siegreichen Kriege 1870/71, während umgekehrt die Kräfte, die jetzt unter der Führung Adolf Hitlers den Umschwung bewirkten, die vor aller Welt klar und offensichtlich den Idealismus auf ihre Fahnen schrieben, ihren Ausgang genommen haben von dem unglücklich verlaufenen Heldenkampf unseres Volkes im Weltkriege und von den Folgeerscheinungen des verlorenen Krieges. Wenn der künftige Geschichtschreiber diesen Punkt wird herausschälen können, so wird er, daran zweifle ich nicht, einen weiteren hervorheben und darauf hinweisen, wie noch bis vor kurzem die innere Zerrissenheit in unserem Volke, das Gegeneinanderregieren in Reich und Ländern, die Parteiwirtschaft allerorten, jede, auch die dringlichste Reform in Verfassung und Verwaltung hoffnungslos vereitelte und wie dann mit einem Schlage durch das Vorgehen des Reichskanzler Hitler vollen Erfolg versprechende Reform zur Tat wurde.

Und noch ein Drittes: Drohte nicht auch Deutschland nach allem, das wir jetzt rückwärtschauend klarer als zuvor erkennen können, die furchtbare Gefahr des Kommunismus, die alles, was wir bisher geschaffen und geschätzt hatten, endgültig zu vernichten drohte? Wird nicht auch in diesem Punkte der künftige Geschichtschreiber mit vollem Recht Wert darauf legen, zu betonen, daß deutsches Vorgehen

zum erstenmal dieser bolschewistischen Flut einen Damm entgegengeworfen und damit — so hoffen wir — nicht nur Deutschland, sondern Europa und vielleicht die Welt vor einem Chaos gerettet hat, das zum mindesten die Errungenschaften vieler Jahrhunderte zuschanden gemacht hätte.

Der Gedanke der Gemeinschaftsarbeit und Werksverbundenheit ist uns, die wir heute in Kruppscher Arbeit stehen, durch eine hundertjährige Kruppsche Geschichte überliefert worden. Wir haben uns zu diesem Gedanken bekannt und ihn fortgesetzt, gerade auch in den schwersten Zeiten der letzten 20 Jahre.

Gustav Krupp und Fritz Johlitz bekräftigen am 1. Mai 1933 die Verpflichtung des Werks auf das »Gemeinwohl«.

Wenn jetzt unsere Reichsregierung dem 1. Mai, der früher die Zerklüftung unseres Volkes in Klassen und Stände offenbarte, einen neuen großartigen und idealen Sinn gegeben hat, so brauchen wir Kruppianer nicht umzulernen: Wir bekennen uns freudig zu dieser Idee und stellen uns hinter sie. Der heutige Frühlingstag möge unsere Gedanken lenken aus trüber Vergangenheit in lichtere Zukunft. Blicken wir aus Vergangenem in klarem Bewußtsein dessen, was wir an Lehren aus ihm gewinnen können, in Zuversicht hinaus in diese Zukunft, deren Grundlagen im läuternden Feuer sich abzuheben beginnen, und bemühen wir uns, ein jeder an seinem Teile und alle gemeinsam mitzuwirken an dem Ziele, diese Grundlagen gesund und tragfähig zu gestalten, daß auf ihnen wieder ein Volk, das in ideellem Streben, in fleißiger Arbeit und in freier Selbstbestimmung volle Selbstachtung und berechtigte Achtung anderer wieder zu gewinnen, sicher ist. Bekräftigen Sie diesen Wunsch, diesen Willen, dieses Ziel, indem Sie mit mir rufen

Unser deutsches Volk

Unser deutsches Vaterland

Hoch!

Nach dem Gesang des Deutschlandliedes sprach der Vorsitzende des Betriebsrates, Herr Fritz Johlitz:

Verehrte Familie Krupp von Bohlen!

Im Namen aller Arbeiter und Angestellten des Werkes danke ich Ihnen in meiner Eigenschaft als Betriebsratsvorsitzender des Werkes für die klaren Ausführungen, die, glaube ich, wohl ein jeder unterzeichnen kann. Darüber hinaus seien Sie versichert, daß von der Führung der Arbeiterschaft

alles getan wird, den von Ihnen gekennzeichneten Weg bis zur Vollendung zu beschreiten. Wir sind uns darüber klar, daß es ein sehr harter und dornenvoller Weg ist, aber im Interesse unseres gesamten deutschen Volkes nehmen wir heute alles auf uns und werden diesen Weg unter allen Umständen gehen. Und nun gestatten Sie mir, meine deutschen Volksgenossinnen und Volksgenossen, noch ein paar Worte insonderheit an die Leiter der einzelnen Betriebe zu richten.

Der deutsche Arbeiter hat nichts anderes gekannt als den Kampf für seinen Stand. Trotzdem er geschlossen formiert in Organisationen war, mußte er nach einem mühevollen Weg feststellen, daß er nicht nur betrogen war, sondern daß er elender am Boden lag als je zuvor.

Dem Volkskanzler Adolf Hitler mit seiner Bewegung ist es gelungen, dem deutschen Arbeiter wieder einen neuen Glauben zu geben. Man hat allmählich wieder Vertrauen bekommen, welches wir rückhaltlos anerkennen. Dieses Vertrauen ist mit einem kleinen Pflänzchen zu vergleichen, das bei den ersten rauhen Stürmen geknickt werden kann. Das muß unter allen Umständen verhindert werden, und Sie als Betriebsleiter sind mit dazu berufen, dieses kleine Pflänzchen zu bewachen und zu beschützen. Die Arbeiterschaft wird letzten Endes das sein, was Sie aus derselben machen. Sie tragen die Verantwortung mit an dem Gelingen des großen Werkes der Einreihung des deutschen Arbeiters in die Volksgemeinschaft. Es ist eine schwere, aber dankbare Aufgabe, und wir haben diese Aufgabe restlos zu lösen. Es gibt keine Halbheiten. Wir müssen ganze Arbeit leisten, und am Ende dieser Arbeit muß der große freie Staat auf sozialer Grundlage stehen, in dem das Wort des Ahnherrn dieses Werkes Geltung hat:

„Gemeinnutz geht vor Eigennutz".

Dann wird auch dieses Werk, das glanzvolle und böse Tage miterlebt hat, wiederum die Stellung einnehmen, die ihm gebührt.

Jetzt bitte ich Sie, mit einzustimmen in den Ruf:

„Es lebe das Haus Krupp, die Schicksalsverbundenheit aller Schaffenden in diesem Werk und das Deutsche Volk!

Sieg — Heil!"

Mit dem Lied „Schlage empor, du Vaterlandsflamme" fand die würdige und eindrucksvolle Feier ihren Abschluß.

———

Feier des Tages der nationalen Arbeit

Der »Tag der nationalen Arbeit« am 1. Mai 1933: Gustav Krupp
am Rednerpult

DAF-Leiter Robert Ley wird von Gaubetriebszellenleiter Johlitz am
4. November 1933 im Essener Krupp-Werk begrüßt. Direktor Buschfeld
betont dabei die Tradition der »Werksgemeinschaft« bei Krupp.

der »Anerkennung der Arbeit«, lobte aber gleichzeitig,
wie durch »das Vorgehen des Reichskanzlers Hitler« eine
»vollen Erfolg versprechende Reform zur Tat wurde«. So
sah er nicht nur »die innere Zerrissenheit in unserem
Volke« beseitigt, sondern auch »die furchtbare Gefahr
des Kommunismus« gebannt und durch »deutsches
Vorgehen zum erstenmal dieser bolschewistischen Flut«
einen Damm entgegengeworfen. Das war freilich weit
mehr als die bloße Hinnahme von Rechtsbrüchen, sondern der Schritt zur historisierenden Glorifizierung einer
Politik der Gewalt. Was die Beseitigung der »Zerklüftung
unseres Volkes« angehe, so betonte Krupp, »so brauchen
wir als Kruppianer nicht umzulernen«.

Den Aspekt der Kontinuität in der Unternehmens-Sozial-
politik mochte auch Fritz Johlitz nur bekräftigen, als er
anschließend das alte Krupp'sche Motto »Gemeinnutz
vor Eigennutz« aufgriff und »die Schicksalsverbundenheit
aller Schaffenden in diesem Werk« beschwor. Das war
ohne Zweifel nicht das sozialrevolutionäre Pathos der
NSBO, sondern ein Rückgriff auf das sozialpatriarchali-

sche Spracharsenal, das in der Krupp'schen Gußstahlfabrik aufgrund der Werkstradition durchaus von Bestand war. Das Leitbild der »Werksgemeinschaft« war All-
tag bei Krupp, und in dieser Hinsicht brauchte man kaum
umzulernen. Die Betriebsbindung der Stammarbeiter-
schaft war hoch, die Lehrlingsausbildung vorbildhaft,
die betrieblichen Sozialeinrichtungen mustergültig.
Daher war es keineswegs so, als hätte man bei Krupp
von den Nationalsozialisten lernen müssen: Der Lernprozess verlief eher umgekehrt. Die Ideologie-Gebäude
von »Schönheit der Arbeit« und vom »NS-Musterbetrieb«
nahmen ihren Ausgang aus der Anschauung der
Krupp'schen Verhältnisse. Als Robert Ley, der DAF-Führer, am 4. November 1933 die Essener Krupp-Werke
besichtigte, vermeldete ihm Direktor Buschfeld selbst-
bewusst, »daß in der Firma Krupp ein gutes Einvernehmen zwischen Werksleitung und Arbeiter- und Angestelltenschaft sowie ein ausgesprochenes Gefühl der
Werksverbundenheit« ohnehin zur Tradition gehörten.

Die »Abwicklung« der gewählten Betriebsräte:
Die Gutehoffnungshütte in Oberhausen

Bei der Gutehoffnungshütte (GHH), deren Kernbereich von Hochofen-, Stahl- und Walzwerken in Oberhausen angesiedelt war, gab es eine starke Tradition betrieblicher Sozialpolitik. Auf dem in allen Ruhrgebietsstädten überaus begrenztem Wohnungsmarkt bedeutete es viel, wenn ein Arbeiter der Stammwerke in einer geräumigen werkseigenen Drei-Zimmer-Wohnung leben konnte. Dazu musste er lediglich sieben bis zehn Prozent seines Monatseinkommens für Miete aufbringen; das war weniger als die Hälfte dessen, was auf einen Arbeiter in einer durchschnittlichen deutschen Großstadt zukam. Freilich waren das Wohnungen für hochqualifizierte Facharbeiter. Der Arbeitsvertrag war mit dem Mietvertrag verkoppelt. Die Bindungsintention der betrieblichen Sozialpolitik war nicht nur in diesem Bereich offenkundig. Die autoritäre Führung durch den Firmen-Chef Paul Reusch gestattete den Betriebsräten nur geringe Handlungsräume. Das führte zu so ärgerlichen Vorkommnissen wie der Verweigerung eines Stempels für den Betriebsrat durch die Bergwerks-Verwaltung der Zeche Sterkrade im Oktober 1931. Die Weltwirtschaftskrise wurde zur Einschüchterung der Belegschaften genutzt.

Paul Reusch (1868 – 1956),
Vorstandsvorsitzender der GHH

Die deutsche Eisen- und Stahlindustrie war der von der Wirtschaftskrise am stärksten betroffene Industriezweig. Das galt insbesondere für die GHH, die wegen ihrer Schwerpunkt-Produktion von Schiffsbaustahl auch in die Krise der Werftindustrie hineingeriet. Auf dem Krisenhöhepunkt hatte sich die Belegschaft gegenüber 1928/29 halbiert. Die Kurzarbeit lag bei 40 Prozent. Gleichwohl war die NSBO in den Stammwerken selbst Anfang 1933 noch kaum vertreten, obwohl die NSDAP in einzelnen Oberhausener Wahlbezirken begrenzte Erfolge erzielte.

Von 1928 bis 1933 war ein christlicher Gewerkschafter Vorsitzender des Betriebsrats gewesen. Von den 22 Sitzen entfielen in der Regel zehn auf die Freien, neun

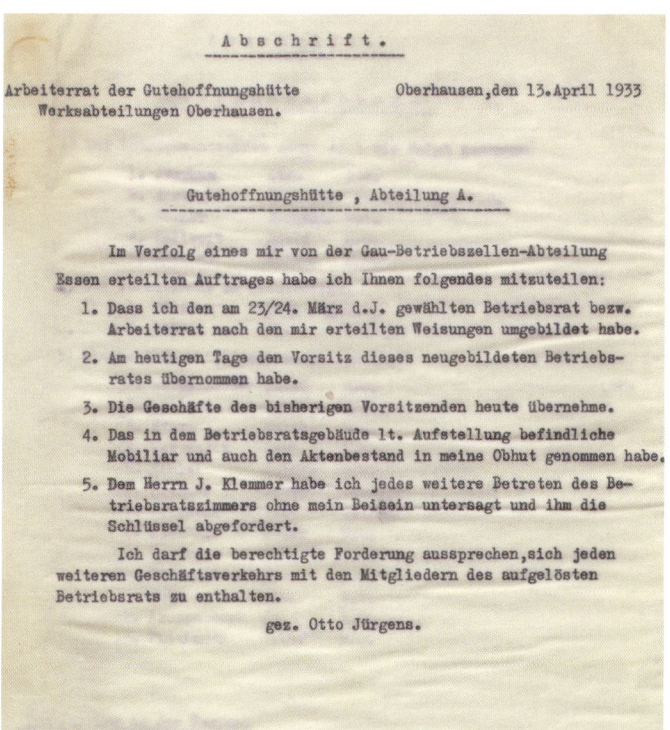

Abschrift.

Arbeiterrat der Gutehoffnungshütte   Oberhausen, den 13. April 1933
Werksabteilungen Oberhausen.

Gutehoffnungshütte , Abteilung A.

Im Verfolg eines mir von der Gau-Betriebszellen-Abteilung
Essen erteilten Auftrages habe ich Ihnen folgendes mitzuteilen:

1. Dass ich den am 23/24. März d.J. gewählten Betriebsrat bezw.
   Arbeiterrat nach den mir erteilten Weisungen umgebildet habe.
2. Am heutigen Tage den Vorsitz dieses neugebildeten Betriebsrates übernommen habe.
3. Die Geschäfte des bisherigen Vorsitzenden heute übernehme.
4. Das in dem Betriebsratsgebäude lt. Aufstellung befindliche
   Mobiliar und auch den Aktenbestand in meine Obhut genommen habe.
5. Dem Herrn J. Klemmer habe ich jedes weitere Betreten des Be-
   triebsratszimmers ohne mein Beisein untersagt und ihm die
   Schlüssel abgefordert.

Ich darf die berechtigte Forderung aussprechen, sich jeden
weiteren Geschäftsverkehrs mit den Mitgliedern des aufgelösten
Betriebsrats zu enthalten.

gez. Otto Jürgens.

NSBO-Betriebsrat Otto Jürgens informiert die Werksleitung über sein Vorgehen.

Dr. Hermann Kellermann (1875 – 1965), Leiter der Bergbau-Abteilung der GHH

auf die Christlichen und drei auf die Hirsch-Dunckerschen Gewerkschaften. Bei den Betriebsratswahlen am 24. März 1933 trat die kommunistische RGO nicht mehr an. Der Christliche Metallarbeiterverband (CMV) erhielt 1188 Stimmen, der H.-D. Gewerkverein 403 Stimmen, die Liste des DMV 933 Stimmen, die Liste 5 des Stahlhelm 254 Stimmen und die Liste 6 der NSBO 1128 Stimmen. Der CMV unter Josef Klemmer koalierte erneut mit dem H.-D. Gewerkverein, aber nun unter Einschluss der NSBO. So wurde Josef Klemmer 1. Vorsitzender des Betriebsrats, der NSBO-Mann Otto Jürgens Schriftführer. Im Vorstand des Arbeiterrates saßen neben Klemmer ein NSBO-Mitglied und ein Schriftführer vom H.-D. Gewerkverein.

Am 11. April aber beanspruchte Otto Jürgens, unter Hinweis auf Anweisungen seines Gauleiters Fritz Johlitz, eine Umbildung des Betriebs- und Arbeiterrates mit dem

Ergebnis, dass nahezu alle Positionen mit NSBO-Leuten besetzt wurden. Als Josef Klemmer, der als einziger christlicher Gewerkschafter nur noch unter »Weitere Mitglieder« auf dem von Jürgens angebrachten Aushang auftauchte, protestierte, wurde ihm der Schlüssel zum Betriebsratszimmer abgezwungen. Jürgens gab diesen gesamten Vorgang im Gestus einer Anweisung am 13. April an die Sozialpolitische Abteilung der GHH weiter.

Es ist durchaus bemerkenswert, dass eine Firmenleitung, die wegen ihrer Distanz zum Nationalsozialismus und für eine Betriebspolitik »der harten Hand« bekannt war, diesen Vorgang gegenüber dem Regierungsprädenten in Düsseldorf am 27. April als schicksalhaft gegeben ausgab: »Nach dieser Bekanntmachung (...) ist die Betriebsvertretung wie folgt umgebildet worden.« Nicht nur die scheinbar willenlose Hinnahme dieses Übergriffs

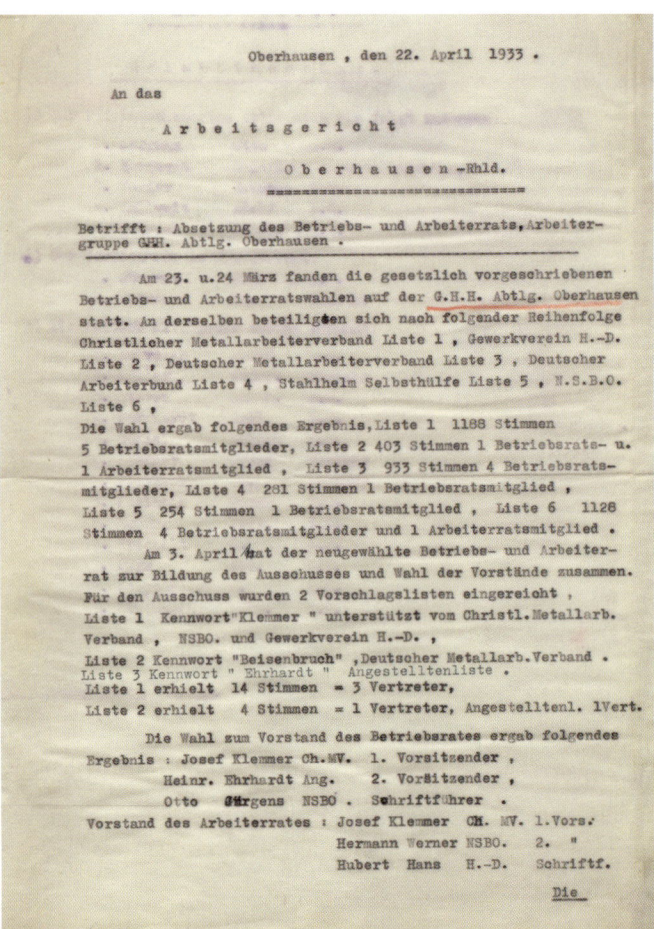

Der Betriebsratsvorsitzende Josef Klemmer vom Christlichen Metallarbeiterverband protestiert gegen die Absetzung durch Otto Jürgens.

war für die Werkspolitik der Direktoren Dr. Hermann Kellermann und Dr. Wegmann bezeichnend, sondern auch die geschmeidige Taktik, unter Verweis auf die gesetzlichen Maßnahmen seit dem 4. April eine Unausweichlichkeit des Verfahrens zu suggerieren: »Wir bitten dringend um beschleunigte Erledigung, da die zurzeitigen unklaren Verhältnisse geeignet sind, leicht zu Unzuträglichkeiten zu führen.« Das war nicht mehr und nicht weniger als die opportunistische Preisgabe von Rechtsstandards und ein Fußtritt für jene Betriebsräte, die sich seit Jahren einer kooperativen Haltung befleißigt hatten. In Absprache mit dem Zechenverband in Essen verstand es Dr. Wegmann Ende April auch noch geschickt, die Schutzklausel des § 96 des BRG für Betriebsratsmitglieder auszuhebeln. Die NSBO-Leute mochten sich als Sieger fühlen, doch waren sie unfreiwillige Marionetten, deren Fäden in der Direktionsetage gezogen wurden.

Gleichwohl musste die Firmenleitung des Öfteren feststellen, das im neuen staatlichen System auch ihr Grenzen gesetzt waren. So hatte Hermann Kellermann anlässlich der Ruhrrevier-Parteispenden für den Reichskanzler im Februar 1933 dem widerstrebenden Konzern-Chef Paul Reusch bedeutet: »Nach Lage der Dinge werden wir ja wohl mitmachen müssen.« Als am 6. Mai 1934 ein Denkmal für die Gefallenen des Ersten Weltkrieges im Garten der Werksgaststätte enthüllt werden sollte,

Drahtspulerei GHH Gelsenkirchen 1927

konnte erst Gauleiter Josef Terboven die Teilnahme einer NSBO-Abordnung mit Fahnen und auch ein kurzes Gruß-wort des Betriebsobmanns Jürgens durchsetzen. Paul Reusch redigierte die Rede vom Kurort Karlsbad aus, die Kellermann vorzutragen hatte. Wichtig war ihm, dass Frauen, wenn sie denn unbedingt teilnehmen wollten, hinter dem Denkmal zu sitzen hatten. Im Redetext ist keinerlei Kritik an den Gewaltmaßnahmen der National-sozialisten auszumachen, dafür die für Reusch typische hemmungslose Abrechnung mit der Weimarer Republik: »Vierzehn Jahre lang konnte in Deutschland das Anden-ken der großen Armee unserer Gefallenen nicht in dem Geist gepflegt werden, der der Geist dieser Toten gewe-sen ist.«

Für die Geschmeidigkeit im Umgang mit den neuen Machthabern hatte Hermann Kellermann zu sorgen, etwa als er am 1. Mai 1933 an der riesigen Kundgebung im Stadion Niederrhein gemeinsam mit anderen GHH-Direktoren teilnahm. Reusch war bei diesem Akt selbst-redend abwesend. In der Distanz zum NS-Regime und zu Arbeiteraufmärschen gleichermaßen mochte er sein elitäres Selbstbild pflegen – die von ihm verantwortete Firmenpolitik indes trug maßgeblich zur Zerstörung des Weimarer Sozialstaates bei.

Behörde setzt Betriebsrat ab:
Die Schroeder'sche Papierfabrik Golzern (Sachsen)

Die 1862 von Gottlieb Adolf Schroeder gegründete Papierfabrik in Golzern bei Grimma, rund 30 Kilometer südöstlich von Leipzig gelegen, zählte mit ihrem Stammhaus, der Papiergroßhandlung Sieler & Vogel in Leipzig und ihren Verkaufskontoren in Berlin, Hamburg und München zu Beginn der 1930er Jahre zu den renommiertesten Papierherstellern im Deutschen Reich. Der 18jährige Axel Caesar Springer verbrachte Anfang der 1930er Jahre hier mehrere Monate seiner Lehre. Die Belegschaftsstärke der Papierfabrik betrug 1933 rund 350 Mitarbeiter.

Der sächsische SA-Führer Manfred von Killinger war am 8. März 1933 von Hitler zum Polizeikommissar, zwei Tage später zum Reichskommissar für das Land Sachsen berufen worden. Eine der ersten Maßnahmen bestand am 14. und 15. März darin, auf Grund der Verordnung des Reichspräsidenten zum Schutze von Volk und Staat zwei Verordnungen zu erlassen, nach denen Betriebsratsmitgliedern, die der KPD angehörten, die Ausübung ihrer Befugnisse untersagt wurde; außerdem wurde die Durchführung von Betriebsratswahlen »zur Erhaltung der öffentlichen Sicherheit und Ordnung« bis auf weiteres verboten. Damit wurden die beiden sächsischen Verordnungen zum Muster für das Gesetz vom 4. April 1933.

Johann Bönisch (1878 – 1966), seit 1913 Geschäftsführer der Zahlstelle Wurzen des freigewerkschaftlichen Fabrikarbeiterverbandes; 1944 kurzzeitig im KZ Sachsenhausen inhaftiert (Foto von 1948)

Die Betrauung von Killingers mit der Polizeigewalt in dem bisher eher kaum von Gewalttaten der Nationalsozialisten heimgesuchten Sachsen löste eine Flut von Übergriffen der SA in sächsischen Städten und Gemeinden aus. Das massive Vorgehen der NSDAP bewirkte auch bei den unteren Bezirksbehörden in Sachsen, den Amtshauptmannschaften, einen »Aktionsschub« von Repressionsmaßnahmen gegen Kommunisten und Sozialdemokraten; dieser wurde dadurch forciert, dass den Amtshauptleuten, den Behördenleitern, seit Mitte März 1933 die Kreisleiter der NSDAP als Kommissare an die Seite gestellt wurden. Sozialdemokratische Beamte und Bürgermeister wurden abgesetzt, bekannte Kommunis-

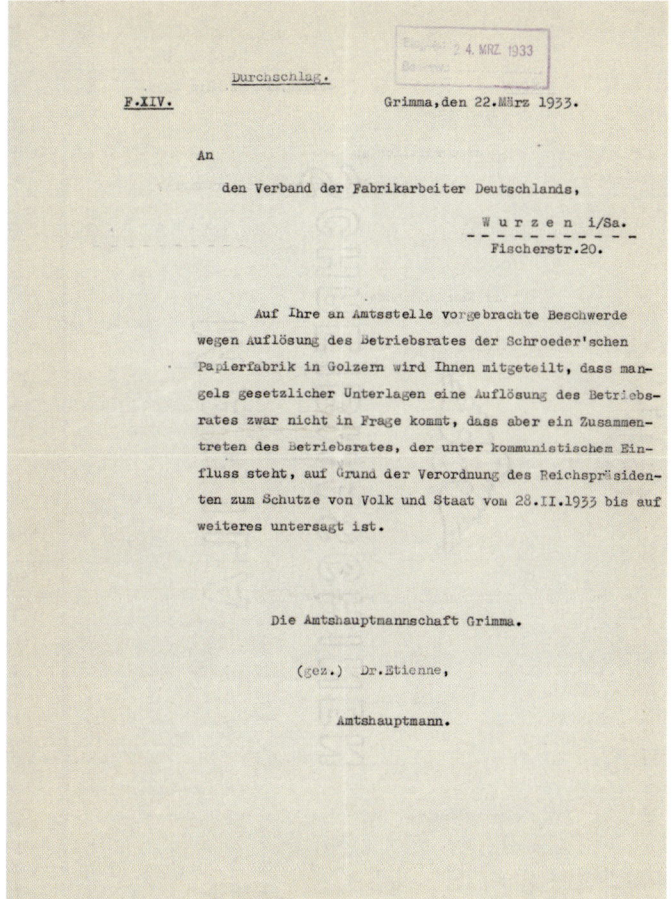

F.XIV.   Grimma,den 22.März 1933.

An

den Verband der Fabrikarbeiter Deutschlands,

W u r z e n   i/Sa.
- - - - - - - - -
Fischerstr.20.

Auf Ihre an Amtsstelle vorgebrachte Beschwerde
wegen Auflösung des Betriebsrates der Schroeder'schen
Papierfabrik in Golzern wird Ihnen mitgeteilt, dass mangels gesetzlicher Unterlagen eine Auflösung des Betriebsrates zwar nicht in Frage kommt, dass aber ein Zusammentreten des Betriebsrates, der unter kommunistischem Einfluss steht, auf Grund der Verordnung des Reichspräsidenten zum Schutze von Volk und Staat vom 28.II.1933 bis auf
weiteres untersagt ist.

Die Amtshauptmannschaft Grimma.

(gez.) Dr.Etienne,

Amtshauptmann.

Amtshauptmann Dr. Etienne verbietet aufgrund einer Beschwerde
von Johann Bönisch die Zusammenkunft des Betriebsrates der
Schroeder'schen Papierfabrik.

ten in »Schutzhaft« genommen. Im Zuge dieser Maßnahmen setzte die Amtshauptmannschaft Grimma schon einen Tag nach Erlass der Anordnung des Reichskommissars den Betriebsrat der Schroeder'schen Papierfabrik ab. Die Belegschaftsvertretung setzte sich aus fünf Freigewerkschaftern und zwei Kommunisten zusammen. Der Betrieb war damit ohne gesetzliche Interessenvertretung, da die Bezirksbehörde keine Ersatzbestellung von Betriebsratsmitgliedern vornahm.

Die Zahlstelle des freigewerkschaftlichen Fabrikarbeiterverbandes in Wurzen, die von Johann Bönisch geleitet wurde, legte unverzüglich Beschwerde gegen diesen Rechtsakt ein. Es war offensichtlich, dass die Absetzung der freigewerkschaftlichen Betriebsratsmitglieder gegen den Inhalt der sächsischen Anordnung verstieß. In einer kurzen Erwiderung musste der Leiter der Amtshauptmannschaft Grimma, Badedirektor Oberregierungsrat Dr. Alfried Etienne aus Bad Elster, dem Fabrikarbeiterverband dies am 22. März auch eingestehen. Der Amts

hauptmann reklamierte aber, dass ein Zusammentreten eines Betriebsrates, der unter kommunistischem Einfluss stehe, bis auf weiteres untersagt sei. Mit diesem Verdikt wurde dem Betriebsrat der Schroeder'schen Papierfabriken praktisch jegliches Handels unmöglich gemacht, da er nun – der Möglichkeit einer Zusammenkunft beraubt – keinerlei Beschlüsse mehr fassen konnte.

Wenige Tage später, am 25. März, wurden die beiden kommunistischen Betriebsräte, Alfred Büchner und Alfred Illigner, von der Polizei in »Schutzhaft« genommen. Die NSBO reagierte darauf, indem sie am 20. März eines ihrer Mitglieder zum kommissarischen Betriebsrat proklamierte. Für die Werksleitung war die rechtliche Situation auch nach Inkrafttreten des Gesetzes vom 4. April 1933 so unübersichtlich, dass sie am 18. April die Bezirksbehörde um Auskunft bat, ob die freigewerkschaftlichen Betriebsräte weiter im Amt seien und ob weitere Änderungen bei der Zusammensetzung des Gremiums zu treffen seien. Amtshauptmann Etienne wies in seiner

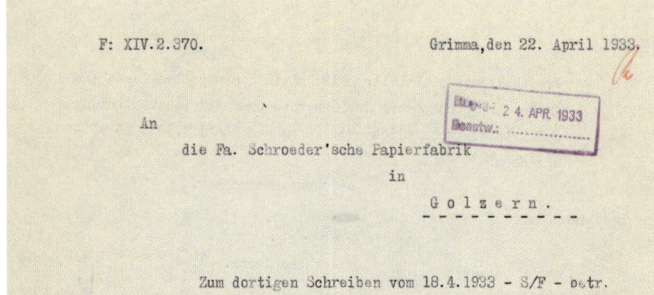

F: XIV.2.370.   Grimma, den 22. April 1933.

                                        [Eingeg.: 2 4. APR 1933 / Beantw.:]

        An

                die Fa. Schroeder'sche Papierfabrik

                        in

                        G o l z e r n .
                        - - - - - - - - -

                Zum dortigen Schreiben vom 18.4.1933 - S/F - betr.
        Betriebsvertretung wird mitgeteilt, dass die von dem Kreisbe -
        triebszellenleiter der NSDAP. Pischel in Wurzen getroffenen Mass -
        nahmen noch einer Nachprüfung unterliegen, die durch die Amts -
        hauptmannschaft und den ihr beigegebenen Vertrauensmann Kreis -
        leiter der NSDAP. Naumann demnächst erfolgen wird. Zu ihrer Rechts -
        wirksamkeit bedürfen die Massnahmen der Kreisbetriebszellenleitung
        der behördlichen Bestätigung.

                Sozialdemokraten sind nicht o.w. als staats- und
        wirtschaftsfeindlich eingestellt zu betrachten, im Gegensatz zu
        den Kommunisten. Die Frage der Enthebung sozialdemokratischer
        Betriebsratsmitglieder von ihrem Amte muss deshalb von Fall zu Fall
        geprüft werden.

                Ob Ihr Betrieb als lebenswichtig anzusehen ist, kann
        erst auf Grund der vom Ministerium in den nächsten Tagen ergehen -
        den Richtlinien einwandfrei festgestellt werden.

                Die Amtshauptmannschaft möchte aber annehmen, dass
        Ihre Ansicht insoweit richtig ist.

                Im übrigen wird die Amtshauptmannschaft Gelegenheit
        nehmen, gemeinsam mit ihrem Vertrauensmann M.d.L. Naumann und dem

Kreisbetriebszellenleiter Pischel in den nächsten Tagen die
Frage der Durchführung des Gesetzes über Betriebsvertretungen
und über wirtschaftliche Vereinigungen vom 4.4.1933 zu be -
sprechen.

                Die Amtshauptmannschaft.

                        Edemann
                        Amtshauptmann.

Antwort der Amthauptmannschaft auf das Schreiben der Werksleitung
vom 18. April 1933

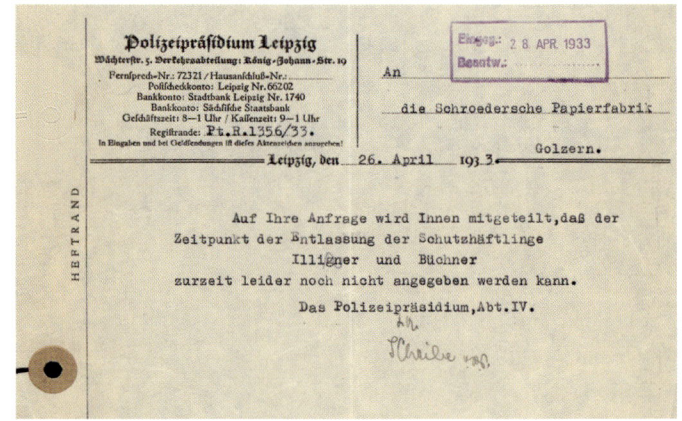

Polizeipräsidium Leipzig
Wächterstr. 5. Verkehrsabteilung: König-Johann-Str. 19
Fernsprech-Nr.: 72321 / Hausanschluß-Nr.:
Polizeischeckkonto: Leipzig Nr. 66202
Bankkonto: Stadtbank Leipzig Nr. 1740
Bankkonto: Sächsische Staatsbank
Geschäftszeit: 8—1 Uhr / Kassenzeit: 9—1 Uhr
Registrande: Pt.R.1356/33.
In Eingaben und bei Geldsendungen ist dieses Aktenzeichen anzugeben!

                                [Eingeg.: 2 8. APR. 1933 / Beantw.:]

        An

        die Schroedersche Papierfabrik

                        Golzern.
Leipzig, den 26. April 1933

        Auf Ihre Anfrage wird Innen mitgeteilt, daß der
Zeitpunkt der Entlassung der Schutzhäftlinge
        Illigner und Büchner
zurzeit leider noch nicht angegeben werden kann.
                Das Polizeipräsidium, Abt. IV.

                        Scheibe

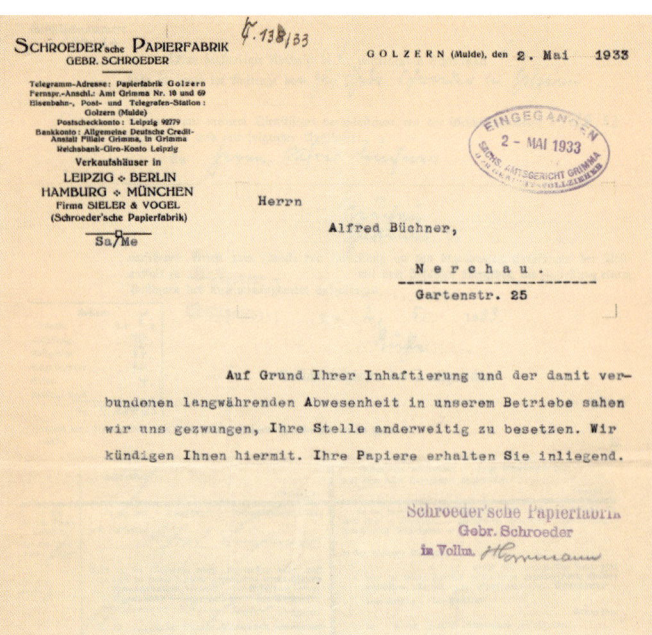

SCHROEDER'sche PAPIERFABRIK
GEBR. SCHROEDER   GOLZERN (Mulde), den 2. Mai 1933

Telegramm-Adresse: Papierfabrik Golzern
Fernspr.-Anschl.: Amt Grimma Nr. 10 und 69
Eisenbahn-, Post- und Telegrafen-Station:
Golzern (Mulde)
Postscheckkonto: Leipzig 90779
Bankkonto: Allgemeine Deutsche Credit-
Anstalt Filiale Grimma, in Grimma
Reichsbank-Giro-Konto Leipzig
Verkaufshäuser in
LEIPZIG ◇ BERLIN
HAMBURG ◇ MÜNCHEN
Firma SIELER & VOGEL
(Schroeder'sche Papierfabrik)
Sa/Me

                                        Herrn

                                        Alfred Büchner,

                                        N e r c h a u .
                                        - - - - - - - - - - -
                                        Gartenstr. 25

        Auf Grund Ihrer Inhaftierung und der damit ver -
bundenen langwährenden Abwesenheit in unserem Betriebe sahen
wir uns gezwungen, Ihre Stelle anderweitig zu besetzen. Wir
kündigen Ihnen hiermit. Ihre Papiere erhalten Sie inliegend.

                Schroeder'sche Papierfabrik
                        Gebr. Schroeder
                        im Vollm. Hermann

Nachdem das Polizeipräsidium Leipzig die beiden kommunistischen
Betriebsräte unbefristet in »Schutzhaft« behält, werden sie von der
Werksleitung gekündigt.

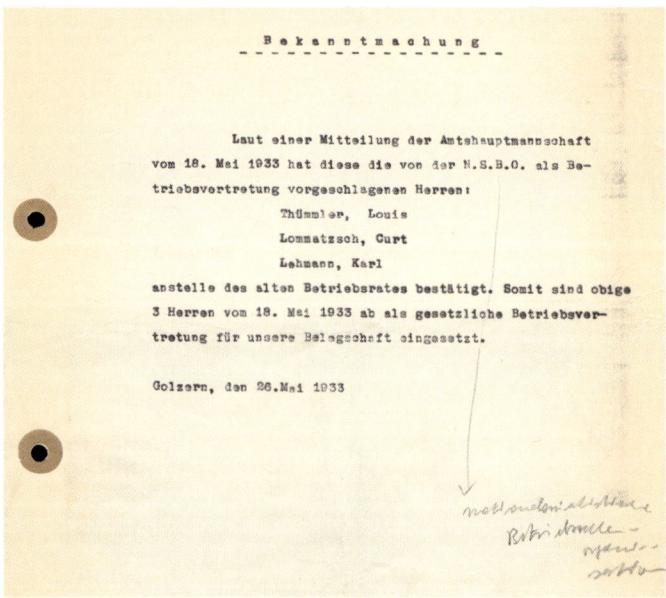

                B e k a n n t m a c h u n g
                - - - - - - - - - - - - - -

        Laut einer Mitteilung der Amtshauptmannschaft
vom 18. Mai 1933 hat diese die von der N.S.B.O. als Be -
triebsvertretung vorgeschlagenen Herren:
                Thümmler, Louis
                Lommatzsch, Curt
                Lehmann, Karl
anstelle des alten Betriebsrates bestätigt. Somit sind obige
3 Herren vom 18. Mai 1933 ab als gesetzliche Betriebsver -
tretung für unsere Belegschaft eingesetzt.

        Golzern, den 26. Mai 1933

Aushang in der Schroeder'schen Papierfabrik über die Einsetzung
des neuen Betriebsrates

Arbeiter der Schroeder'schen Fabrik an Papiermaschinen (1912)

Antwort darauf hin, dass die kommissarische Einsetzung eines NSBO-Betriebsrates gemäß dem Gesetz vom 4. April 1933 der behördlichen Bestätigung bedürfe, die wegen der notwendigen amtlichen Prüfung noch nicht erfolgt sei. Was die Stellung der Sozialdemokraten im Betriebsrat anlange, so seien sie nicht ohne weiteres als »staats- und wirtschaftsfeindlich« zu betrachten; deshalb sei für ihre Amtsenthebung eine Einzelfallprüfung nötig. Die Unternehmensleitung der Schroeder'schen Papierfabrik war mit dieser Auskunft so klug wie zuvor – weiterhin galt aber der Umstand, dass der Betriebsrat im betrieblichen Wirken ausgeschaltet blieb.

Erst der 18. Mai brachte Klarheit: Die Amtshauptmannschaft Grimma bestätigte die Betriebsratsmitglieder, die die NSBO zwischenzeitlich vorgeschlagen hatte. »Anstelle des alten Betriebsrates« mit sieben Mitgliedern trat nun ein Gremium von drei NSBO-Mitgliedern. Der Grund für diese Verkleinerung ist nicht übermittelt; aufgrund der

Belegschaftsstärke hätte der Betriebsrat weiter sieben Mitglieder aufweisen müssen. Offensichtlich mangelte es der NSBO in der Papierfabrik an Mitgliedern, die das Amt des Betriebsrates ausüben konnten oder wollten.

Die beiden ehemaligen kommunistischen Betriebsräte hatten zu diesem Zeitpunkt mit den Ereignissen nichts mehr zu tun; sie befanden sich weiterhin in »Schutzhaft«. Auf Anfrage der Werksleitung teilte das Polizeipräsidium Leipzig am 26. April mit, dass der Zeitpunkt ihrer Entlassung »zurzeit leider noch nicht angegeben werden kann«. Die Firmenleitung kündigte Büchner und Illigner »auf Grund Ihrer Inhaftierung und der damit verbundenen lang währenden Abwesenheit in unserem Betriebe« kurzerhand – bezeichnenderweise am 2. Mai 1933, dem Tag der Besetzung der Gewerkschaftshäuser.

Wahlsieger aus dem Amt gedrängt:
Das städtische Betriebsamt in Bielefeld

Demonstrationsaufruf der »Eisernen Front« gegen das Hitler-Hugenberg-Kabinett

Bielefeld war in der Weimarer Zeit eine der Hochburgen der Freien Gewerkschaften und der mit ihnen verbundenen politischen und kulturellen Organisationen der Arbeiterschaft, wobei insbesondere die Freizeit- und Kulturorganisationen, aber auch die Baugenossenschaften der Arbeiter hervorzuheben sind. Trotz der Weltwirtschaftskrise blieb die führende Stellung der Freien Gewerkschaften bis Ende 1932 mit etwa 29.000 Mitgliedern (1928: 35.000) im industriell-protestantischen Milieu Bielefelds unangefochten. Die Christlichen und auch die Hirsch-Dunckerschen Gewerkschaften traten kaum hervor, während die NSBO gerade einmal auf 728 Gefolgsleute zählen konnte. Während im Herbst 1932 die SPD im Raum Bielefeld-Wiedenbrück über etwa 10.000 Mitglieder verfügte, dürfte die rückläufige Mitgliederzahl der NSDAP lediglich bei 3.000 gelegen haben.

Dieses Kräfteverhältnis schlug sich auch bei den Reichstagswahlen vom 6. November 1932 nieder. Der Abwärtstrend der Nationalsozialisten seit den Juli-Wahlen 1932 zeigte sich auch hier: Die NSDAP fiel in Bielefeld um 3,8 Prozentpunkte auf 27, 9 Prozent zurück. Die KPD, die als Partei der Arbeitslosen Erfolge hatte, verbesserte sich auf 14,1 Prozent. Angesichts der unterschiedlichen Stellung zur parlamentarischen Demokratie war auch in Bielefeld ein antifaschistisches Bündnis von KPD und SPD außerhalb der poliischen Realisierungsmöglichkeiten.

Nach dem 30. Januar 1933 fiel die Siegesfeier der Nazis in Bielefeld eher kläglich aus. Anders die Kundgebung am 31. Januar, als die Eiserne Front der sozialdemokratisch orientierten Arbeiterbewegung etwa 8.000 Menschen mobilisierte, die »gegen Hitler und Hugenberg« und »für Sozialismus, Freiheit und Brot« demonstrierten. Das »rote Bielefeld« hatte aber nicht mehr lange Bestand. Die KPD wurde durch Demonstrations- und Presseverbote geschwächt, binnen kurzem wurden 71 Parteimitglie-

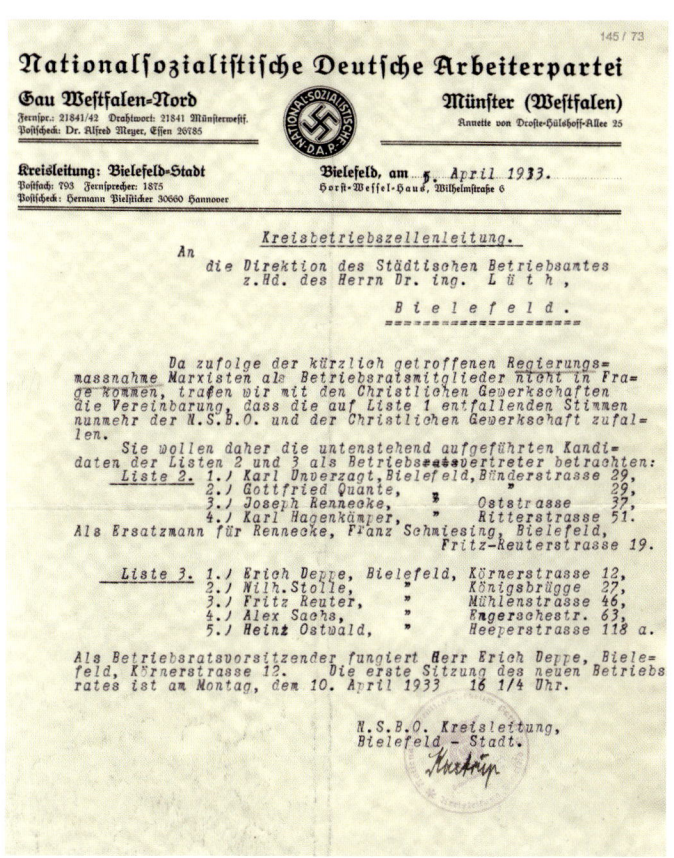

Mitteilung der NSBO-Kreisleitung (Kastrup) an die Direktion des Städtischen Betriebsamtes über die Entfernung der freigewerkschaftlichen Betriebsräte und die Aufteilung von deren Mandaten auf Vertreter der NSBO und der Christlichen Gewerkschaften

Dr. Paul Pries, Oberbürgermeister
1932 – 1935

der, darunter die gesamte kommunistische Stadtverordnetenfraktion, festgenommen. Der nach dem »Preußenschlag« vom Juli 1932 berufene Polizeipräsident von Werder attackierte ununterbrochen das sozialdemokratische Presseorgan »Volkswacht«. Trotzdem blieb die Regierungskoalition Hitler-von Papen-Hugenberg bei den Reichstagswahlen mit 44,7 Prozent der Stimmen in Bielefeld unter dem Reichsergebnis von 51,9 Prozent. Bei den eine Woche später durchgeführten preußischen Kommunalwahlen blieb die SPD knapp stärkste Rathausfraktion. Verhängnisvoll für das politische Klima waren nicht nur die Stimmenverluste der bürgerlichen Parteien, sondern auch das Überwechseln weiter Kreise des Bürgertums zu den Nazis, die es alsbald verstanden, durch Entlassungen in den öffentlichen Verwaltungen Beamte und Angestellte zur Kollaboration und Anpassung zu zwingen. Durch die Ernennung von 435 Angehörigen der SA und SS zu Hilfspolizisten verfügte die NSDAP über eine furchteinflößende Terrortruppe.

Bei den Betriebsratswahlen im März 1933 blieb, trotz beachtlicher Zugewinne der christlich-nationalen Verbände im Angestelltenbereich, die Dominanz der Freien Gewerkschaften, ganz wie im Reichsdurchschnitt, erhalten. Im Städtischen Betriebsamt Bielefeld, den heutigen Stadtwerken, entfielen 70 Prozent der Stimmen auf die Freien Gewerkschaften. Die Liste I des freigewerkschaftlichen »Gesamtverbandes der Angestellten der öffentlichen Betriebe« konnte 490 von 695 Stimmen verbuchen, die Liste II der Christlichen Gewerkschaften 93 Stimmen, und die Liste III der NSBO kam auf 109 Stimmen. Am 5. April suchte daraufhin der NSBO-Kreisleiter Kastrup mit Verweis auf das Gesetz vom 4. April das Ergebnis auf den Kopf zu stellen. Offenbar nach Rücksprache mit den Christlichen Gewerkschaften, die wie die NSBO nur ein Betriebsratsmandat hatten gewinnen können, ließ Kastrup den Leiter des Betriebsamtes Dr. Lüth wissen, dass NSBO und Christliche Gewerkschaften durch Vereinbarung alle Mandate im Verhältnis 4:3 unter sich aufzutei-

Hans Böhm (1890 – 1957)
war Mitglied der SPD und des
DMV sowie einige Jahre Betriebsratsvorsitzender bei Krupp.
Seit 1930 Geschäftsführer des
»Gesamtverbandes« in Bielefeld.
1933 Entlassung und unter Poli-
zeiaufsicht gestellt. Mitgründer
der Gewerkschaften in Bielefeld.
1949 – 1956 Mitglied des
Geschäftsführenden Bundes-
vorstandes des DGB (Foto von
1949)

len gedachten. Die als »Marxisten« bezeichneten Freigewerkschafter kämen als Betriebsräte »nicht in Frage«.

Daraufhin protestierte mit Hans Böhm der Geschäftsführer der Verwaltungsstelle Bielefeld des »Gesamtverbandes« bei Magistrat und Oberbürgermeister, dem parteilo-
sen Dr. Paul Prieß, gegen diesen »groben Verstoß« gegen
das Betriebsrätegesetz. Offenbar ging Böhm irrtümlich
davon aus, dass diese Maßnahmen von der Verwaltung
unter Lüth gebilligt worden waren. Lüth hatte hingegen
lediglich »das gesamte Inventar einschl. aller Akten zu
treuen Händen in Verwahrung genommen«, und zwar
dadurch, dass das Zimmer des Betriebsrats abgeschlossen wurde. Kastrup war daher gezwungen, eine erneute
Drohkulisse gegenüber der Verwaltung aufzubauen, diesmal mit Unterstützung des bei der Bezirksregierung in
Minden eingesetzten »Gewerkschaftskommissars« Alt-
vater. In Kastrups neuer Liste waren die zuvor kollabo-
rationswilligen christlichen Gewerkschafter ebenfalls
fortgefallen. Am 20. April wurden unter der Zeugenschaft
des Verwaltungschefs Dr. Lüth die auf den Vorschlagslisten I und II gewählten Betriebsräte ins Unterrichtszimmer
der Straßenbahner vorgeladen. Die Vertreter der NSDAP
und etliche SA-Männer nahmen im Sitzungszimmer und

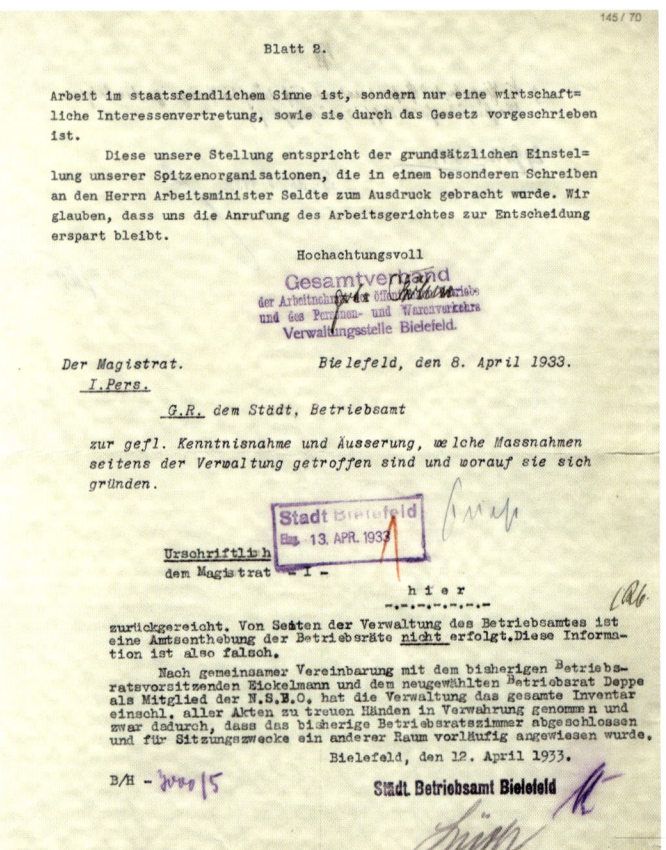

Protest von Hans Böhm, Geschäftsführer des »Gesamtverbandes«,
gegen die Amtsenthebung der freigewerkschaftlichen Betriebsräte

vor dem Gebäude Aufstellung. Der christliche Betriebsrat hatte bereits eine Verzichtserklärung abgegeben. Den
freigewerkschaftlichen Betriebsräten, die zuvor noch die
Verfügung des »Gewerkschaftskommissars« ignoriert
hatten, wurde vor der Drohkulisse der SA-Schergen die
»Verzichtserklärung« abgepresst. Nun erst war der Weg
frei für die NSBO.

In anderen Bielefelder Verwaltungen und Betrieben wie-
derholten sich diese Vorgänge. Der neuernannte Minde-
ner Regierungspräsident, Freiherr Adolf von Oeynhausen,
drängte unterdessen darauf, kommunistische Betriebsräte nicht nur aus dem Amt zu vertreiben, sondern sie
in »Schutzhaft« nehmen zu lassen. So wurden in Bielefeld die betrieblichen Mandatsträger aus den Ämtern
gezwungen und durch terroristische NSBO-Mitglieder
ersetzt. Dass es mehr als zehn Wochen dauerte, bis die
umgebildeten Betriebsvertretungen mit Nazi-Bewerbern
aufgefüllt werden konnten, wirft ein bezeichnendes Licht
auf die fehlende Kompetenz der neuen »Betriebsräte«,
die alsbald in willfährige »Vertrauensräte« übergehen
sollten.

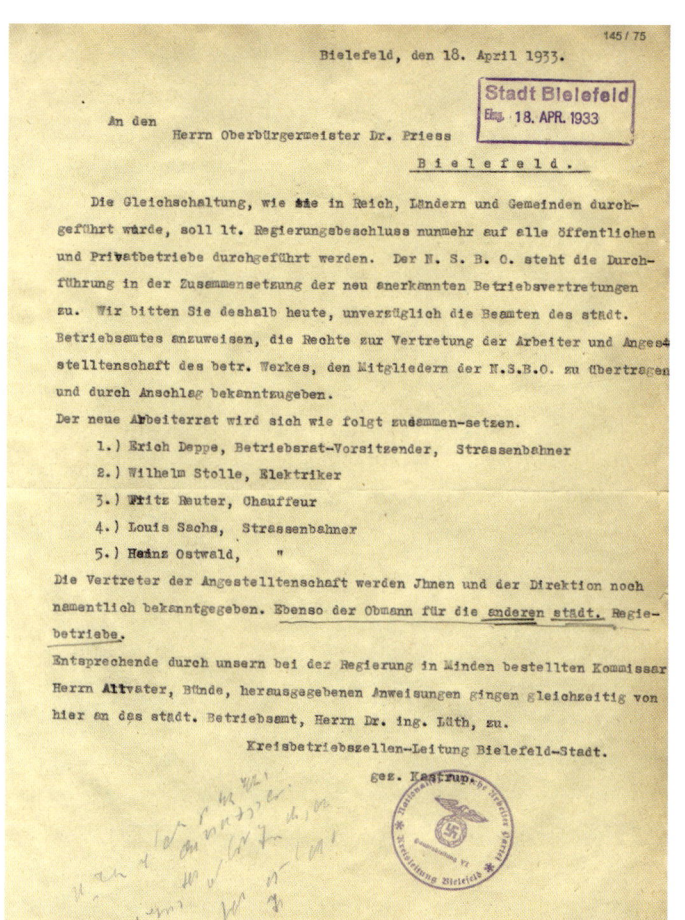

NSBO-Leiter Kastrup teilt dem Oberbürgermeister die Absetzung der
christgewerkschaftlichen Betriebsräte mit.

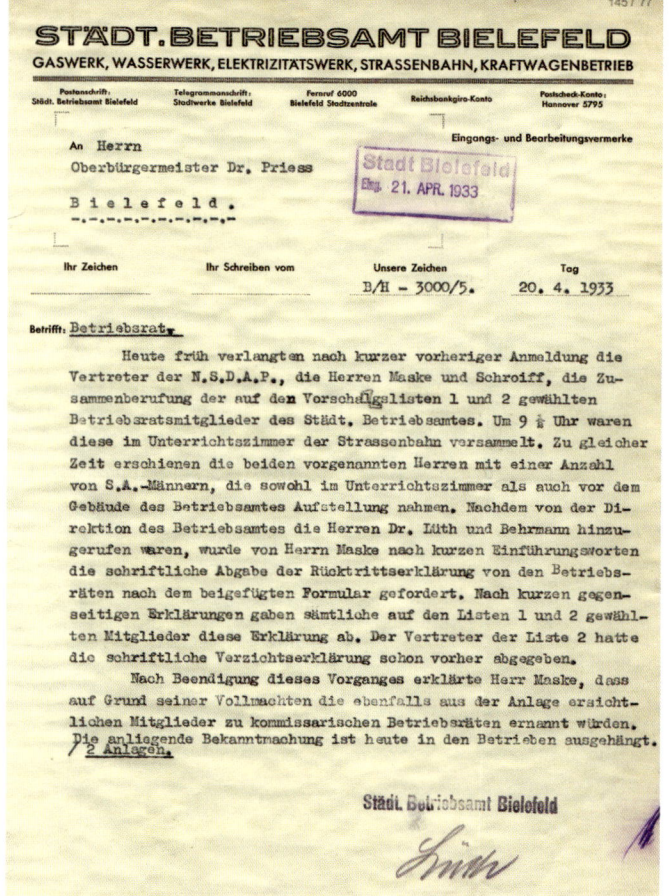

Unter Bedrohung durch zahlreiche SA-Männer erklären die freigewerkschaftlichen und christgewerkschaftlichen Betriebsräte ihren Rücktritt.

Protest –
Anpassung – Untergang:
Das Ende der
Gewerkschaften

Mit der Absetzung der Betriebsräte verloren die Gewerkschaften einen zentralen Teil ihrer Organisationsbasis in den Betrieben. Die Betriebsräte waren nach dem Selbstverständnis der Gewerkschaften auch ihre Vertreter und Ansprechpartner an der betrieblichen Basis gewesen – quasi ihr »verlängerter Arm«. Mit der Ausschaltung von tausenden Gewerkschaftsfunktionären in den Betrieben wurde der Rückhalt der Gewerkschaften an der Basis schwer getroffen, so dass sie nun nicht viel mehr darstellten als isolierte Organisationen, die zu machtvollen Kampfaktionen nicht mehr fähig gewesen wären. Wenn es eine Chance gegeben hätte, gegen die Nationalsozialisten loszuschlagen – der Zeitpunkt war nun, nach dem 4. April 1933, verpasst.

Die Nationalsozialisten hissen ihre Fahne über dem besetzten Gewerkschaftshaus in Osnabrück.

Die Reaktion der Gewerkschaften auf die wachsende Flut der widerrechtlichen und gewaltsamen Absetzungen von Betriebsräten war deshalb auch verhalten: Sie beschränkte sich auf Protestschreiben an die Reichsregierung. Der Vorsitzende des ADGB, Theodor Leipart, wandte sich am 29. März 1933 an den Reichskanzler und den Reichsarbeitsminister und der Gesamtverband der christlichen Gewerkschaften Deutschlands am 10. April an den Reichsinnenminister, um für die gewählten Betriebsvertreter Schutz einzufordern. Die Gewerkschaften sahen im Staat noch immer den Garanten für die aus ihrer Sicht bewährten Arbeiterinstitutionen. Diese aus einer gewissen Staatsfixierung resultierende Haltung war aber in mehrfacher Sicht eine Verblendung: Zum einen war die neue Regierung nicht gewillt, den Arbeitnehmerorganisationen und -vertretungen auch nur einen minimalen Schutz zu gewähren. Im Gegenteil: Die fortgesetzte Aushöhlung der Position der Gewerkschaften war das Ziel der Staatspolitik. Zum anderen verkannten die Gewerkschaften das Gewaltpotential und den Zerstörungswillen der NSDAP-Aktivisten. Sie nahmen nicht wahr, dass der nationalsozialistische Mob von der NSDAP und ihren Regierungsmitgliedern gesteuert und

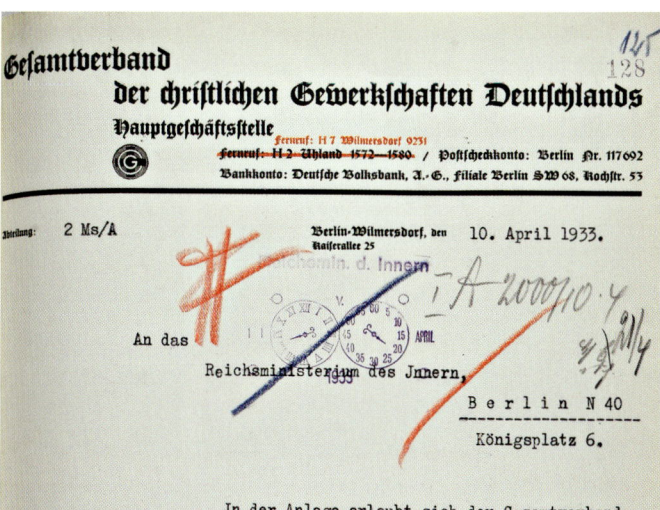

Gesamtverband
der christlichen Gewerkschaften Deutschlands
Hauptgeschäftsstelle

Fernruf: H 7 Wilmersdorf 9231
Fernruf: H 2 Uhland 1572—1580 / Postscheckkonto: Berlin Nr. 117692
Bankkonto: Deutsche Volksbank, A.-G., Filiale Berlin SW 68, Kochstr. 53

Abteilung: 2 Ms/A

Berlin-Wilmersdorf, den
Kaiserallee 25

10. April 1933.

An das

Reichsministerium des Innern,

B e r l i n N 40

Königsplatz 6.

In der Anlage erlaubt sich der Gesamtverband
der christlichen Gewerkschaften dem Reichsministerium
des Innern die kurze Schilderung einiger Fälle zu
unterbreiten, in denen Mitglieder der Nationalsozialistischen Betriebszellenorganisation widerrechtlich
nach dem Betriebsrätegesetz gewählte Betriebsräte abgesetzt und durch ihre Mitglieder ersetzt haben. Das
Gesetz über Betriebsvertretungen und über wirtschaft-

Da die Fälle sich häufen, und damit zahlreichen Arbeitnehmern der gesetzliche Schutz des Betriebsrätegesetzes genommen wird, bitten wir das Reichsministerium
des Innern über die Länderregierungen die Polizeiorgane
auf diese Vorgänge nachdrücklichst aufmerksam zu machen
und sie anzuhalten, diesem Geschehen in den deutschen Betriebsräten entgegenzuwirken.

Wir glauben, daß eine solche Anweisung an
die Polizei durchaus auch im Sinne der Reichsregierung
liegt, die selbstverständlich kein Interesse daran hat,
die sozial bedeutsamen Vorschriften des Betriebsrätegesetzes für grosse Teile der deutschen Arbeiterschaft zer-
stören zu lassen. Das örtliche Vorgehen einzelner NSBO-
Gruppen wird ausserdem von der Politischen Zentralkommis-
sion der NSDAP nicht gebilligt, wie aus einer Anordnung
dieser Kommission ersichtlich ist, die ein selbständiges
Eingreifen gegen Gewerkschaften und in die inneren Verhältnisse der Industriewerke verbietet.

Wir werden unsere Mitglieder anweisen,
bei illegalem Vorgehen, das zu seiner Beseitigung der gesetzlich gewählten Betriebsvertretung mit den oben ge-
schilderten nachteiligen Folgen führt, die Hilfe der ört-

—4—

lichen Polizei in Anspruch zu nehmen. Wenn die Polizei
entsprechend unserem eben ausgesprochenen Wunsch durch
eine allgemeine Anweisung von den Vorgängen informiert
wird, dürften weitere Benachteiligungen der deutschen
Arbeitnehmer nicht mehr erfolgen können.

Gesamtverband der
christlichen Gewerkschaften Deutschlands
Hauptgeschäftsstelle

politisch instrumentalisiert wurde. Bezeichnenderweise
notierte Hitler handschriftlich auf dem Protestbrief des
ADGB: »Herr Leipart soll dem Schicksal danken, daß so
zart mit den Herrschaften verfahren wurde.«

Oberste Maxime des Handelns war für die Gewerkschaften nun die Rettung der eigenen Organisationen. Dazu
gehörte die Anbiederung an die neuen Machthaber. Am
9. April erklärte sich der ADGB-Bundesvorstand bereit,
»die von den Gewerkschaften in jahrzehntelanger Wirk-
samkeit geschaffene Selbstverwaltungsorganisation der
Arbeiterschaft in den Dienst des neuen Staates zu stellen«. Am 13. April diskutierte die ADGB-Führung sogar
mit Vertretern der NSBO über eine zukünftige Organisa-
tionsform der Gewerkschaften. Das Gespräch endete
jedoch ergebnislos, nachdem die NSBO gefordert hatte,
dass Walter Schuhmann den Vorsitz der neuen Organisation erhalten sollte; der ADGB bestand auf einem ordentlichen Wahlverfahren bei der Besetzung der Führungspo-
sitionen. Auch die Christlichen Gewerkschaften suchten
engen Kontakt zur NS-Führung: Am 11. April trafen sich
Bernhard Otte und Heinrich Imbusch mit Reichspropa-
gandaminister Goebbels, auch um seine Haltung zur
zukünftigen Rolle der NSBO kennen zu lernen.

Parallel zu den Anpassungsbekundungen liefen im April
Bemühungen zwischen den Freien, Christlichen und
Hirsch-Dunckerschen Gewerkschaften, eine einheitliche
Gewerkschaftsbewegung zu schaffen. Die Verhandlun-
gen mündeten am 28. April 1933 in der Bildung des
»Führerkreises der vereinigten Gewerkschaften«, der
Ausdruck des Bemühens war, den gewerkschaftlichen
Organisationen in entpolitisierter Form und unter Anpas-
sung an den »neuen Staat« das Überleben zu sichern.

Der Gesamtverband der christlichen Gewerkschaften erbittet vom
Reichsinnenministerium des Nationalsozialisten Frick polizeilichen
Schutz für Betriebsräte.

NSBO-Untergruppenleiter und Siemens-Betriebsrat Käding führt am Morgen des 1. Mai 1933 die Marschsäule der Siemensarbeiter zur zentralen Maikundgebung auf dem Tempelhofer Feld an.

Nach stundenlangem Warten der Betriebsabordnungen spricht am späten Abend Reichskanzler Hitler.

Gleichschaltung

Die Gleichschaltung der Arbeiter- und Angestellten-Gewerkschaften vollzog sich innerhalb des Gaues Essen in geordneter und disziplinierter Weise, so daß niemand Grund zu Klagen gehabt hat. Im Gegenteil, sämtliche Angestellten der einzelnen Verbände erklärten freiwillig, daß sie wirklich angenehm überrascht worden seien.

In verschiedenen Geschäftsstellen wurden Verfehlungen aufgedeckt, trotzdem wird von der NSBO der ordnungsmäßige Geschäftsverkehr im Interesse aller Mitglieder der Gewerkschaften aufrechterhalten. Die Unterlagen der erwähnten Verfehlungen werden in den nächsten Tagen von der Gau-Betriebszellenleitung der Staatsanwaltschaft zugeleitet, so daß dieselbe in diesen Angelegenheiten das letzte Wort hat.

Hierunter geben wir eine Liste der inhaftierten Gewerkschaftsführer:

Im Kreis Essen gelangte folgende Gewerkschaftsführer zur Verhaftung:
I. Vom Verband der Zimmerer:
1. Sekretär Stratmann.
II. Von der Arbeiterbank und den im gleichen Gebäude, Hunsiennalle Nr. 82, untergebrachten Organisationen:
1. Geschäftsführer Schenler,
2. Gewerkschaftssekretär Quade,
3. Geschäftsführer Graf,
4. Sekretär Piders,
5. Sekretär Koslowski,
6. Schriftleiter Peter Zimmer,
7. Sekretär Triem.
III. Von der Eutab, Adolfstraße 12:
1. Hoffmeister,
2. Schramm,
3. Strehl.
IV. Vom Metallarbeiterverband, Hindenburgstraße 30:
1. Fritsch,
2. Schattowski,
3. Huber,
4. Kassierer Heinz Wolf.
V. Vom Einheitsverband der Eisenbahner Deutschlands:
1. Wermelskirchen,
2. Buttgereit.
VI. Vom deutschen Fördermaschinistenverband:
1. Vorsitzender Schuster.
VII. Vom Zentralverband der Angestellten:
1. Artur Anders,
2. Albert Schrammer.
VIII. Vom Verband der Nahrungsmittel- und Getränkearbeiter:
1. Mörders und Sohn,
2. Beneke,
3. Der zufällig anwesende Verbandsgauleiter Wildermuth, Düsseldorf.
IX. Vom Verband der Sattler u. Tapezierer:
1. Kerger,
2. Graf.
X. Vom Zentralverband der Steinarbeiter:
1. Georg Santer.
XI. Vom Gesamtverband der Arbeitnehmer der öffentlichen Betriebe und des Personen- und Warenverkehrs:
1. Paul Zinke,
2. Perk,
3. Robert Daun.
XII. Vom Verband der Deutschen Buchdrucker:
1. Fritz Böhning.
XIII. Vom Verband der Buchbinder und Papierarbeiter:
1. Franz Giesepe.
XIV. Von der Bezirksleitung des Deutschen Metallarbeiterverbandes (für Westdeutschland) in der Frau-Berta-Krupp-Straße 1:
1. Sierau,
2. Clever (Hattingen),
3. Bezirksleiter Wolf (freiwillig gestellt).

Im Kreise Duisburg-Hamborn gelangten folgende Gewerkschaftsführer zur Verhaftung:
1. Geschäftsführer Seeling, Duisburg, Cellerstraße 4;
2. Bezirksleiter Hermann Kirchhof, Duisburg, Schönhauser Straße 34;
3. Vorsitzender Fritz Sulz, Dbg.-Meiderich, Untergardstraße 66;
4. Bezirksvorsitzender H. Müsten, Dbg.-Meiderich, Leipziger Straße 9;
5. Sekretär Franz Ring, Duisburg, Grabenstraße 24;
6. Sekretär Fritz Günther, Hamborn, Lothringerstraße 8;
7. Sekretär Gustav Sander, Duisburg, Huckinger Straße 38;
8. Sekretär Heinrich Tütting, Duisburg, Grabenstraße 6;
9. Sekretär Adam Dienst, Duisburg, Schönhauser Straße 36;
10. Sekretär Peter Barth, Duisburg, Utmannstraße 13;
11. Sekretär Fritz Vögeli, Duisburg, Richard-Demel-Straße 6;
12. Sekretär Richard Moser, Duisburg, Schönhauser Straße 34;
13. Sekretär Gustav Horchler, Duisburg, Bunsenstraße 7;
14. Sekretär Alfred Rosenberg, Essen, Töpferstraße 123;
15. Kassierer Karl Quajt, Duisburg, Schreiberstraße 11;
16. Parteisekretär (SPD) Karl Huschke, Duisburg, Grabenstraße 56.

Folgende Gewerkschaftsführer sind vor ihrer Verhaftung geflohen (wahrscheinlich nach Holland):
1. Sekretär Johann Schlösser, Duisburg, Freiligrathstraße 29;
2. Sekretär Michel Rodenstock, Duisburg, Ginsterstraße 14;

In Oberhausen gelangten folgende Gewerkschaftsführer zur Verhaftung:
1. Heinrich Jochem, Oberhausen, Wunderstr. 49, Gewerkschaftssekretär des Bergarb.-Verb.
2. Arnold Rademacher, Oberhausen, Schulstr. 15, Sekretär des Einheitsverbandes der Eisenbahner.

In Mülheim gelangten folgende Gewerkschaftsführer zur Verhaftung:
1. Heinrich Runkel, Mülheim-Ruhr, Eduardstraße 11, Gewerkschaftsangestellter;
2. Wilhelm Müller, Mülheim-Ruhr, Kantstraße 33, Gewerkschaftssekretär.
3. Sekretär Julius Birk, Duisburg, Bismarckstraße 29;
4. Schriftführer Rentmeister, Duisburg, Untermauerstraße 104.

Michael Rodenstock (links), geb. 1885, Gewerkschaftssekretär des freigewerkschaftlichen Gesamtverbandes der Arbeitnehmer der öffentlichen Betriebe, am 30. Juli 1932 auf einer Demonstration in Duisburg. Rodenstock wurde am 2. Mai 1933 zusammen mit den Gewerkschaftern Julius Birk, Emil Rentmeister und Johann Schlösser von der SA in Duisburg ermordet.

Liste der durch die NSBO im Gau Essen am 2. Mai 1933 verhafteten Gewerkschafter; darunter in Oberhausen: Heinrich Jochem

Dieses Ziel stand wohl auch hinter den Aufrufen der Richtungsgewerkschaften, sich an den Veranstaltungen zum 1. Mai, den die nationalsozialistische Regierung zum Feiertag der »deutschen Arbeit« erklärt hatte, zu beteiligen. Dass durch die Ausschaltung der Betriebsräte die gewerkschaftliche Basis in den Betrieben zerstört worden war, wird wohl am deutlichsten durch die Bilder von den Marschkolonnen veranschaulicht, die am Vormittag des 1. Mai 1933 aus den Betrieben zum Festplatz der »großen« Berliner Mai-Feier, dem Tempelhofer Feld, zogen: An der Spitze standen wie bei Siemens die eingesetzten NS-Betriebsräte, denen die Arbeiter des jeweiligen Betriebes folgten. Die Teilnehmer – insgesamt waren es auf dem Festplatz dann eineinhalb Millionen – waren nicht alle freiwillig gekommen: In den meisten Betrieben und Verwaltungen hatten sich die Arbeiter, Angestellten und Beamten frühmorgens versammeln und ihre Arbeitskarten abgeben müssen, um das »Maigeld« – drei Reichsmark, was dem halben Tageslohn eines Facharbeiters entsprach – zu erhalten; erst nach dem Eintreffen auf dem Tempelhofer Feld wurden die Karten wieder zurückgegeben.

Bei den zahlreichen Maifeiern im ganzen Reich mag wohl mancher Gewerkschafter die Illusion gehegt haben, dass es gelingen werde, die Gewerkschaftsorganisationen und damit auch die Unterstützungsleistungen für ihre Mitglieder durch Anpassung an die neuen politischen Gegebenheiten zu retten – einen Tag später holte die Wirklichkeit die Gewerkschaften ein: Am Vormittag des 2. Mai wurden mit einem Schlag alle wichtigen Gebäude des ADGB, des AfA-Bundes und der Einzelgewerkschaften von SA- und SS-Truppen besetzt. Das gesamte gewerkschaftliche Vermögen wurde beschlagnahmt, mehr als hundert leitende Funktionäre der Gewerkschaften in »Schutzhaft« genommen. Die furchtbarsten Ereignisse fanden in Duisburg statt: Hier wurden Julius Birk und Michael Rodenstock (Gesamtverband der Arbeitnehmer der öffentlichen Betriebe und des Personen- und Warenverkehrs), Johann Schlösser (DMV) und Emil Rentmeister (Zentralverband der Angestellten) im Keller des Gewerkschaftshauses ermordet; die Leichen wurden in der Nacht im Wald verscharrt. Das Ende der Freien Gewerkschaftsorganisationen war besiegelt.

Die Deutsche Arbeitsfront:
Hohle Propaganda statt Interessenpolitik für Arbeitnehmer

Am 6. Mai 1933 kündigte Robert Ley die Gründung der Deutschen Arbeitsfront (DAF) an, deren erster Kongress am 10. Mai in Berlin stattfand. Hitler hielt die Eröffnungsrede, Ley wurde zum Führer der DAF ernannt, Walter Schuhmann, der Leiter der NSBO, wurde mit der Führung der Arbeiterverbände und der Danziger NSDAP-Gauleiter Albert Forster mit der Leitung der Angestelltenverbände betraut.

Ley machte sich unverzüglich daran, eigene Vorstellungen von der DAF als maßgeblicher Gestalterin der NS-Sozialpolitik zu entwickeln. Am 17. Mai 1933 gab er zusammen mit Otto Wagener, dem Reichskommissar für die Wirtschaft, eine Verfügung heraus, die einen achtwöchigen »Waffenstillstand« in den Betrieben garantierten sollte. In dieser Zeit hoffte er mit den Unternehmern die Tarifverhältnisse neu zu ordnen und über den Arbeitsschutz, das Arbeitsrecht und soziale Maßnahmen zu bestimmen. Um mit der NSBO konkurrieren zu können, blieb ihm anfangs wenig mehr, als sich deren antikapitalistischer Phrasen zu bedienen. Er warnte »unverantwortliche Elemente im Arbeitgeberlager« vor einseitigen Tarifkündigungen, die doch nur »ihrer Profitgier« dienten. So waren die Wochen nach der Zerschlagung der Gewerkschaften nicht nur für die Befürworter eines »autoritären Staates« unter den deutschen Unternehmern eine Phase höchster Beunruhigung. Angesichts des Prozesses wechselseitiger Radikalisierung zwischen DAF und NSBO sahen sich auch Schuhmann und Ley zu energischem Einschreiten gezwungen: Per Verordnung wurde der NSBO jeder Eingriff in die innere Verwaltung der Verbände untersagt; außerdem wurde ihr als Kader der NSDAP, als »SA der Betriebe«, eine rein politisch-propagandistische Kampfaufgabe gegenüber dem »Marxismus in den Betrieben« zugewiesen. Die wirtschaftliche Vertretung im Betrieb, so Ley, werde allein von der DAF wahrgenommen.

Hitler, Heß und Ley auf dem Gründungskongress der DAF am 10. Mai 1933

Die deutsche Arbeitsfront

DER FÜHRER — DLD

REICHSLEITER FÜR DAS REICHSOR- GANISATIONSAMT DER N.S.D.A.P.

| Nahrg. Genuß | Textil | Beklei-dung | Bau | Holz | Metall | Chemie | Druck | Papier | Berg-bau | Verkehr öfftl.Betr. | Versich. Bank. | Freie Berufe | Handel | Hand-werk | Land-wirtsch. | Leder | Stein u.Erde |

REICHSBETRIEBSGEMEINSCHAFTEN

BEZIRKE — BEZIRKE

GAUE — GAUE

KREISE — KREISE

ORTSGRUPPEN

BETRIEBS-GEMEINSCHAFTEN

ZELLEN

BLOCKS

Organigramm der DAF von Anfang 1934.
Die NSBO ist in die DAF einverleibt.

Die Funktionen der NSBO.

Zur Klarstellung der Funktionen der Be-triebszellenorganisation haben die Staats-kommissare Pgg. Dr. Lippert, Dr. Maretzky und Engel für die städtischen und über-wiegend städtischen Gesellschaften und Werke folgende Verfügung erlassen:

„Noch immer wird lebhaft Klage darüber geführt, daß die Betriebszellenorganisatio-nen ihre Funktionen überschreiten und in den Betrieb und die Leitung der Werke selbst einzugreifen bestrebt sind.

Die NSBO. hat nur die große Aufgabe, die hohe politische Idee unseres Führers innerhalb der Belegschaft der Werke zu verbreiten und zu vertiefen und neue An-hänger für den Nationalsozialismus zu werben.

Dagegen ist es völlig unstatthaft und mit der großen Wiederaufbauarbeit in Staat und Volk, die der Führer in Angriff ge-nommen hat, unvereinbar, daß die Ob-männer und Mitglieder der Betriebszellen in den Betrieben selbst in die technische, die kaufmännische Führung, in die Personal-besetzung oder gar in die Leitung des Be-triebes eingreifen. Ueberall sind durch den Führer die nationalsozialistischen Stellen bestimmt, die dafür zu sorgen haben, daß die Leitung der Betriebe den nationalsozia-listischen Zielen nicht im Wege steht.

Der Führer verlangt, daß alles unter-bleibt, was die Betriebe und die Wirt-schaftsführung auch nur im geringsten er-schüttern könnte. Es entspricht nicht dem Grundsatz des in der nationalsozia-listischen Bewegung vorherrschenden Führer-gedankens, daß die NSBO. sich ein Betäti-gungsfeld anmaßt, das ihr nicht zukommt,

um so mehr, als die ordnungsgemäßen Auf-gaben der NSBO. bedeutungsvoll und groß sind, daß alle Kraft auf die Erfüllung dieser Aufgaben verwendet werden muß.

Es wird also strengste Innehaltung dieser Grundsätze erwartet. Bei Zuwiderhand-lungen haben künftig die Beteiligten, ange-sichts der strengen Vorschriften, die das Preußische Innenministerium hinsichtlich der unberechtigten Eingriffe in die Wirt-schaft erneut erlassen hat, für sich selbst schwere Unzuträglichkeiten zu erwarten.

Berechtigte Klagen können zu jeder Zeit an die Gaubetriebszellenleitung gerichtet werden. Diese wird die vorgetragenen Klagen in Verbindung mit den zuständigen Parteistellen bei der Reichsleitung er-ledigen."

Verbot der Staatskommissare Lippert, Maretzky und Engel für die NSBO, Eingriffe im Betriebsleitungen vorzunehmen

NSBO- und SA-Mitglieder sahen sich um die Durchset-zung ihrer sozialrevolutionären Vorstellungen geprellt. Der Unwille einzelner SA-Führer und die Unzufriedenheit der SA-Gliederungen entluden sich in Tumulten in Berlin, Hamburg, Frankfurt, Dresden, Essen, Dortmund, Kassel, Königsberg und Freiburg. Hitler holte zum Gegenschlag aus und setzte Anfang August 1933 eine Verhaftungswel-le in Gang, der eine Entlassungswelle aus der SA folgte. Ende 1933 betrug die Gesamtzahl der ausgeschlosse-nen SA-Leute im Reichsgebiet etwa 200.000. Schnell griff die »Säuberungsaktion« auch auf die NSBO über. Nun landeten auch NSBO- und DAF-Aktivisten in den Konzentrationslagern, als marxistische Verbrecher abge-stempelt, die sich in die NSDAP eingeschlichen hätten.

Auf einer NSBO-Führertagung in München im November 1933 glaubte Robert Ley seine eigene Machtposition nun gestärkt. Die NSBO, so bekräftigte er am 8. Novem-ber, sollte künftig »Hort des nationalsozialistischen Gedankengutes im Betriebe« sein. Die DAF hingegen sei allein die sozialpolitische Interessenvertretung. Allerdings zeigte der »Aufruf führender Nationalsozialis-ten« vom 27. November 1933, dass hier eine illusionäre Verkennung der neuen Machtkonstellationen vorlag. Das Eingehen Hitlers auf die betrieblichen Neuordnungs-vorstellungen der Ministerialbürokratie drohte Leys ehr-geizigen Plänen von expansiver Organisationsmacht ein Ende zu bereiten. Der Aufruf, maßgeblich vom Arbeitsmi-nisterium Franz Seldtes und dem Wirtschaftsministerium Dr. Kurt Schmitts formuliert, legte fest: »Nach dem Willen unseres Führers Adolf Hitler ist die Deutsche Arbeitsfront nicht die Stätte, wo die Fragen des täglichen Arbeitsle-bens entschieden ... werden.« Die DAF sollte lediglich mit der Erziehung und Schulung »aller im Arbeitsleben

B e r i c h t
über die Kundgebung der Deutschen
Arbeitsfront in Münster am Donnerstag, dem
29. Juni 1933.
—

   Die Kundgebung begann mit sehr grosser Verspätung etwa um 11,45 Uhr. Nach einleitenden Worten eines Herrn der N.S.D.A.P., Gauleitung Westfalen-Nord, sprach etwa 45 Minuten lang der Bezirksleiter der Deutschen Arbeitsfront für Westfalen, Herr Nagel. Jm ganzen Reich gibt es 13 Bezirke. Für diese Bezirke sind neben den Bezirksleitern der Arbeitsfront auch noch Bezirksleiter der Wirtschaft bestellt. Für Westfalen ist letzteres Herr Arnold.

   Nach der Rede des Herrn Nagel sollte eine Pause von 10 Minuten eintreten. Daraus wurden 40 bis 50 Minuten. Jn dieser Zeit gingen S.-A.-Leute mit Sammelbüchsen herum. Nach der Pause sprach Herr Arnold eine gute Stunde noch. Als dritter Redner trat der Vorsitzende des Landesarbeitsgerichtes Münster, Herr Landgerichtdirektor Spillner auf, der eingangs erwähnte, dass er als Parteigenosse und juristischer Berater der Deutschen Arbeitsfront zu dieser Rede befohlen sei.

   Herr Nagel erwähnte in seiner Rede, er habe auch den Treuhänder der Arbeit für Westfalen, den Parteigenossen Klein um sein Erscheinen gebeten. Dieser habe zunächst zugesagt, dann aber mitgeteilt, er sei anderweitig in Anspruch genommen und es sei sehr ungewiss, ob er kommen könne. Der Redner betonte, man möge daraus, dass der Treuhänder anscheinend nicht mehr kommen werde, nicht den Schluss ziehen, dass irgend welche Unstimmigkeiten bestünden. Zwischen ihm und dem Treuhänder bestände vollstes Einvernehmen. Offenbar zur Be-

---

Deutsches Arbeitsrecht

Herausgegeben von
Dr. Werner Mansfeld
Ministerialdirektor im Reichsarbeitsministerium
Privatdozent an der Universität Münster i. W.

unter ständiger Mitarbeit von

Dr. H. G. Anthes, Rechtsanwalt in Berlin; Dr. H. Dersch, Universitätsprof. in Berlin; Dr. Graf von der Goltz, Treuhänder der Arbeit in Stettin; Dr. H. C. Nipperdey, Universitätsprof. in Köln; C. Peppler, Leiter des Sozialamtes der Deutschen Arbeitsfront; Dr. M. Pracht, Landgerichtsdirektor in Berlin; Dr. Fr. Syrup, Präsident d. Reichsanstalt f. A.B. u. A.B.

Deutsches Druck- u. Verlagshaus GmbH., Mannheim, u. Carl Heymanns Verlag, Berlin

Heft 5   Dezember 1933   1. Jahrgang

Aufruf an alle schaffenden Deutschen!

Die Wahl vom 12. November hat gezeigt, daß bis auf eine verschwindende Minderheit alle schaffenden Deutschen, ganz gleich, ob sie als Unternehmer, als Arbeiter oder Angestellte tätig sind, sich freudig hinter die von Adolf Hitler geführte Reichsregierung stellen und an dem Aufbau des neuen Staates und der neuen Wirtschaft mitzuarbeiten gewillt sind. Das Bekenntnis zu unserem Führer bedeutet für die schaffenden Menschen eine Absage an den marxistischen Grundsatz des Klassenkampfes, bedeutet ein Bekenntnis zum Geist der Volksgemeinschaft und der gegenseitigen Achtung und Gleichberechtigung von Arbeitern und Unternehmern.

Ausschaltung der DAF aus Tarif- und Betriebspolitik am 27. November 1933 durch die Ministerialbürokratie, der Ley zunächst zustimmen musste

---

— 4 —

Nagel:

Hauptaufgabe der N.S.B.O.-Amtswalter sei es, ihm Verstösse zu melden - es möge sich kein Unternehmer einfallen lassen, diese Personen deshalb in irgend einer Weise zu benachteiligen - überhaupt soll nichts nachgetragen werden - auch nicht, wenn z.B. ein Unternehmer oder Betriebsleiter sich vorübergehend in einem Konzentrationslager habe aufhalten müssen - wenn er nach Klärung des Falles aus dieser Haft entlassen sei, dürfe sich kein Angestellter oder Arbeiter unterstehen, ihn dieserhalb verächtlich oder lächerlich zu machen - demnächst würde eine grundsätzliche Schulung beginnen - An diesen Kursen würden Arbeiter, Angestellte und Unternehmer zugleich teilzunehmen haben - Arbeiter und Angestellte würden während der Kurse Lohn und Gehalt weiterbeziehen. Die Zeit dürfe auch nicht auf den ~~Urlaub~~ tarifmässigen Urlaub angerechnet werden - alle diese Fragen würden möglichst bald durch „das Gesetz der Arbeit" geregelt werden - ganz allgemein könne man sagen, die Arbeitsfront sei das Hauptaufsichtsorgan der gesamten Wirtschaft - die N.S.B.O. führe diese Aufsicht für den Bezirksleiter der Arbeitsfront durch - wer sich gegen die Arbeitsfront stelle, sei ein Staatsfeind und würde vernichtet.

Arnold: Liberalismus sei dasselbe wie Marxismus -

Rede des DAF-Bezirksleiters Walter Nagel am 29. Juni 1933 in Münster: Ziellose Machtphantasien
»Westfalen: »›Der Deutsche‹ (das Blatt der Arbeitsfront) teilt mit, dass der Landesleiter der Arbeitsfront, Bezirk Westfalen, Nagel, seines Postens mit sofortiger Wirkung enthoben wurde. Nagel, der ein eigenes Flugzeug und einen Piloten besass, hatte einen Fehlbetrag von 140.000 Mark in der Kasse.« (aus: Sopade. Die Deutschland-Berichte der Exilorganisation der SPD, Juli/August 1934)

---

stehenden Deutschen« befasst sein. Ley als Mitunterzeichner besiegelte damit – wenn auch nur vorläufig – seine beinahe vollständige Kapitulation.

Es schien damit ausgemacht, dass die DAF in der Folgezeit lediglich eine propagandistische Tätigkeit als »eine Einheitsreisegesellschaft und Freizeitgestaltungsorganisation mit billigsten Eintrittspreisen« zukommen sollte. Schon am 17. November 1933 war ein Feierabendwerk der DAF begründet worden, das später als NS-Gemeinschaft »Kraft durch Freude« (KdF) firmierte. Nun schien die DAF harmlos genug, so dass Gustav Krupp schon am 28. November in einem Rundschreiben an die Mitglieder des »Reichsstandes der Deutschen Industrie« die industriellen Unternehmer aufforderte, der DAF als Einzelmitglieder beizutreten. Dabei verwies er ausdrücklich auf die Vereinbarung vom 27. November und stellte erleichtert fest, dass dadurch Stellung und Aufgabenkreis der DAF »endgültig klargestellt« seien und die deutschen Unternehmer an der »Herstellung einer wahren Volksgemeinschaft« nunmehr »freudig mitarbeiten« würden.

Betriebliche
»Säuberungen«:
Die Ausschaltung der nationalen Bündnispartner und der Oppositionellen im Betrieb

Die »Kampffront Schwarz-Weiß-Rot« als Mehrheits-beschaffer für die Hitler-Regierung nach den Wahlen vom 5. März 1933

Das »Gesetz über Betriebsvertretungen« vom 4. April 1933 hatte die reaktionären Bündnispartner der Nationalsozialisten in der Reichsregierung, Hugenberg von der DNVP und Seldte vom Stahlhelm, im Glauben gelassen, Gewaltmaßnahmen in den Betrieben richteten sich lediglich gegen solche Betriebsräte, »die in staats- oder wirtschaftsfeindlichem Sinne eingestellte sind«. Für sie schien klar, dass damit nur die verhassten »Marxisten«, nämlich Kommunisten und Sozialdemokraten, gemeint waren. Doch schon beim Herausdrängen der erst in der letzten Märzwoche gewählten Belegschaftsvertreter aus ihren Ämtern hatte sich gezeigt, dass die NSBO-Aktivisten bei der betrieblichen Machtaneignung wenig Unterschiede machten. Mit Empörung mussten DNVP- und Stahlhelm-Anhänger, die vor allem im Angestelltenbereich zu Mandaten gekommen waren, feststellen, dass sie nicht nur bei der Verteilung der pseudolegal usurpierten kommunistischen und freigewerkschaftlichen Betriebsratssitze übergangen, sondern selber zum Rücktritt aus ihren Positionen gezwungen wurden. Die bei den Reichstagswahlen noch selbstgewiss auftretende »Kampffront Schwarz-Weiß-Rot«, die der NSDAP im Parlament als Mehrheitsbeschaffer diente, bekam erstmals empfindlich zu spüren, dass sie sich keineswegs, wie von Papen das formuliert hatte, Hitler »engagiert« hatte, sondern dass die so genannte »nationale Revolution« plötzlich auch ihre Bastionen hinweg zu spülen begann. Auch hier zeigte sich, dass es nach dem »Ermächtigungsgesetz« keineswegs einen geregelten Übergang vom Verordnungs-Regime der ersten Regierungswochen zu einem Kabinetts-Regime der Koalitionäre kam, sondern dass alle pseudolegalen Akte nur das Vorspiel zu einer Phase der puren Gesetzlosigkeit darstellten. Auf der Ebene der Industriebetriebe fand die Auflösung der an die DNVP, den Stahlhelm und schließlich auch der an das Zentrum angelehnten Arbeitnehmervertretungen schon einige Wochen statt, bevor sich, nach dem Verbot der SPD am 22. Juni 1933, die Selbstauflösung der übrigen Parteien

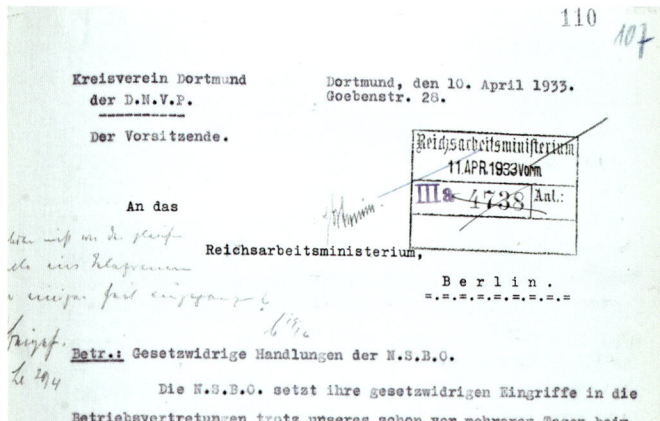

Kreisverein Dortmund
der D.N.V.P.

Der Vorsitzende.

An das

Reichsarbeitsministerium

Berlin.
=.=.=.=.=.=.=.=.=

Dortmund, den 10. April 1933.
Goebenstr. 28.

Reichsarbeitsministerium
11. APR. 1933 Vorm.
IIIa 4738 Anl.:

Betr.: Gesetzwidrige Handlungen der N.S.B.O.

Die N.S.B.O. setzt ihre gesetzwidrigen Eingriffe in die
Betriebsvertretungen trotz unseres schon vor mehreren Tagen beim
Preussischen Innenministerium und beim Reichsarbeitsministerium
erhobenen Einspruchs fort. Im Gegensatz zum § 2 des Gesetzes über
Betriebsvertretungen und über wirtschaftliche Vereinigungen vom
4. 4. 1933 verlangen Vertreter der N.S.B.O. bei nahezu allen Werken auch der Schwerindustrie den Rücktritt aller erst kürzlich
neu gewählten Mitglieder der Betriebsvertretungen, soweit diese
nicht der N.S.B.O. angehören. Auch die auf nationalen Listen
gewählten Betriebsvertreter werden unter Androhung ihrer Verhaftung gezwungen, ihre Ämter niederzulegen. Aus der Fülle der Fälle
sei nur der eine herausgegriffen, dass beim Baroper Walzwerk A.G.
in Dortmund-Barop der erst am 21. März 1933 neu gewählte Vorsitzende des Angestelltenrates, ein Mitglied des Stahlhelms und der
D.N.V.P., Wilhelm D i l g e r , auf diese Weise unter Hinweis
auf die vor den Werkstoren versammelte S.A. gezwungen wurde,
schriftlich auf sein Amt zu verzichten.

Diese Vorgänge sind geeignet, die Autorität der Reichs-
und Staats-

- 2 -

und Staatsregierung auf das empfindlichste zu schädigen und den
Eindruck zu wecken, dass die Machtmittel des Staates nicht mehr
ausreichen, die Wahrung der Gesetze sicherzustellen.

Diesen Brief erhielten:
der Regierungspräsident zu Arnsberg
das Preussische Innenministerium
das Reichsarbeitsministerium.

Protest der DNVP (Dortmund) gegen Übergriffe der NSBO gegen
»nationale Listen« in den Betrieben

Verfügungen des DAF-Leiters Robert Ley vom 21. Juni 1933 zur
»Generalsäuberung« der Betriebsräte und zum Ausschluss der
christlichen Gewerkschaftsführer aus der DAF

vollzog. Die »nationale Revolution« war in die »nationalsozialistische Revolution«, also einen Staatsstreich,
übergegangen.

Es ist kennzeichnend für die Verkennung der neu
geschaffenen politischen Verhältnisse, dass sich die
Protestschreiben der DNVP- und Stahlhelm-orientierten
Verbände an Reichsarbeitsminister Seldte als den Stahl-
helm-Führer richteten, der bereits am 27. April 1933
zur NSDAP übertrat und den deutschnationalen Wehr-
verband Hitler unterstellte, der gleichzeitig oberster
SA-Führer war: Von den vermeintlichen Gegenmacht-
Ministerien im Reichskabinett war kein Beistand mehr
zu erwarten.

Nicht anders erging es den christgewerkschaftlichen
Verbänden. In einer merkwürdigen Verblendung hatten
viele ihrer Verbandsfunktionäre den Regimewechsel vom
30. Januar 1933 zum Anlass genommen, den Graben
wieder zu öffnen, der vor dem Weltkrieg oftmals eine
Kooperation von christlich und sozialdemokratisch orientierten Arbeiterverbänden verhindert hatte. Mit einer neu
akzentuierten »nationalen« Ausrichtung war der Anpassungskurs an den Nationalsozialismus eingeläutet worden, und es kam sogar vor, dass sich nach den Betriebsratswahlen Christgewerkschafter durch Wahlbündnisse
mit NSBO-Vertretern an der Entmachtung freigewerkschaftlicher Betriebsvertretungen beteiligten. Seit der
Proklamation Robert Leys am 21. Juni 1933 mussten
die christlichen Gewerkschaftsführer jedoch erkennen,
was die »Generalsäuberung bis in die letzte Zelle und
bis in den letzten Betriebsrat hinein« bedeutete: »Wer als
Marxist oder Zentrumsmann an führender Stelle stand,

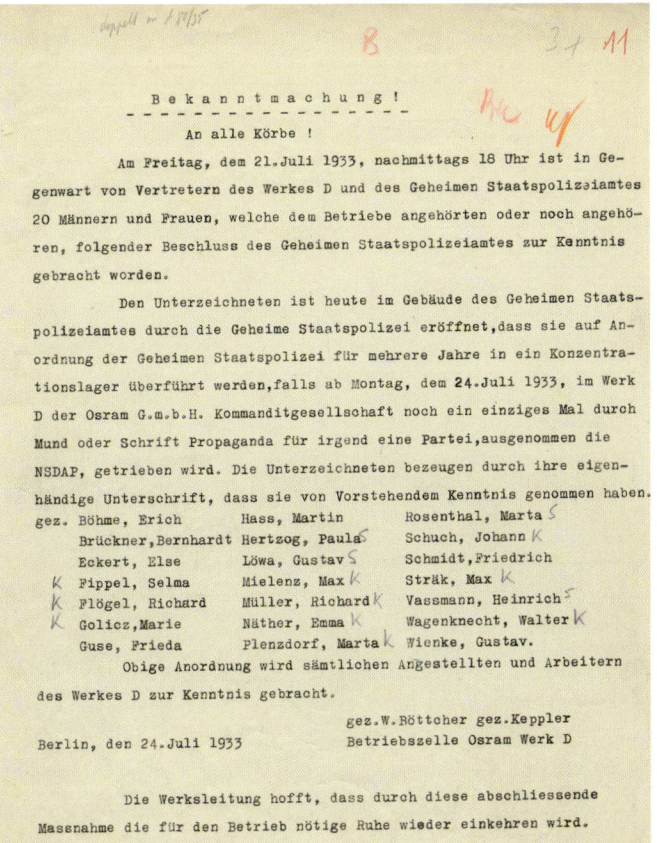

Bekanntmachung!

An alle Körbe!

Am Freitag, dem 21. Juli 1933, nachmittags 18 Uhr ist in Gegenwart von Vertretern des Werkes D und des Geheimen Staatspolizeiamtes 20 Männern und Frauen, welche dem Betriebe angehörten oder noch angehören, folgender Beschluss des Geheimen Staatspolizeiamtes zur Kenntnis gebracht worden.

Den Unterzeichneten ist heute im Gebäude des Geheimen Staatspolizeiamtes durch die Geheime Staatspolizei eröffnet, dass sie auf Anordnung der Geheimen Staatspolizei für mehrere Jahre in ein Konzentrationslager überführt werden, falls ab Montag, dem 24. Juli 1933, im Werk D der Osram G.m.b.H. Kommanditgesellschaft noch ein einziges Mal durch Mund oder Schrift Propaganda für irgend eine Partei, ausgenommen die NSDAP, getrieben wird. Die Unterzeichneten bezeugen durch ihre eigenhändige Unterschrift, dass sie von Vorstehendem Kenntnis genommen haben.

gez. Böhme, Erich Hass, Martin   Rosenthal, Marta
Brückner, Bernhardt Hertzog, Paula Schuch, Johann
Eckert, Else   Löwa, Gustav   Schmidt, Friedrich
Fippel, Selma   Mielenz, Max   Sträk, Max
Flögel, Richard Müller, Richard Vassmann, Heinrich
Golicz, Marie   Näther, Emma   Wagenknecht, Walter
Guse, Frieda   Plenzdorf, Marta Wienke, Gustav.

Obige Anordnung wird sämtlichen Angestellten und Arbeitern des Werkes D zur Kenntnis gebracht.

gez. W. Böttcher gez. Keppler
Betriebszelle Osram Werk D

Berlin, den 24. Juli 1933

Die Werksleitung hofft, dass durch diese abschliessende Massnahme die für den Betrieb nötige Ruhe wieder einkehren wird.

NSBO-Betriebszellenleitung bei Osram droht Oppositionellen mit KZ (die Kennzeichnung »K« verweist auf Mitgliedschaft in der KPD, »S« auf die in der SPD).

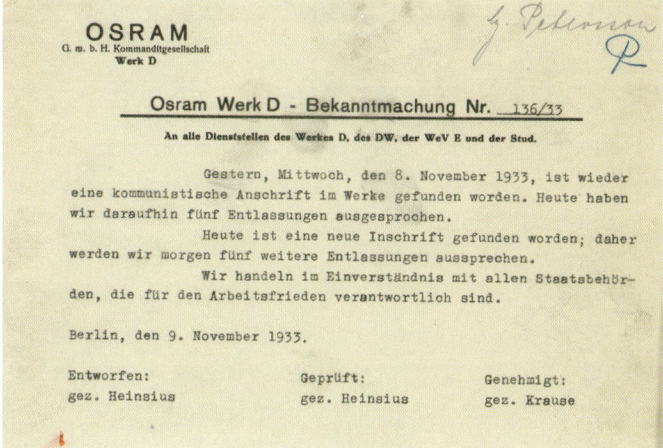

OSRAM
G. m. b. H. Kommanditgesellschaft
Werk D

Osram Werk D - Bekanntmachung Nr. 136/33

An alle Dienststellen des Werkes D, des DW, der WeV E und der Stud.

Gestern, Mittwoch, den 8. November 1933, ist wieder eine kommunistische Anschrift im Werke gefunden worden. Heute haben wir daraufhin fünf Entlassungen ausgesprochen.

Heute ist eine neue Inschrift gefunden worden; daher werden wir morgen fünf weitere Entlassungen aussprechen.

Wir handeln im Einverständnis mit allen Staatsbehörden, die für den Arbeitsfrieden verantwortlich sind.

Berlin, den 9. November 1933.

Entworfen: Geprüft: Genehmigt:
gez. Heinsius   gez. Heinsius   gez. Krause

Werksleitung und NSBO-Betriebsrat: Androhung von Entlassungen bei oppositioneller Propaganda im Betrieb

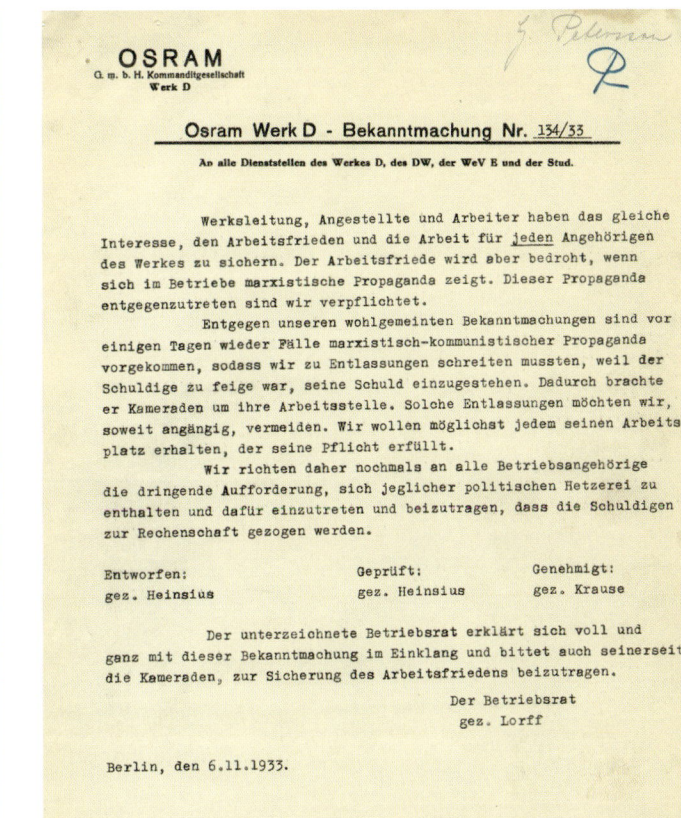

OSRAM
G. m. b. H. Kommanditgesellschaft
Werk D

Osram Werk D - Bekanntmachung Nr. 134/33

An alle Dienststellen des Werkes D, des DW, der WeV E und der Stud.

Werksleitung, Angestellte und Arbeiter haben das gleiche Interesse, den Arbeitsfrieden und die Arbeit für jeden Angehörigen des Werkes zu sichern. Der Arbeitsfriede wird aber bedroht, wenn sich im Betriebe marxistische Propaganda zeigt. Dieser Propaganda entgegenzutreten sind wir verpflichtet.

Entgegen unseren wohlgemeinten Bekanntmachungen sind vor einigen Tagen wieder Fälle marxistisch-kommunistischer Propaganda vorgekommen, sodass wir zu Entlassungen schreiten mussten, weil der Schuldige zu feige war, seine Schuld einzugestehen. Dadurch brachte er Kameraden um ihre Arbeitsstelle. Solche Entlassungen möchten wir, soweit angängig, vermeiden. Wir wollen möglichst jedem seinen Arbeitsplatz erhalten, der seine Pflicht erfüllt.

Wir richten daher nochmals an alle Betriebsangehörige die dringende Aufforderung, sich jeglicher politischen Hetzerei zu enthalten und dafür einzutreten und beizutragen, dass die Schuldigen zur Rechenschaft gezogen werden.

Entworfen: Geprüft: Genehmigt:
gez. Heinsius   gez. Heinsius   gez. Krause

Der unterzeichnete Betriebsrat erklärt sich voll und ganz mit dieser Bekanntmachung im Einklang und bittet auch seinerseits die Kameraden, zur Sicherung des Arbeitsfriedens beizutragen.

Der Betriebsrat
gez. Lorff

Berlin, den 6.11.1933.

Entlassungen bei Osram als Einschüchterungspolitik

Entlassung eines Mitarbeiters durch die Osram-Werksleitung

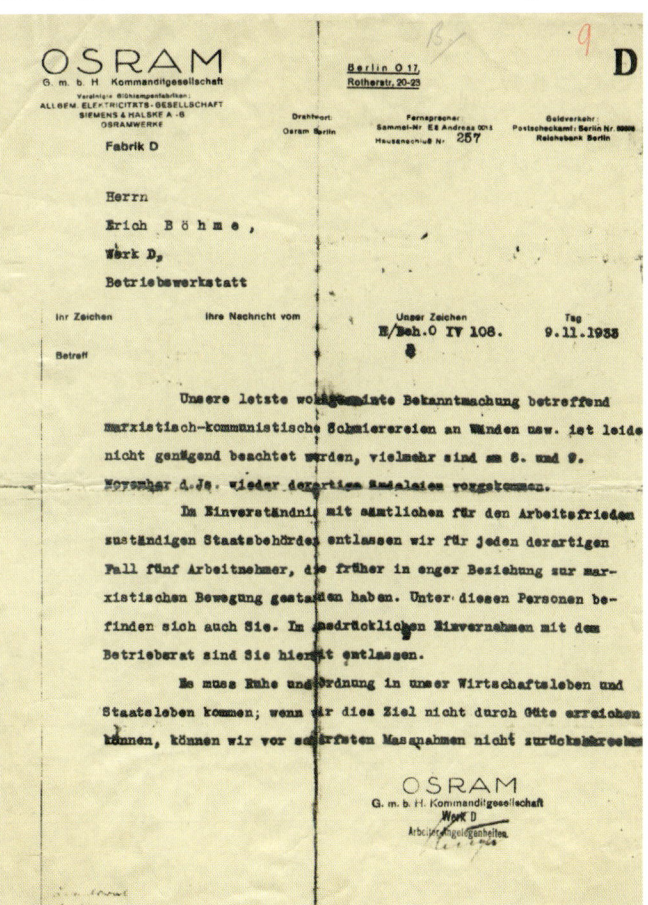

NSBO-Zelle bei Osram (1933)

wird nie den Nationalsozialismus begreifen und wird ewig sein Feind sein.« Mit der Gründung der DAF, so behauptete Ley, »sollte auch die unglückselige Zerklüftung der deutschen Arbeitsmenschen behoben werden«. Dass Ley nicht einmal den Anschein erwecken wollte, als sei seine Zwangsorganisation in die Tradition der deutschen Gewerkschaftsbewegung eingetreten, zeigte sich allein schon in seinen Formulierung: »für alle Zeit geächtet« werde jeder, der mit den bisherigen Führern der Christlichen Gewerkschaften verhandele. Jeder Oppositionelle »wird vernichtet werden«. An die Stelle einer unabhängigen, selbstbewussten und solidarischen Selbstorganisation der deutschen Arbeiter- und Angestelltenschaft war die Forderung nach Unterwerfung unter »unseren einzigen und herrlichen Führer Adolf Hitler« getreten.

Dass der Absolutheitsanspruch auch für die Betriebe galt, mussten die Arbeitnehmer bald erfahren. Bei der Osram KG in Berlin wurden nicht nur Sozialdemokraten und Kommunisten bei einer gemeinsamen Aktion von Betriebsleitung, Geheimer Staatspolizei und DAF-Betriebszellenobmännern am 21. Juli 1933 pauschal mit mehreren Jahren Haft im Konzentrationslager bedroht, falls »noch ein einziges Mal durch Hand oder Schrift Propaganda für irgend eine Partei, ausgenommen die NSDAP, getrieben wird«. Doch durch Drohungen allein ließ sich der Widerstand nicht brechen, kommunistische Schriften wurden bei Osram weiterhin ausgelegt. Mit Unterstützung des nationalsozialistischen Betriebsrates, der seiner Schutzfunktion nach dem Betriebsrätegesetz nicht nachkam, wurden drei Monate später schließlich zehn vermeintlich Oppositionelle ohne jegliche Beweise für ihre Täterschaft gekündigt. Der noch vorhandene Widerstandswille von Teilen der Industriearbeiterschaft sollte mit aller Macht gebrochen werden.

Das Gesetz zur Ordnung der nationalen Arbeit:
Die Festigung der Betriebsdiktatur

Deutsche ⚒ Bergwerks-Zeitung

Düsseldorf, Mittwoch, 29. März 1933
Nr. 75 34. Jahrgang
Einzelpreis 20 Reichspfennig

Industrie- und Handelsblatt
mit Wochenschrift „Technische Blätter"

Die Berufsvertretungen im neuen Staate
Von Rechtsanwalt Privatdozent Dr. Mansfeld, Essen.

Der Justiziar des Zechenverbandes Werner Mansfeld entwirft die Strategie der Liquidierung des Weimarer Arbeitsrechts.

Auf der Ebene der Staatspolitik war das »Zähmungskonzept«, das Papen und Hugenberg entworfen hatten, ohne Zweifel gescheitert. Im Schatten der dramatischen Vorgänge, die zur Etablierung der nationalsozialistischen Machthaber führten, aber hatten Vertreter der deutschen Großwirtschaft gleichwohl strategische Positionen besetzt, die eine Zähmung der wirtschafts- und sozialpolitischen Umbaupläne der nationalsozialistischen Parteibasis ins Werk setzten. Auf Veranlassung Hugenbergs war Dr. Werner Mansfeld, Justiziar von Zechenverband und Bergbau-Verein, am 10. Mai 1933 zum Ministerialdirektor und Abteilungsleiter für Arbeits- und Tarifrecht ins Reichsarbeitsministerium berufen worden. Vor dem Nürnberger Tribunal im Jahre 1947 gab Mansfeld unmissverständlich Auskunft: »Nach der ›Machtergreifung‹ im Jahre 1933 und nach der am 1. Mai eingeleiteten Auflösung der Gewerkschaften musste die neue Staatsführung ein vollkommen neues Arbeitsrecht schaffen. Vornehmlich zur Lösung dieser Aufgabe wurde ich im Mai 1933 in das Ministerium berufen.« Zusammen mit seinem Minister Seldte war er am 27. April 1933 zur NSDAP übergetreten.

Mansfeld war zuvor im Zechenverband maßgeblich an der Ausschaltung des gewerkschaftlichen Tarifpartners beteiligt gewesen. Schon im März 1933 hatte der habilitierte Arbeitsrechtler, von dem auch ein arbeitgebernaher Kommentar zum Betriebsrätegesetz stammte, auf dem von den Nazis verursachten sozialpolitischen Trümmerfeld die Initiative ergriffen. In zwei Artikeln in der »Deutschen Bergwerks-Zeitung« entwarf er die »Zukunft des Arbeitsrechts«. Als Verbeugung vor den neuen Machthabern erschien die Formulierung, der nationale Staat müsse »im Wert der Persönlichkeit und im Führertum das Entscheidende auch in der Sozialpolitik erblicken«. Er forderte die Beseitigung der »stärksten Hemmnisse einer kraftvollen Entwicklung« und der »künstlich hervorgerufenen Entfremdung zwi-

Dr. jur. Werner Mansfeld (1893 – 1953): Leutnant im Ersten Weltkrieg, 1919 – 1920 Freikorpsmitglied, 1924 Justiziar von Bergbau-Verein und Zechenverband, seit 10. Mai 1933 Ministerialdirektor im Reichsarbeitsministerium, seit 1936 auch Leiter der Abteilung Sozialpolitik in Hermann Görings Vierjahresplan-Behörde, im Frühjahr 1942 kurzzeitig Generalbevollmächtigter für den Arbeitseinsatz. Ausscheiden aus den Ämtern 1942. Nach 1945 im Vorstand der Salzdetfurth AG und im Aufsichtsrat der Braunkohlenwerke Salzdetfurth AG

DOCUMENT NO.NI-7015
OFFICE OF CHIEF OF COUNSEL FOR WAR CRIMES

Erklaerung unter Eid.

Ich, Werner MANSFELD, geboren am 12. Dezember 1893 in Uchte Provinz Hannover, bis Februar 1942 Ministerialdirektor und Leiter der Hauptabteilung III des Reichsarbeitsministeriums, wohnhaft in Halle-Saale, Mansfelderstr. 52, belehrt ueber die Straffolgen einer falschen Aussage, erklaere unter Eid das Folgende:

Ich habe massgebend an der Vorbereitung und Ausarbeitung des Gesetzes zur Ordnung der nationalen Arbeit (AOG) mitgearbeitet. Ich bin daher mit allen Begriffen dieses Gesetzes und den Absichten des Gesetzgebers vollkommen vertraut, zumal ich mich auch wissenschaftlich mit der Auslegung des Gesetzes befasst habe. Mein Kommentar zum Gesetz ist in 2 Auflagen mit rund 40000 Exemplaren und meine Handausgabe – ebenfalls mit Erlaeuterungen – zu dem gleichen Gesetz – insoweit ich mich erinnere – drei Auflagen mit etwa 15 000 Exemplaren erschienen. Die umfassende Einleitung des Kommentars, die vornehmlich die Grundgedanken des Gesetzes behandelt, ist unter dem Titel »Der Sinn des Gesetzes zur Ordnung der nationalen Arbeit« deutsch in etwa 300 000 Exemplaren verbreitet und ausserdem in englisch, franzoesisch und spanisch erschienen.

Nach der »Machtergreifung« im Jahre 1933 und nach der am 1. Mai eingeleiteten Aufloesung der Gewerkschaften musste die neue Staatsfuehrung ein vollkommen neues Arbeitsrecht schaffen. Vornehmlich zur Loesung dieser Aufgabe wurde ich im Mai 1933 in das Ministerium berufen. […]

Als nun die Gewerkschaften durch einen Gewaltakt der Partei aufgeloest wurden, ohne dass man gleichartige Organisationen an ihre Stelle treten ließ – die Deutsche Arbeitsfront umfasste bekanntlich die Arbeitgeber und Arbeitnehmer und konnte daher niemals die Interessen nur der Arbeitergruppe vertreten – entfielen die bisherigen Traeger des Kollektivvertrages. Damit wurde zugleich die ganze Grundlage des bisherigen Arbeitsrechts zerschlagen. Auch die bisherige im Betriebsrätegesetz niedergelegte sog. Arbeitsverfassung – Verfassung des Betriebes passte nicht mehr in die neue Zeit. Es ging von dem Gedanken der Betriebsdemokratie aus und verlieh den gewählten Vertretern der Arbeitnehmerschaft des Betriebes in sozialen Angelegenheiten weitgehende Mitbestimmungsrechte, die mit dem Fuehrerprinzip, der Grundlage des nationalsozialistischen Programms, nicht zu vereinbaren waren.

Der Grundgedanke der neuen Arbeitsverfassung sollte sein, dass im Betrieb nur ein Mann der Betriebsfuehrer verbindliche Anordnungen gegenueber der Arbeitnehmerschaft treffen, ihr Arbeiterschicksal bestimmen, ihre Arbeitsbedingungen festsetzen und den Betrieb verantwortlich leiten koenne, naemlich der Unternehmer, d. h. der Mann, der auch das Unternehmen als solches zu leiten hatte. Die Verwirklichung dieses – naturgemaess mit den Grundsaetzen der Betriebsdemokratie weitgehend brechenden – Grundsatzes setzte die Verleihung der groessten Machtbefugnisse an den Unternehmer voraus. Wollte man sie ueberhaupt rechtfertigen, dann musste auf der anderen Seite eine erhoehte Verantwortlichkeit gegenueber der Arbeitnehmerschaft das Gegengewicht bilden. Das Verhaeltnis vom Unternehmer zur Arbeiterschaft und Angestelltenschaft konnte nicht mehr nur auf die im Arbeitsvertrag bezw. in den Kollektivvereinbarungen festgelegten Rechte und Pflichten abgestellt werden. Vielmehr konnten die erhoehten Machtbefugnisse des Unternehmers nur gerechtfertigt werden, wenn eine seinen Machtbefugnissen entsprechende Sorge fuer das Wohl der seiner Fuehrung anvertrauten Personen ihm auferlegt wurde. Die Verwirklichung des Fuehrerprinzips in dem angedeuteten Umfange musste daher zwangslaeufig zu einer grundsaetzlichen Umstellung des Arbeitsverhaeltnisses und zu einer Wandlung vom rein schuldrechtlichen Vertrage zum personenrechtlichen Gemeinschaftsverhaeltniss fuehren. Die menschlichen ueber alle vertraglichen Abmachungen weit hinausragenden Beziehungen traten in den Vordergrund. Der Arbeitgeber hatte nicht nur Lohn zu zahlen und Urlaub zu gewaehren usw. sondern hatte die Existenzgrundlagen der ihm anvertrauten Arbeiter zu gewaehrleisten. Die Fuersorgepflicht des Unternehmers war auch nicht bloss eine moralische Verpflichtung, sondern bildete die Grundlage von erzwingbaren Rechtsanspruechen […].

Berlin, den 7. Mai 1947   gez. Werner Mansfeld

Aussage Mansfelds 1947 vor dem Kriegsverbrecher-Tribunal

125

Auszug +)

aus der Niederschrift über die ~~Minister-Besprechung~~ Sitzung des Reichsministeriums

vom 12. Januar 1934, nachm. 3⁴⁵ Uhr

im Propagandaministerium.

1.) Entwurf eines Gesetzes zur Ordnung der nationalen

Arbeit (Rk.14058/33; Rk.14230/33; Rk.227/34).

Nach einleitenden Worten des Reichsarbeitsministers gab der Reichswirtschaftsminister einen allgemeinen Überblick über Inhalt und Aufbau des Entwurfs, wobei er die Grundgedanken des Gesetzes besonders hervorhob. Er wies dabei darauf hin, dass der Entwurf den Führergrundsatz nun auch für die Wirtschaft festlege, den Klassenkampfgedanken beseitige, an seine Stelle den Gemeinschaftsgedanken setze und schliesslich erstmalig den Begriff der sozialen Ehre statuiere. Insofern komme den im vierten Abschnitt des Entwurfs vorgesehenen Ehrengerichten, deren Aufgabe es sei, über Verstösse gegen die soziale Ehre des deutschen arbeitenden Menschen zu urteilen, eine besondere ethische Bedeutung zu.

Das Gesetz sei aufgebaut auf dem betrieblichen Gedanken. Damit sei eine uniforme Behandlung für das ganze Reich, die zu Schwierigkeiten führen müsse, vermieden und Spielraum für eine Berücksichtigung der regionalen Verhältnisse bei Festsetzung der Arbeitsbedingungen gelassen. Die Einheitlichkeit der Gesamtpolitik solle dadurch gewährleistet werden, dass

) Es wird gebeten, etwaige Einwände gegen die **Fassung** der hier ausgezogenen Stelle innerhalb 24 Stunden an Herrn Ministerialrat Dr.Killy in der Reichskanzlei zu richten.

- 2 -

126

dass die Treuhänder der Arbeit in kürzeren Zeitabschnitten zum Erfahrungsaustausch und zur Beratung zusammenträten.

Der Reichsminister des Innern wies darauf hin, dass schon im Hinblick auf Abschnitt 6 des Entwurfs seine vorherige Beteiligung in seiner Eigenschaft als Beamtenminister notwendig gewesen wäre. Er begrüsse das Gesetz, bitte aber mit Rücksicht auf dessen ausserordentliche Bedeutung die fehlende Begründung nachzubringen, damit sie im Reichsanzeiger veröffentlicht werden könne. Der Reichsminister des Innern machte ferner auf die zwischen § 16 und § 67 des Entwurfs bestehende Zwiespältigkeit aufmerksam. Nach § 16 seien die Treuhänder , die Reichsbeamte sein sollen, durch den Reichspräsidenten zu ernennen, während die Treuhänder des öffentlichen Dienstes nach § 67 vom Reichsarbeitsminister im Einvernehmen mit dem Reichsminister der Finanzen bestellt werden solle. Diese unterschiedliche Behandlung müsse fortfallen; im übrigen müsse in §§ 16, 67 auch eine Beteiligung des Reichsinnenministers in seiner Eigenschaft als Beamtenminister vorgesehen werden.

Zu Abschnitt 6 bemerkte der Minister, dass er es für unzuträglich halte, dass in § 63 des Entwurfs die Betriebe der Gemeinden ausgeschlossen seien. Der sich daraus ergebende Zustand müsse zu Konflikten mit der Aufsichtsinstanz führen. Wenn der Abschnitt 6 überhaupt aufrecht erhalten werden solle, müssten in § 63 auch Betriebe der Gemeinden Aufnahme finden, die ihre finanzielle Grundlage bildeten.

Der Reichsverkehrsminister und Reichspostminister stellte zur Erwägung, ob überhaupt ein Treuhänder des öffentlichen Dienstes bestellt werden solle. Er lehne von seinem Standpunkte

Beschlussfassung im Reichskabinett über das Arbeitsordnungsgesetz am 12. Januar 1934

schen Arbeitgeber und Arbeitnehmer«. In tariflichen Abmachungen sollten »nur noch die allgemeinen Arbeitsbedingungen geregelt werden«, in betrieblichen »Vereinbarungen« den »besonderen Verhältnissen des Betriebes und der Leistung des einzelnen« Rechnung getragen werden. Letztlich ging es ihm um »Tarifverträge« ohne Vertragspartner, mit denen das niedrige Tarifniveau der Weltwirtschaftkrise festgeschrieben werden konnte, und um die uneingeschränkte betriebliche Weisungsbefugnis des Arbeitgebers. In einer künftigen Betriebsverfassung gelte »ein wahrhaft deutscher Grundsatz, daß nur der Führer zur verantwortungsvollen Arbeit berufen sein kann«.

Ohne Zweifel hatte der »Führergedanke« nichts mit dem in der NSDAP nur verschwommen reglementierten Führertum zu tun. Er war die prägnante Verschleierung des autoritären Anspruchs der Schwerindustriellen an der

Reichsarbeitsminister Franz Seldte bei einer Rundfunkrede am 5.7.1933

Ruhr, die sich nur der dehnbaren Versatzstücke der NS-Ideologie bedienten. Im zweiten Artikel wurde Mansfeld noch deutlicher: Es sei selbstverständlich, »daß zunächst einmal die verderbliche politische Betätigung der bisherigen gewerkschaftlichen Monopolinhaber unterbunden« werden müsse; es sei »jede Möglichkeit des Klassenkampfs im Keime zu ersticken«. Bedenkt man, dass nach der Ausschaltung des NS-Linken Gregor Straßer sozialpolitische Kompetenz in der Partei nicht mehr existierte, verwundert es wenig, wie zielstrebig die Vertreter der deutschen Großwirtschaft in die Ministerialbürokratie einziehen konnten, wo sie nicht nur die Entmachtung von Betriebsräten und Gewerkschaften vollendeten, sondern um die Betriebe auch einen Schutzwall gegen die Anmaßungen von NSBO und DAF errichteten. Das war weit mehr als eine bloße Wiedererrichtung einer »Herr-im-Hause«-Position, sondern der absolute Bruch mit allen Traditionen, wie sie sich in den Konflikten zwischen Arbeitgebern, Gewerkschaften und Staat seit 1890 herausgebildet hatten und in denen es staat-

liche, gesetzliche, gewerkschaftliche, wissenschaftliche und publizistische Widerlager zur Unternehmerherrschaft gegeben hatte. Mansfeld war sich dabei des Aufwandes bewusst, der betrieben werden musste, um einen Despoten zum »Führer des Betriebes«, die entrechteten Arbeitnehmer zu »Kameraden« und zur »Gefolgschaft« umzudeuten. Im August 1933 löste er sämtliche Arbeitsrechts-Zeitschriften auf; seitdem erschien als einzige Publikation »Deutsches Arbeitsrecht«, herausgegeben von Mansfeld selbst. Die am 19. Mai für die staatlich reglementierte Lohnpolitik eingesetzten »Treuhänder der Arbeit« waren der künftigen Schaltzentrale der Unternehmerinteressen, der Abteilung III des Reichsarbeitsministeriums unter der Leitung Mansfelds, unterstellt. Die bisherige universitäre Elite der deutschen Arbeitsrechtswissenschaft, besonders die Professoren Alfred Hueck, Hans Carl Nipperdey und Rolf Dietz, ordnete sich in ihren Publikationen dem Bündnis von Ministerialbürokratie und Großwirtschaft bereitwillig unter.

Nach dem im Winter 1933/34 durchgepaukten »Gesetz zur Ordnung der nationalen Arbeit« (AOG) konnte der Arbeitgeber sich als »Führer des Betriebes« sehen, die Angestellten und Arbeiter waren die »Gefolgschaft«. Die Formulierung »Der Führer des Betriebes entscheidet der Gefolgschaft gegenüber in allen betrieblichen Angelegenheiten« machte klar, das sich hinter der verbalen Verbeugung vor der im Übrigen nirgends systematisch entfalteten NS-Ideologie die Absicherung einer strikten betrieblichen Hierarchisierung ohne einklagbare Rechte verbarg. Mansfeld gab selbst einen Kommentar zu dem Gesetz heraus, der zusammen mit dem Kommentar von Mansfeld/Pohl die Folie für die gesamte Auslegungspraxis der Nazi-Zeit bilden sollte.

Rechtlos und abhängig vom »Betriebsführer«:
Der Vertrauensrat

Durch das Arbeitsordnungsgesetz vom Januar 1934 wurde das Betriebsrätegesetz von 1920 aufgehoben. Das AOG sah keine Mitspracherechte der Belegschaften vor. Vertrauensräte sollten eine harmonische »Betriebsgemeinschaft« vorspiegeln. Der Arbeitgeber hatte maßgeblichen Einfluss auf die Aufstellung der Vertrauensmänner, die im »Einvernehmen« mit dem Betriebszellenobmann der NSBO zustande kam. Die Arbeitnehmer konnten die Liste zwar missbilligen, das heißt sie ungültig machen oder Kandidaten ausstreichen, aber keinen eigenen Wahlvorschlag gegen den Willen des Arbeitgebers durchsetzen. Der Arbeitgeber berief im Übrigen die Zusammenkünfte des durch die Belegschaft bestätigten Vertrauensrates ein und leitete sie auch. Dem Vertrauensrat oblag die Pflicht, »das gegenseitige Vertrauen innerhalb der Betriebsgemeinschaft zu vertiefen«. An der Spitze der Maßnahmen, zu denen er beratend hinzugezogen werden konnte, stand die »Verbesserung der Arbeitsleistung«. Der Vertrauensmann musste der DAF angehören und »die Gewähr bieten, daß er jederzeit rückhaltlos für den nationalen Staat eintritt«. Eine Differenzierung nach Arbeitern und Angestellten entfiel im Gesetzestext, was freilich nur eine propagandistische Einebnung im Sinne der Phrase von der »Volksgemeinschaft« bedeutete.

Vertrauensrat-Sitzung bei der Firma Eickhoff in Bochum

Dass die Belegschaften von der Aufstellung der Vertrauensmänner-Listen völlig ausgeschlossen waren, zeigt sich im Verfahren, das Betriebsführer und NSBO-Betriebszellenobmann bei der Berliner Schultheiß-Brauerei einschlugen. Noch entlarvender verlief das »Wahlverfahren« auf der Zeche »Concordia« in Oberhausen«. Als Direktor Dr. Gustav Dechamps seine Bedenken gegen einige Personen auf der von der NSBO vorgeschlagenen Liste formulierte, »hat die politische Leitung [der NSBO] nachgegeben. Die Aufstellung der Liste vollzog sich ohne jede Reibung«. Bei der Wahl fanden die Listen bei Concordia allenfalls mit knapper Not eine Mehrheit. Offensichtlich waren die bekanntesten Nazis durchgestrichen

Herrn

Vorsitzenden des Aufsichtsrats

B e r l i n .

Betrifft: Vertrauensrat.

Nachstehend gebe ich Ihnen einen kurzen Bericht über
die bisherige Entwicklung.

1. Wahlen:

Die Liste der Vertrauensleute war von mir zusammen mit
dem Betriebszellenobmann aufgestellt worden. Die Wünsche der
politischen Leitung konnten dabei durchweg berücksichtigt werden.
In einigen Fällen, wo unsererseits Bedenken gegen die Persönlichkeit vorlagen, hat die politische Leitung nachgegeben. Die
Aufstellung der Liste vollzog sich also ohne jede Reibung.

Für den Gesamtbetrieb war zunächst eine einheitliche
Liste aufgestellt worden. Es entsprach das dem Wortlaut und dem
Sinn des Gesetzes. [...]

Das Wahlergebnis zeigte, dass ein erheblicher Teil der
Belegschaft zwar zur Wahl gegangen war, aber entweder die ganze
Zettel oder einen erheblichen Teil derselben durchstrichen hatt
Auf Schacht 4/5 fand mit knapper Not die Liste eine Mehrheit.
Bei der Hauptverwaltung wurde die Liste mit ganz überwiegende
Mehrheit gewählt. Auf Schacht 2/3 wurden dagegen nur 5 Leute,
und zwar meist Ersatzleute gewählt, während im übrigen die
Liste keine Mehrheit fand. Der Treuhänder bestimmte daraufhin
den Oberbürgermeister der Stadt Oberhausen als seinen Vertrete
für die Bestellung von Vertrauensleuten. Die ursprüngliche
Liste wurde daraufhin im Wesentlichen wiederhergestellt
und durch den Oberbürgermeister als Vertreter des Treuhänders
bestätigt. [...]

2. Arbeiter - Vertrauensräte.

Ganz ohne Reibungen wird es dabei in Anfang
gewiss nicht abgehen. Es wird einige Schwierigkeiten machen,
den Vertrauensleuten klarzumachen, dass sie etwas ganz
anderes sind, als der Betriebsrat und dass alle die Regelungen
die für den Betriebsrat in der Vergangenheit vorgesehen ware,
nunmehr nichts mehr zu bedeuten haben. Es besteht dabei die
grosse Gefahr, dass die Vertrauensleute von der Arbeitsfront
her gewisse Anweisungen bekommen und dass das, was an einer
Stelle die Vertrauensleute durchgesetzt haben, an allen andere
Stellen auch beantragt und durchgesetzt wird. Andererseits
fehlt es auf Seiten des Bergbaues jetzt an einer Stelle, in
der solche Fragen gemeinsam behandelt werden können, da der
Zechenverband aufgelöst ist und der Bergbauverein sich
peinlichst daraus hält, irgendwelche allgemeinen Weisungen zu
geben.

Die bisherige Freistellung eines erheblichen
Teiles der Mitglieder des Betriebsrats von der eigentlichen
darf m.E. unter keinen Umständen für den neuen Vertrauensrat
gelten. Auch bei der NSBO scheint man sich mehr oder weniger
darüber klar zu sein. Andererseits legt man aber seitens der
NSBO Wert darauf, dass die Vertrauensleute in einem gewissen
Umfang das Recht behalten, den Betrieb zu befahren, weil sie
sonst ihrer Verpflichtung zur Erteilung eines guten Rates an
den Betriebsführer nicht nachkommen könnten. Aus einer solche
Befahrung kann sich dann nur zu leicht wieder etwas ganz
ähnliches entwickeln, wie es bei dem alten Betriebsrat der
Fall gewesen ist.

Direktor Gustav Dechamps beschreibt in seinem Brief an Dr. Berckemeyer
vom 2. Mai 1934 die Auswahl der Vertrauensmänner und die Einschränkung ihrer Arbeit.

„Herr Direktor Wenker verpflichtet als Gefolgschaftsführer den
Vertrauensrat von Minister Stein am 1. Mai 1934, dem Tage der
nationalen Arbeit"

Das »Gelöbnis« der Vertrauensmännern am 1. Mai 1934 auf Minister
Stein in Dortmund

Abstimmung über die Liste der Vertrauensmänner.

Der Führer des Betriebes und der Obmann der Betriebszelle
haben sich auf folgende Liste von Vertrauensmännern und Stell-
vertretern geeinigt:

Vertrauens-
männer:

1) Karl M a h n k e , Berlin, Koloniestr.72,
2) Heinz C a s p a r , Berlin, Seestr.39,
3) Kurt K r u m r e i , Berlin, Schererstr.4,

Stellvertreter:

1) Franz K ö n n e r ,Berlin,Blumenstr.16 bei Unger,
2) Fritz L ü d e c k e , Berlin-Pankow, Mühlenstr.3,
3) Wilhelm W e r l i c h , Berlin, Schivelbeiner Str.34.

Die Stellvertreter sollen in der Reihenfolge,wie sie hier
verzeichnet sind,an die Stelle von ausscheidenden oder zeit-
weilig verhinderten Vertrauensmännern treten.

Die Liste der Abstimmungsberechtigten liegt im Büro bei
Herrn Kuchel zur Einsicht aus.Die Stimmzettel und Umschläge
können dort ab 28,3.34 in Empfang genommen werden.Einsprüche
gegen die Liste der Abstimmungsberechtigten sind innerhalb
einer Woche seit dem ersten Tage des Aushanges an mich zu
richten.

Die Abstimmung findet am 5.April 1934 von 12 - 15 Uhr
statt.Die Stimmzettel sind im Umschlag an dem genannten Tage
im Abstimmungsraum, im Büro an mich bezw.meinen Abstimmungs-
helfern,die Herren Wilhelm Wartenberg und Bruno Schiller
abzugeben.Die Nachtschicht gibt die Stimmzettel am 5.4.33
morgens an den Rechtsunterzeichneten ab.

Berlin-Pankow,den 20.März 1934.

Der Führer des Betriebes: Der Obmann der national-
                                         sozial.Betriebszellen-
                                         Organisation:

Vorschlagliste für die Aufstellung von Vertrauensmännern bei der
Schultheiß-Brauerei in Berlin, 1934

Jnfolge der Entfernung des Betriebes von dem Ort der allgemeinen Feier war es nicht möglich, die Einführung der Vertrauensmänner und deren Stellvertreter unseres Betriebes gestern, am Nationalfeiertag, vorzunehmen. Auf Grund einer Verfügung des Treuhänders der Arbeit für Berlin und Brandenburg waren wir berechtigt, die Handlung auf heute zu verlegen. Als Stellvertreter des Betriebsführers und im Namen aller Vertrauensleute erkläre ich hiermit, dass wir unser Amt treu verwalten werden zum Wohle des Betriebes und unserer Belegschaft. Sie, meine lieben Arbeitskameraden, bitte ich, helfen Sie uns unser schweres Amt dadurch zu erleichtern, dass Sie in Dienst Jhre Pflicht und Schuldigkeit tun und ~~Jhr Verkehr mit Jhren Arbeitskameraden harmonisch verläuft~~. Nunmehr werde ich den Wortlaut des Gelöbnisses vorlesen und bitte alle Vertrauensmänner und deren Stellvertreter am Schlusse mit erhobener Hand ihr Gelöbnis zu bekräftigen mit den Worten: „ Das gelobe ich "

„ Wir legen das feierliche Gelöbnis ab, in unserer Amtsführung nur dem Wohle des Betriebes und der Gemeinschaft aller Volksgenossen unter Zurückstellung eigennütziger Interessen zu dienen und in unserer Lebensführung und Diensterfüllung den Betriebsangehörigen Vorbild zu sein ".

Nachdem Sie Jhr Gelöbnis abgelegt haben, begrüsse ich Sie nunmehr als ordentliche Vertrauensmänner unserer Abteilung. Unseren kurzen feierlichen Akt wollen wir beenden mit einem dreifachen Sieg-Heil auf unseren allverehrten Reichspräsidenten v. Hindenburg und unseren geliebten Volkskanzler Adolf Hitler.

* * *

Sprechzettel für den Stellvertreter des »Betriebsführers« der Schultheiß-Brauerei für die Amtseinführung der Vertrauensmänner am 2. Mai 1934

worden. Dechamps bezeichnete es gegenüber seinem Aufsichtsratsvorsitzenden als größte Schwierigkeit, den Vertrauensleuten klarzumachen, »dass sie etwas ganz anderes sind, als der Betriebsrat und dass alle die Regelungen, die für den Betriebsrat vorgesehen waren, nunmehr nichts mehr zu bedeuten haben«. Das galt nach Dechamps insbesondere für Freistellungen von der eigentlichen Arbeit.

In einer pompösen Maskerade hatte der neu eingesetzte Vertrauensrat vor versammelter Belegschaft am 1. Mai 1934 zu geloben, dass er »nur dem Wohle des Betriebes und der Gemeinschaft aller Volksgenossen« dienen wolle. Anstelle des § 1 des Betriebsrätegesetzes, nämlich der »Wahrnehmung der gemeinsamen wirtschaftlichen Interessen der Arbeitnehmer dem Arbeitgeber gegenüber«, hieß es nun, die »Diensterfüllung« habe »unter Zurückstellung eigennütziger Interessen« zu erfolgen. Die subalterne Position des Vertrauensrats gegenüber dem »Betriebsführer« wird augenfällig durch das Foto vom Gelöbnis am 1. Mai 1934 auf der Dortmunder Zeche »Minister Stein« dokumentiert.

Die Vertrauensrats-Sitzungen bei den Berliner Osram-Werken in den Jahren 1934 und 1935, als der Vertrauensrat durch die Scheinwahlen noch halbwegs legitimiert

Niederschrift

über

die 1. Sitzung des Vertrauensrates der Berliner Betriebe der OK

in Gemeinschaft mit dem Beirat

am 4. Mai 1934.

Anwesend: Vorstand der OK

Betriebsführung)

Vertrauensmänner) der Berliner Betriebe

Beirat

Anfang: 10°° Uhr

Ende: 12°° Uhr   Ort: Hg OI - 201

1. Begrüssung der auswärtigen Mitglieder des Beirates
2. Begrüssung Fräulein Scholz
3. Beirat
4. Zuständigkeit des Vertrauensrates bei Anrufung des Arbeitsgerichts
5. Betriebszellen
6. Zusammenkünfte der Vertrauensmänner und Freistellung von geschäftlicher Arbeit
7. Reise durch die Verkaufslager.

Zu 6) Die Herren Freitag, Peters, Dr. Böttcher und Leskowski bringen die Fragen der Zusammenkünfte der Vertrauensmänner unter sich sowie der Freistellung von geschäftlicher Arbeit zur Besprechung.

Die erste Frage wird von Herrn GR Schlüpmann in dem gleichen Sinne, wie in der Vorbesprechung vom 23.4., beantwortet: Diese Frage sei eine Taktfrage. Es entspräche natürlich nicht dem Gedanken des Vertrauensrates, wenn dessen Mitglieder ohne den Führer tagen wollten. Besprechungen zwischen einzelnen Vertrauensmännern seien selbstverständlich möglich und oft wohl auch nötig; aber Nebensitzungen, von denen der Führer nichts wisse und die er nicht gutheisse, seien nicht am Platze.

Zur Frage der Freistellung von geschäftlicher Arbeit, die nicht nur für die Vertrauensmänner, sondern auch für die Amtswalter der Betriebszellen wichtig ist, gibt Herr GR Schlüpmann eindringlich zu bedenken, dass eine völlige Loslösung von der Berufsarbeit weniger in materieller Hinsicht als vielmehr in Anbetracht

- 4 -

Anbetracht der beruflichen Fortbildung ein untragbares Opfer für die betroffenen Volksgenossen wäre. Die Aemterbesetzung müsse daher so gehandhabt werden, dass jedem Amtsträger auch ausreichend Zeit für die Erledigung der Berufsarbeit bliebe. Auch hier müsse eine gewisse Ordnung und Regelmässigkeit geschaffen werden, letzten Endes auch, um einen ordnungsgemässen Ablauf des Geschäftsbetriebes zu gewährleisten. Herr GR Schlüpmann beauftragt diejenigen Vertrauensmänner, die Betriebszellenobleute sind, im Einvernehmen mit ihren örtlichen Betriebsführungen unter Vorsitz des Herrn Dr. Auer Regelungsvorschläge auszuarbeiten.

Zu 7) Herr GR Schlüpmann gibt bekannt, dass er im Laufe der nächsten Wochen mit Herrn Brooke die Verkaufslager besuchen wird. Hierbei wird Herr Schulze als Schriftwart des Beirates ihn begleiten.

Berlin, den 15.5.34.

gez. Schlüpmann

Schriftwart

Schu/P

Ablehnung von Freistellungen und von Besprechungen der Vertrauensleute ohne den Betriebsführer bei Osram

schien, zeigen das Nachwirken jener Traditionen, die sich in den 13 Jahren der Geltung des Betriebsrätegesetzes herausgebildet hatten: Gefordert wurden Freistellung der Belegschaftsvertreter von der Berufsarbeit, eigenständige Sitzungen ohne die Werksleitung und das Recht auf einen unzensierten Briefverkehr. Diese Forderungen wurden vom Betriebsführer samt und sonders abgelehnt. Mit zunehmender Besorgnis mussten überdies die Direktionen feststellen, dass der im AOG vorgesehene Beschwerde-Instanzenweg, der innerbetrieblich reguliert werden sollte und allenfalls im Treuhänder der Arbeit eine überbetriebliche Schiedsinstanz vorsah, nicht ein-

gehalten wurde. Die »Anrufung irgendwelcher Stellen außerhalb des Betriebes« bezog sich auf die Amtswalter der DAF, die, im Bemühen um eine Rechtfertigung ihrer in die Zehntausende zählenden hauptamtlichen Funktionäre, in das betriebliche Konfliktfeld einzudringen suchten. Die vom Arbeitsministerium über die Treuhänder ausgegebene Losung »Vertrauensrat – nicht Betriebsrat« führte der deutschen Öffentlichkeit auf unfreiwillige Weise vor Augen, welche bedeutsamen Rechte mit der Beseitigung der Betriebsräte verloren gegangen und welch eng begrenzte Aufgaben für die Vertrauensräte in der »Betriebsgemeinschaft« vorgesehen waren.

Vertrauensrat – nicht Betriebsrat!

Eine Mahnung des Treuhänders der Arbeit

Der Treuhänder der Arbeit für das Wirtschaftsgebiet Brandenburg wendet sich mit den folgenden Ausführungen an die Oeffentlichkeit:

„Wiederholt werden Betriebsordnungen, Bekanntmachungen im Betriebe, Eingaben an den Treuhänder der Arbeit folgendermassen unterzeichnet:

Der Betriebsführer:
Meyer

Der Vertrauensrat:
Schulze

Wiederholt berichten Betriebsführer, dass der Vertrauensrat ihres Betriebes mit dieser oder jener Massnahme nicht einverstanden sei, oder dass sie mit ihrem Vertrauensrat diese oder jene Arbeitsbedingungen für die Gefolgschaft „vereinbart" haben. Es kommt sogar vor, dass Vertrauensmänner in Eingaben an den Treuhänder der Arbeit sich selbst als „Vertrauensräte" bezeichnen.

Diesem Verhalten liegt ein doppelter Fehler zugrunde.

Der Führer des Betriebes und der Vertrauensrat sind nicht zwei verschiedene, gegensätzliche Begriffe, sondern das Organ des Vertrauensrates setzt sich aus dem Betriebsführer als seinem Leiter und den einzelnen Vertrauensmännern zusammen. Ferner wird besonders durch die gekennzeichnete Art der Unterzeichnung die falsche Vorstellung erweckt, als bedürfen die Anordnungen des Betriebsführers der Genehmigung der Vertrauensmänner, während vielmehr richtig ist, dass der Betriebsführer allein unter eigener Verantwortung ohne Mitbestimmungsrecht häufig natürlich unter Mitberatung der Vertrauensmänner, seine Entscheidungen trifft.

Diese so häufig gemachten Fehler sind nur darin zu erklären, dass der Sinn des durch den nationalsozialistischen Staat erlassenen Gesetzes zur Ordnung der nationalen Arbeit und die Bedeutung des durch dieses Gesetz geschaffenen Vertrauensrates noch nicht in allen Betrieben richtig erkannt ist. Es liegt die Annahme nahe, dass in verschiedenen Betrieben

der neu geschaffene Vertrauensrat mit dem Betriebsrat des früheren Sozialsystems verwechselt wird.

Diese beiden Einrichtungen sind jedoch grundverschieden, da sie aus entgegengesetzten Weltanschauungen hervorgegangen sind.

Wie in jeder Gemeinschaft, so kann es auch im Betriebe nur einen Führer geben; nur einer kann Entscheidungen treffen und für das wirtschaftliche und soziale Geschehen allein verantwortlich sein. Daher ist der Betriebsrat mit seinem Mitbestimmungsrecht abgeschafft. Der Führer des Betriebes trifft allein seine Entscheidung. Lediglich zur Beratung seiner Entscheidungen treten ihm die Vertrauensmänner zur Seite, die ihm jedoch nicht die Verantwortung für seine Entschlüsse abnehmen.

Diese Vertrauensmänner sollen sich nicht von Sonderinteressen leiten lassen, sondern haben das gemeinsame Interesse in den Vordergrund zu stellen. Daher geloben sie, in ihrer Amtsführung nur dem Wohl des Betriebes und der Gemeinschaft aller Volksgenossen unter Zurückstellung eigennütziger Interessen zu dienen. Das soll jedoch nicht heissen, dass die Vertrauensmänner nicht für Belange der Gefolgschaft eintreten dürfen. Die Interessen der Gefolgschaft müssen nur hinter Interessen der Betriebsgemeinschaft gestellt und mit den wirtschaftlichen Belangen des Betriebes in Einklang gebracht werden. Jedes Mitglied des Vertrauensrates hat die Pflicht,

die natürlichen Interessengegensätze innerhalb des Betriebes in ihrer Schärfe herabzumildern,

jedes Misstrauen zu beseitigen und Verständnis für die Entscheidungen des Betriebsführers innerhalb der Gefolgschaft zu wecken. Auch der Führer des Betriebes hat nur den Betrieb zu fördern und Sonderinteressen zurückzustellen. Bei seinen Entscheidungen darf er das Wohl der Betriebsgemeinschaft nicht vergessen. Dazu wird er aber mehr dann in der Lage sein, wenn er in einer engen Verbindung mit seinen Mitarbeitern steht. Er muss seine Entscheidungen bei der Beratung aufbauen auf den Erfahrungen der Vertrauensmänner, die mit Sorgen und Wünschen ihrer Arbeitskameraden besonders vertraut sind. Nicht auf Ratschläge anderer Unternehmer wird der Betriebsführer seine Entschlüsse aufzubauen haben, sondern richtige Anordnungen kann er nur nach genauer Kenntnis der Atmosphäre seines Betriebes und der Stimmung der Gefolgschaft treffen."

Entlarvende Klarstellung des Treuhänders Berlin-Brandenburg zu der den Vertrauensräten zugedachten Rolle vom Juli 1935

Misstrauensvotum:
Der Kollaps der
»Vertrauensratswahl«

Die nach dem AOG Anfang April 1934 erstmals durchgeführten Vertrauensratswahlen sollten eine Nagelprobe für die Bereitschaft der Arbeitnehmer sein, ob sie sich mit den neuen gesetzlichen Verhältnissen abgefunden hatten. Während die NSBO bemüht war, den in vielen Betrieben für sie enttäuschenden Zustimmungsgrad für ihre Kandidaten herunterzuspielen, trafen die Misserfolge bei der DAF den Kern ihres Selbstverständnisses. Einer Massenorganisation mit Zwangsmitgliedschaft und mit vom Lohnbüro einbehaltenen Mitgliedsbeiträgen, deren Aufgabe »die Erziehung aller im Arbeitsleben stehenden Deutschen zum nationalsozialistischen Staat und zur nationalsozialistischen Gesinnung« sein sollte, mussten die insgesamt unbefriedigenden Ergebnisse der Abstimmungen den Spiegel ihres begrenzten Einflusses vorhalten. Und in der Tat stießen die von Leys Amtswaltern vorgenommenen Fälschungen der Gesamtergebnisse sogar in Parteikreisen auf Befremden, zumal man eine realistische Einschätzung der betrieblichen Stimmungen nicht meinte entbehren zu können.

Der Führer des Betriebes, Generaldirektor Dr. Dechamps verpflichtet den Vertrauensrat

1. Mai 1935

Bei den betrieblichen Abstimmungsstatistiken hingegen kann man von einer hohen Glaubwürdigkeit ausgehen, hatten die Werksdirektoren doch kein Interesse daran, durch die Veröffentlichung überhöhter Wahlergebnisse ein zu starkes Selbstbewusstsein bei den Vertrauensräten zu fördern. Bei Krupp in Essen ist auffällig, dass bei der ersten »Wahl« am 4. April 1934 nur 71 Prozent der Stimmzettel Zustimmung signalisierten, während es bei 9,4 Prozent zu Streichungen einzelner Kandidaten kam. Die völlige Ablehnung durch ungültige oder ganz durchgestrichene Stimmzettel lag gar bei 19,6 Prozent. Bei der GHH in Oberhausen, deren Direktion im übrigen eine Zwangsmitgliedschaft ihrer Belegschaft in der DAF bis Ende der 1930er Jahre ablehnte, zeigte sich, dass die auf den Vertrauensrats-Listen auftretenden Betriebsobleute der DAF mit Abstand die wenigsten Stimmen erhielten. Als der Gaubetriebszellenobmann in Essen,

Rheinstahl-Arenberg
Zentral-Kokerei und Zentral-Werkstatt

Stimmzettel
für die
Abstimmung zum Vertrauensrat 1935.

Namen der aufgestellten Vertrauensmänner

			Stimmen Ja	Nein
1.	Hackenberg	Hermann	218	361
2.	Felderhoff	Ignatz	240	339
3.	Müller	Hermann	243	336
4.	Wetzel	Friedrich	283	296
5.	Walgenbach	Lorenz	274	305
6.	Jania	Wilhelm	257	322
7.	Kühn	Karl	244	335

und deren Stellvertreter

1.	Rüdel	Bernhard	303	276
2.	Leveringhaus	Ewald	300	279
3.	Schmidt	Eduard	306	273
4.	Lohe	Romuald	327	252
5.	Berns	Josef	313	266
6.	Habel	Johann	298	281
7.	Gaß	Ernst	309	270

Gültige Stimmen 579
Erforderliche Mehrheit 290

Vertrauensrat-Wahlen bei Rheinstahl-Arenberg 1935

Streng vertraulicher Monatsbericht der Reichstreuhänder der Arbeit für März und April 1938 informiert über starke Missstimmungen in der Arbeiterschaft.

Fritz Johlitz, am 18. April 1934 über den Reichssender Köln den »Ausgang der Vertrauensratswahlen« zu kommentieren hatte, musste er – zur Rechtfertigung des Wahlergebnisses – einräumen, dass man eine völlige Zustimmung ohnehin niemals erreichen könne, »denn jeder gesunde Organismus wirft Schlacken ab«. Das seien diejenigen, »die an einem geordneten Staatswesen niemals ein Interesse bekunden werden, das sogenannte Untermenschentum«.

Bei den Abstimmungen zum Vertrauensrat 1935 war der Zustimmungsgrad vielfach noch weiter gesunken, so bei Krupp und auf vielen Zechen des Ruhrgebiets. Wenn sich ein neu installierter Vertrauensrat dann tatsächlich der Interessen der Arbeitnehmer annehmen wollte, so konnte er, wie auf der Zeche »Concordia« in Oberhausen, zwischen die Mühlsteine von Betriebsführer und regionaler Arbeitsfront geraten. Da die Firmenleitung am längeren Hebel saß, konnte die Disziplinierung des Vertrauensrats

Abschrift zu IIIb 9061/38 g
Der Reichs-und Preußische
Minister des Innern   Berlin NW 40, den 20. November 1937
Nr.I A 322/3500 g
Betr.: Gesetz zur Änderung der Vorschriften über die
Bestellung von Vertrauensmännern
Zu dem Schreiben vom 10. September 1937 - IIIb 17540/37-

Geheim!

Im Anschluß an die Besprechung zwischen Ministerialdirektor
Dr. M a n s f e l d und Ministerialrat Dr. E r m e r t weise
ich nochmals darauf hin, daß meinerseits gegen den Gesetzentwurf
schwerwiegende Bedenken bestehen:

Wie in der Referentenbesprechung am 2. November 1937 festgestellt wurde, liegt eine grundsätzliche Entscheidung des Führers,
daß Wahlen dieser Art für die Zukunft allgemein unterbleiben sollen, nicht vor. Der Gesetzentwurf hingegen schafft die Wahl der
Vertrauensräte ein für allemal ab.

Bekanntlich hat der wiederholte Aufschub der Vertrauensratswahlen der kommunistischen Agitation innerhalb der Arbeiterschaft
das Argument an die Hand gegeben, daß man die Wahlen aus Furcht
vor einem ungünstigen Ergebnis scheue. Die gesetzliche Abschaffung
der Vertrauensratswahlen würde der Opposition darin recht geben,
daß man unter allen Umständen eine Wahl vermeiden will, man könnte
daher der Stimmungsmache der Opposition nur schwerlich überzeugende
Argumente entgegenstellen. Die Abschaffung der Vertrauensratswahlen
könnte vielmehr den Eindruck erwecken, daß der nationalsozialistische Staat der Unterstützung der Arbeiterschaft nicht mehr sicher
sei.

Es besteht ferner die Gefahr, daß die Gesetzesänderung in
weiten Kreisen der Arbeiterschaft als ein Eingriff in ihre
soziale Selbstverwaltung angesehen wird. Während das AOG. die Ten-
denz verfolgt, möglichst viel durch offene Aussprache zwischen
Gefolgschaft und Betriebsführer innerbetrieblich zu regeln, würde
nunmehr diese Linie verlassen. Wenn die Vertrauensratsmitglieder
grundsätzlich nicht mehr das Vertrauen der Gefolgschaft benötigen,
so sind sie in den Augen der Gefolgschaft auch nicht mehr ihre
Vertrauensmänner, sondern allenfalls Vertrauensmänner des Betriebsführer oder der DAF., jedenfalls von außen her bestellte
Organe.

Organe. Es wäre alsdann die Frage aufzuwerfen, ob die Bezeichnung
"Vertrauensrat" noch ihre innere Berechtigung hat.

Nach alledem ist zu erwarten, daß die Gesetzesänderung nicht
geeignet ist, das Vertrauen der Arbeiterschaft zum nationalsozialistischen Staate zu fördern, daß vielmehr der marxistischen
Agitation ein günstiger Boden bereitet wird. Auf diese Gefahr hat
insbesondere auch der Chef der Sicherheitspolizei in meinem
Ministerium hingewiesen.

Mir erscheint es richtiger, die Entscheidung der grundsätz-
lichen Frage der Vertrauensratswahlen einstweilen offen zu lassen
und die Wahlen zunächst für den Zeitraum des Vierjahresplans aus-
zusetzen.Dies ließe sich mit den gewaltigen Anstrengungen, die der
Vierjahresplan erfordert, begründen. Nach Ablauf dieser Zeit
könnte dann immer noch entschieden werden, ob auf die Wahl des
Vertrauensrates als Sprachrohr der Gefolgschaft in innerbetrieb-
lichen Angelegenheiten aus zwingenden Gründen verzichtet werden
muß, oder ob die Wahl stattfinden kann.
gez. F r i c k .
An den Herrn Reichs-und Preußischen Arbeitsminister.

Reichsinnenminister Wilhelm Frick spricht sich gegen die Abschaffung
der Vertrauensrat-Wahlen aus

unter dem ideologischen Motto stattfinden: Man müsse
sich bewusst sein, »dass keine Gräben mehr die einzelnen Volksteile trennen, sondern alle im gleichen Boot
sitzen und zusammengehören«. So wurde eindeutig
geklärt, dass Vertrauensräte nicht Interessenvertretungen der Arbeitnehmerschaft, sondern Instrumente der
Arbeitgeber waren zur reibungslosen Durchsetzung
ihrer Entscheidungen.

Da die Ergebnisse der Vertrauensrats-Abstimmungen
sowohl 1934 als auch 1935 erheblich hinter den Erwar-
tungen der Nationalsozialisten zurückgeblieben waren,
wurden die Abstimmungen 1936 drei Tage vor dem für
Anfang April vorgesehenen Termin abgesagt. Dieser
Vorgang wiederholte sich im nächsten Jahr, so dass die
Zusammensetzung des Vertrauensrats angesichts der
Arbeitskräfte-Fluktuation allmählich ein verzerrtes Bild
abgab. Nach dem Urteil des Reichsinnenministers Dr.
Frick im November 1937 ergaben sich weitere gravieren-
de Nachteile: Der wiederholte Aufschub der Wahlen sei
Wasser auf die Mühlen der kommunistischen Agitation.
Es werde der Eindruck erweckt, »daß der nationalsozialistische Staat der Unterstützung der Arbeiterschaft nicht
mehr sicher sei«. Fricks Argumentation zielte aber auch
gegen den zunehmenden betrieblichen Einfluss der DAF,
die sich über ihre Obmänner an die Stelle der rechtlosen
Vertrauensleute zu schieben suchte. Daher befürchtete
er, dass diese »in den Augen der Gefolgschaft« allenfalls
»Vertrauensmänner des Betriebsführers oder der DAF,
jedenfalls von außen her bestellte Organe« seien. Noch
krasser spiegelte sich der betriebliche Unmut in den
streng vertraulichen Monatsberichten der Reichstreuhänder der Arbeit für März und April 1938: Da die Amts-
dauer der Vertrauensräte erneut durch Gesetz, und zwar
diesmal »bis auf weiteres«, verlängert worden war, »fühlt
sich der Arbeiter um sein letztes Recht und die einzige
Einflußmöglichkeit gebracht, die ihm das AOG gelassen

hat«. Es werde sogar behauptet, »daß Betriebsobmann und Vertrauensmänner vom Unternehmer ›gekauft‹ seien«. Die in die Vertrauensräte durch die Treuhänder der Arbeit nachgerückten DAF-Obleute fühlten sich inzwischen als »Sozialdirektoren«.

Tatsächlich sanktionierte die Reichskanzlei durch ihren Chef Dr. Lammers am 13. Juni 1938 dieses Verfahren: Wahlen sollten entfallen, die Vertrauensleute vielmehr unter »Mitwirkung der Arbeitsfront im Wege der Berufung bestellt werden«. Offensichtlich hatte sich Hitler persönlich für diesen Modus entschieden, bezeichnenderweise, ohne den persönlichen Vortrag des Arbeitsministers entgegenzunehmen. Der für das Regime charakteristische Weg improvisierter Entscheidungen dokumentierte einmal mehr, wie Staatsinterventionen in den betrieblichen Bereich neue Probleme schufen, ohne die Unzufriedenheit bei den Arbeitnehmern abstellen zu können.

Hitler will »Berufung« der Vertrauensmänner anstelle von Wahlen.

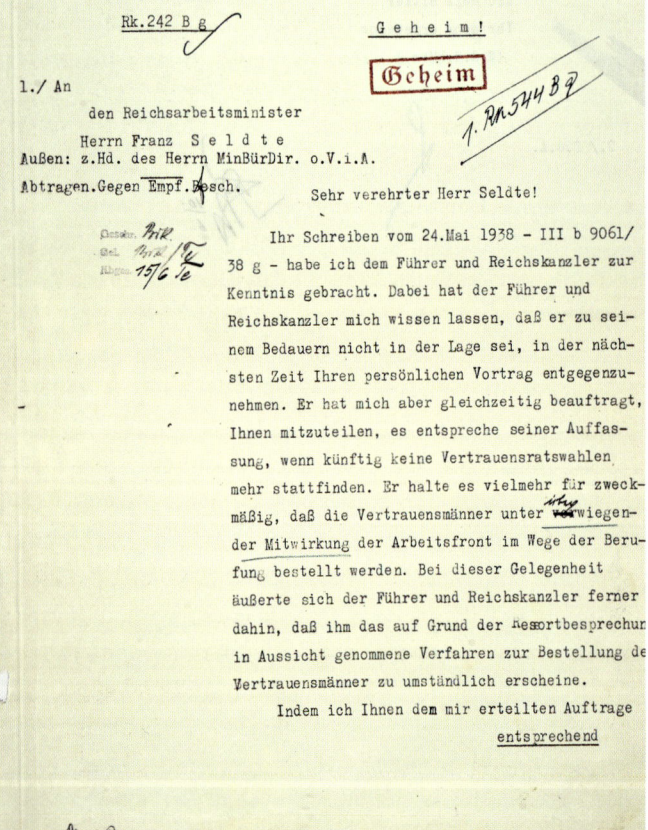

Die betriebliche Strategie der DAF:
Hineinregieren in die »Betriebsgemeinschaft«

Seit der Vereinbarung mit der Ministerialbürokratie von Arbeits- und Wirtschaftsministerium vom November 1933 war die DAF von einer Rolle beim sozialen Ausgleich und bei den »materiellen Fragen« im Betrieb ausdrücklich ausgeschlossen und in den Bereich der »nationalsozialistischen Erziehung« verwiesen worden. In dem Maße freilich, in dem die Rechtlosigkeit der Vertrauensräte deutlich wurde, wuchs der betriebliche Einfluss der Obmänner der DAF. Der steigende Eingang von Mitgliedsbeiträgen ermöglichte es der DAF, zwischen 30.000 und 40.000 hauptamtliche Beschäftigte einzustellen sowie darüber hinaus eine in die Hunderttausende gehende Zahl von in den Betrieben tätigen ehrenamtlichen Funktionären zu dirigieren. So nahm sie sich begierig der notwendigerweise entstehenden betrieblichen Konfliktfelder an, für die keinerlei rechtlicher Regulierungsmechanismus mehr vorgesehen war. Schon um ihre eigene organisatorische Expansion zu rechtfertigen – sie wurde zur größten Massenorganisation im »Dritten Reich« –, musste sie sich des Unmuts annehmen, der sich in der Arbeitnehmerschaft ausbreitete.

Bereits im Vorfeld der ersten Vertrauensrats-Abstimmungen nach dem AOG im April 1934 sahen sich Arbeitsminister Franz Seldte und Wirtschaftsminister Kurt Schmitt veranlasst, Eingriffe von außerhalb der Betriebe in das Wahlverfahren zurückzuweisen: »Das Gesetz will also gerade Einmischungen betriebsfremder Elemente, wie sie früher von den Gewerkschaften vorgenommen worden sind, ausschließen«. Der in das AOG eingeschriebene Zweck, um die Betriebe einen Schutzwall gegen die »organisatorische Krake« der DAF zu errichten, drohte schon beim ersten Probelauf pulverisiert zu werden. So erklärt sich auch die Schärfe der Breitseite gegen Ley: »Wer gegen den vom Gesetzgeber gewünschten Grundsatz verstößt, läuft Gefahr, zur Rechenschaft gezogen zu werden«.

Robert Ley im Gespräch mit sächsischen Braunkohle-Bergleuten (1941)

Abschrift!

Der Treuhänder der Arbeit   Dresden-N.6,den 20. Juni 1935
für das Wirtschaftsgebiet   Albertplatz 3,I.
Sachsen
Treuh.:A - 98/35
       St/ml.

Betrifft: Lohnbewegung.

In Beachtung des § 19 Abs. 1 Ziff. 8 des AOG und der besonderen Anweisung des Herrn Reichs- und Preußischen Arbeitsministers im Schreiben vom 28. Mai 1934 - III b Nr. 7336/34 - erstatte ich folgenden Lagebericht:

Im Wirtschaftsgebiet Sachsen macht sich in jüngster Zeit eine in steter Entwicklung befindliche und in immer stärkerem Maße zu beobachtende Lohnbewegung bemerkbar. Die äußeren und sichtbaren Anzeichen dieser Entwicklung sind zahlreiche Zuschriften an das Treuhänderamt aus Kreisen der Gefolgschaften als auch der Vertrauensmänner. In vielen Fällen nehmen auch die Arbeiter hier in der Dienststelle in mündlichem Vortrag und in forderndem Tone zu den sozialpolitischen Fragen Stellung. Ein Teil der schriftlichen Eingaben hält sich in sachlichen Grenzen. Im anderen Teil werden die vom Treuhänder der Arbeit in Beachtung der dienstlichen Anweisungen und der wirtschaftlichen Erfüllbarkeit in den Tarifordnungen festgelegten Lohnsätze, Urlaube und sonstigen sozialpolitischen Erfordernisse heftig kritisiert. Dem Treuhänderamt wird mangelndes soziales Verständnis vorgeworfen. Der Treuhänder der Arbeit und seine Sachbearbeiter werden mit Verdächtigungen und oft auch beleidigenden Unterstellungen verfolgt. In einigen der schriftlichen Eingaben ist eine gedankliche Übereinstimmung festzustellen. Hier muß angenommen werden, daß die Abfassung vorher verabredet worden ist. Die stimmungsmäßigen Anzeichen der Entwicklung sind zu erkennen aus Berichten der politischen Leiter der NSDAP, von Betriebsführern und sonstigen Berichterstattern.

Es wird übereinstimmend berichtet, daß in Betriebs-, Monatsund sonstigen Ortsgruppenversammlungen der DAF das Thema beherrscht wird von Lohnfragen und zwar handelt es sich immer um die Erfüllung von Wünschen und Forderungen, die über die in den Tarifordnungen festgelegten Sätze hinausgehen. In vielen Fällen nehmen solche Versammlungen einen stürmischen Verlauf. Einige Versammlungen mußten vorzeitig der Unruhe wegen abgebrochen werden. Volksgenossen, die etwa versuchen, der Vernunft das Wort zu sprechen, werden angepöbelt und angeschrieen.

           Bei

Treuhänder der Arbeit Sachsen am 20. Juni 1935 über das Misstrauen der Arbeiterschaft gegen die DAF und die Reichsregierung

---

Bei meinen Reisen und zahlreichen selbst durchgeführten Versammlungen und Kundgebungen der letzten Zeit habe ich mich bemüht, die Ursachen einer solchen Entwicklung im Wirtschaftsgebiet zu erforschen. Ich habe mich mit einer großen Zahl von Volksgenossen aus allen Berufsschichten und auch mit Amtswaltern der DAF und politischen Leitern der NSDAP darüber unterhalten. Die Antworten aller Befragten lauten:

Daß nach Meinung der Arbeiterschaft der Zeitpunkt gekommen sei, das von führenden Männern der DAF der Arbeiterschaft gegebene Versprechen der Verbesserungen des Lohnniveaus jetzt endlich einzulösen. Die Arbeiterschaft wolle nicht erleben, daß sie wieder nur mit Versprechungen hingehalten werden solle. Auch sie die Arbeiterschaft der Meinung, daß die führenden Männer der DAF gewillt seien, ihr gegebenes Wort einzulösen. Gegen diese gute Absicht ständen nur die Reichsregierung und in deren Auftrag die Treuhänder der Arbeit. Es wird weiter geltend gemacht, daß die Arbeiterschaft ein solches Versprechen weder gewünscht noch erwartet habe. Der Führer habe in seinen aufklärenden Reden wiederholt betont, daß alle Volksgenossen Opfer bringen müssen. Dazu seien die Arbeiter gern bereit gewesen. Erst wenn der letzte erwerbslose Volksgenosse einen Arbeitsplatz erhalten habe, könne die Lohnfrage geprüft werden. Das habe der Arbeiter gern abwarten wollen. Nachdem das Versprechen jetzt durch führende Männer der DAF gegeben sei, müsse auch angenommen werden, daß es auch erfüllbar sei; die Erfüllung werde nur von Hintermännern vereitelt.

Es steht zu befürchten, daß bei einer weiteren ungehemmten Entwicklung der Dinge die Arbeiterschaft in ein Mißtrauensverhältnis zur Reichsregierung hineinwächst. Die Erfahrung lehrt, dass, wenn ein solches Geschehen erst einen gewissen Grad der Entwicklung erreicht hat, es durch nichts mehr aufzuhalten ist. Ich beobachte, daß die kommunistische Propaganda sich der Lohnfrage besonders bemächtigt. Sie behauptet, die DAF habe der Arbeiterschaft das Versprechen der Lohnaufbesserung geben müssen, um die Austrittsbewegung aus der DAF abzustoppen. Die Erfüllung der Lohnaufbesserung sei für den Herbst 1935 in Aussicht gestellt. Man werde erleben, daß das nicht eintritt. Die Arbeiterschaft werde dann wieder mit einem neuen Versprechen hingehalten. (Ich kann im sächsischen Wirtschaftsgebiet eine Austrittsbewegung aus der DAF nicht beobachten. Einzelaustritte kommen hin und wieder vor.)

Das gegenwärtige Geschehen auf dem sozialpolitischen Arbeitsmarkt gibt mir zu Besorgnis Anlaß. Ich erachte es daher für meine
           Pflicht,

Pflicht, den Herrn Reichs- und Preußischen Arbeitsminister zu unterrichten. Gleiche Beobachtungen sind bereits auch von anderen Dienststellen gemacht worden. So besuchte mich am 7. Juni 1935 unaufgefordert der Landesstellenleiter Sachsen des Reichsministeriums für Volksaufklärung und Propaganda, Pg. S a l z m a n n. Er trug in einer längeren Unterredung gleiche Besorgnisse vor, die bei ihm erwachsen waren aus Berichten, die ihm zugegangen sind. Er unterrichtete mich, daß er beabsichtige, seiner vorgesetzten Dienststelle dem Reichsministerium für Volksaufklärung und Propaganda Bericht zu erstatten.- Am 18. Juni 1935 besuchte mich in einer dienstlichen Angelegenheit der Pg. S c h u l z vom Sozialamt der DAF Gau Sachsen Bei Besprechung der allgemeinen sozialpolitischen Lage unterrichtete er mich, daß das Sozialamt der DAF gleiche Beobachtungen auch mache und ebenso besorgt der weiteren Entwicklung entgegensehe.

Als geeignete Maßnahme zur vorläufigen Abdämmung der Entwicklung würde ich empfehlen, eine gemeinsame Anordnung der Reichsregierung und der Reichsparteileitung dahingehend, daß jede Erörterung der Lohnfrage allen Rednern, Dienststellenleitern usw. verboten wird. Dem Führer selbst möge es überlassen bleiben, wann die Lohnfrage in Angriff genommen werden kann.

Ich bitte um gefällige Kenntnisnahme.
           Heil Hitler!
(Stempel)   gez. S t i e h l e r.

An den Herrn Reichs- und Preußischen Arbeitsminister, Berlin W.8.

Bekanntmachung des Reichsarbeitsministers und des Reichswirtschaftsministers vom 4. April 1934 gegen die »Einmischung« der DAF bei Vertrauensratswahlen

Um sich den Anschein einer rechtlichen Basis zu verschaffen, erschlich sich Ley gegen den ausdrücklichen Willen von Rudolf Heß und der Fachminister am 24. Oktober 1934 eine Verordnung mit der Unterschrift Hitlers, die nicht einmal im Reichsgesetzblatt erschien. Offensichtlich war der Reichskanzler im Herbst 1934 zu der Überzeugung gekommen, dass die Macht der konservativen Eliten im Arbeitgeberlager und in der Ministerialbürokratie nun stärker eingeschränkt werden konnte. Bei der »Bildung einer wirklichen Volks- und Leistungsgemeinschaft aller Deutschen« sollte nach dem Willen Leys die Aufgabe der Arbeitsfront sein, den »Arbeitsfrieden« dadurch zu sichern, »daß bei den Betriebsführern das Verständnis für die berechtigten Ansprüche ihrer Gefolgschaft« geschaffen werde. Tatsächlich konnte die DAF in der Folgezeit, wenn auch unsystematisch und ohne wirkliche Rechtsgrundlage, als soziale »Dehnungsfuge« des Regimes auftreten.

Angesichts der rückläufigen Arbeitslosenzahlen wandte sich das Augenmerk der deutschen Arbeitnehmer zunehmend wieder der Lohnfrage zu. Der Unmut über die staatlich verordnete Deckelung der Löhne machte zu Recht die Politik der Treuhänder der Arbeit und das hinter ihnen stehende Arbeitsministerium als Urheber aus. Mit Notwendigkeit geriet so die DAF in den Fokus der allenthalben beobachtbaren »Lohnbewegungen«. Der Treuhänder der Arbeit für das Wirtschaftsgebiet Sachsen referierte daher im Juni 1935 dem Arbeitsministerium die in der Arbeiterschaft grassierende Überzeugung, der Zeitpunkt sei gekommen, »das von den führenden Männern der DAF der Arbeiterschaft gegebene Versprechen der Verbesserungen des Lohniveaus jetzt endlich einzulösen«. Treuhänder Stiehler sah durchaus die Gefahr, dass »die Arbeiterschaft in ein Mißtrauensverhältnis zur Reichsregierung hineinwächst«.

Oberhausen, den 15.7.1939. 177

Aktennotiz

über die Besprechung mit dem Kreisobmann Staubach
am 14. Juli 1939, nachmittags 5 Uhr.

Es erscheint der Kreisobmann Staubach mit Herrn Schönborn.

[Zechendirektor Dr. Dechampsführt u.a. aus.]

Staubach kam dann darauf zusprechen, dass die Hoffnung, die er
seinerzeit gehegt habe, keineswegs in Erfüllung gegangen sei.
Was man habe verhindern wollen, sei das Zusammenhocken der Mitglieder des Vertrauensrates mit dem einen oder anderen Gefolgschaftsmitglied auf den Zechen, und zu dem Zweck sei damals vorgesehen, dass bei der Hauptverwaltung ein Vertrauensratzimmer
errichtet werde, in dem die Beschwerden der Gefolgschaft entgegen genommen werden könnten. Es sei bedauerlich, dass diese Ein-
richtung noch nicht geschaffen worden sei. Ich verwies darauf,
dass Bauen zurzeit unzulässig sei. Ich erinnerte an die letzten
Ausführungen des Feldmarschalls in dieser Beziehung und daran,
dass nunmehr die Entscheidung darüber, ob ein Bau wichtig oder
nicht wichtig ist, in die Hände der zentralen Instanz in Berlin
gelegt sei. Es sei beim besten Willen nicht möglich, zu behaup-
ten, dass der von uns vorgesehene Bau staatspolitisch wichtig
sei, und man könne uns garnicht zumuten, einen solchen Antrag
zu stellen. Die Verwendung von Baustoffen und Eisen aus unseren
Kontingenten sei uns auf das strengste verboten. Hier liege also
einfach ein Nichtkönnen vor. Gegen das Zusammenhocken in dem
Vertrauensratzimmer auf der Schachtanlage hätten wir uns von
jeher gewehrt. Es sei aber Sache des Obmanns sich gegen diese
stellenweise auch hinter seinem Rücken erfolgenden Hetzereien
zu wenden. Ich erwähnte dabei, dass wir unsererseits schon einmal, um vorwärts zu kommen, die Idee gehabt hätten, die wir
aber den Vertrauensleuten noch nicht mitgeteilt hätten, ein
Haus in der Nähe der Hauptverwaltung frei zu machen, um dort
die erforderlichen Büros einzurichten. Staubach begrüsst das
sehr und glaubt, dass man dann das Vertrauensratszimmer auf den
Schächten ganz beseitigen könne. Die Sprechstunden müssten dann
in diesem Büroraum abgehalten werden, und wenn der Kumpel erst
einmal sich angezogen habe und auf dem Heimweg sei, werde er
sich noch überlegen, ob er noch mit seiner Beschwerde an dem
Büro vorbeigehen solle.

Besprechung Dr. Dechamps (Concordia) mit dem DAF-Kreisobmann Staubach am 15. Juli 1939: Verweigerung eines Sprechzimmers für den Vertrauensrat

Streikgerüchte im westfälischen Bergbau

Während der Treuhänder eine Lösung des Problems in einem umfassenden Verbot der »Erörterung der Lohnfrage« sah, verstärkte sich der Handlungsdruck auf die Arbeitsfront, zumal mit dem Erreichen der Vollbeschäftigung seit 1936 in den Betrieben nicht nur über »ungenügende Löhne« und »karge Ernährungsweise« geklagt wurde, sondern gerade im rüstungswirtschaftlich hochproblematischen Kohlenbergbau eine »Antreiberei« gegeißelt wurde, »die man als unnationalsozialistisch und menschenunwürdig« bezeichnete. Die Stimmung der Bergleute schwankte zwischen Resignation wie in Sachsen und den Anzeichen von Streikbereitschaft wie im Ruhrbergbau. Die Hauer der Gedinge-Kameradschaften waren nicht nur die ideologischen NS-Leitbilder vom heroischen Arbeiter, sondern auch misstrauisch beobachtete Urheber widerständigen Eigensinns auf der Basis tradierter Solidarität.

Derweil verweigerten sich gerade die Arbeitgeber im Ruhrbergbau lohnpolitischen Aufbesserungen. Sie meinten, wie z. B. Direktor Dr. Dechamps von der Zeche »Concordia«, den Ende der 1930er Jahre zu verzeichnenden Rückgang der Förderung »an dem Bummeln und an dem Krankfeiern« der Bergleute festmachen zu können. Dechamps sah gerade auch in der »Agitation« der DAF gegen ein angebliches »Antreibersystem« der Steiger die Ursache für »willkürliche Feierschichten«. Dechamps einigte sich mit dem Kreisobmann der DAF Staubach

Gedingekameradschaft im Ruhrbergbau beim »Buttern«, d. h. bei der Mittagspause (1930er Jahre)

darauf, nach einer strengen Verwarnung solche »Bummelanten einmal für einige Zeit nach Dachau« zu schicken. Der »Führer des Betriebs« und der DAF-Funktionär verständigten sich im Übrigen im Juli 1939 darauf, dass man »das Vertrauensratszimmer auf den Schächten ganz beseitigen könne«, um der Möglichkeit von Beschwerden zuvor zu kommen. Der Fall zeigt im Kern, worauf die Aktivitäten der DAF insgesamt aus waren: Nicht eine beharrliche Verfolgung der Interessen der Lohnabhängigen war ihre Devise, sondern es war die Löschung von sozialen Brandherden, was sie auf den Plan rief. Denn die Nachrichten von Unmut und Unruhe hätte doch die eigene Machtposition vor dem »Führer« in Frage stellen können.

Betriebsdiktatur:
Die Realität der
»Betriebsgemeinschaft«

In der gesellschaftlichen Realität des »Dritten Reiches« spielte die immer wieder als Keimzelle der nationalsozialistischen »Volksgemeinschaft« propagierte »Betriebsgemeinschaft« faktisch keine Rolle. Der Begriff der »Betriebsgemeinschaft« diente vielmehr zur ideologischen Verbrämung wirklicher Entscheidungs- und Machtstrukturen im Betrieb: Der »Betriebsführer« gebot gegenüber der »Gefolgschaft« in allen Belangen. Als mit Erreichen der Vollbeschäftigung ab 1936 die Chancen der Beweglichkeit der Arbeitnehmer auf dem Arbeitsmarkt wuchsen, traten die Züge einer »Leistungs- und Kampfgemeinschaft« noch deutlicher hervor. Das Reichsarbeitsdienstgesetz vom Juni 1935, Maßnahmen der Dienstverpflichtung, der Arbeitserziehung, der Arbeitspflicht und der Einschränkung der Arbeitsplatzwahl engten den Handlungsradius der Arbeitnehmer massiv ein.

Umso größer war der propagandistische Aufwand, den die Deutsche Arbeitsfront betreiben musste, um als Massenorganisation ihren Einfluss im nationalsozialistischen Machtgefüge zu legitimieren. Der reisefreudige Robert Ley versäumte keine Gelegenheit, um Nähe zum »Hand- und Kopfarbeiter« zu simulieren. Dabei musste er ein ums andere Mal empfindliche Prestige-Einbußen bei der Berührung mit der realen Arbeitswelt hinnehmen, wie seine Stippvisite bei der MAN in Nürnberg belegt. Leys Ruf war in der deutschen Öffentlichkeit ebenso wie in der subversiven Witz-Kultur zu Recht der eines Trunkenboldes, der einen fürstlichen Lebensstil pflegte und dessen Verhalten von Sprunghaftigkeit, Korrumpierbarkeit und einem schneidenden Antisemitismus geprägt war.

Während die DAF schon aus Gründen der Herrschaftssicherung bemüht war, sich durch populistische Maßnahmen – so bei der Nichtanrechnung unentschuldigter Fehltage auf den Urlaubsanspruch im Ruhrbergbau in der zweiten Hälfte der 1930er Jahre – Anerkennung zu verschaffen, legten es die dem Reichsarbeitsministerium

Robert Ley im Kreise Kruppscher Arbeiter (November 1933)

Zehn Gebote der Betriebsgemeinschaft*)

Führer eines Betriebes sein heißt:

1. Sei deiner Gefolgschaft an Leistung und Pflichterfüllung Beispiel und Vorbild. Sei nicht nur Techniker oder Kaufmann, sondern Menschenführer. Mache deinen Arbeitskameraden Zweck und Ziel ihrer Arbeit klar, mache sie stolz auf Erfolge deines Werkes. Gib allen deinen Gefolgschaftsleuten Gelegenheit, fertige Erzeugnisse deines Werkes zu sehen, besonders erstmalige Anfertigungen, mit echtem Werkstolz wird jeder einzelne dann um so lieber schaffen. Sprich Lob und Dank aus für treue Mitarbeit.

2. Sei wirklicher Führer deines Betriebes und nicht nur Vorgesetzter. Erziehe dich selbst zu dieser Aufgabe. Trage eigene Verantwortung und schiele nicht dauernd ängstlich nach Nebenmännern. Sei deiner Gefolgschaft ein wahrer Kamerad. Deinen Betriebswalter und seine Vertrauensmänner betrachte als getreue Berater zum Wohle aller Betriebsangehörigen. Fühle dich verantwortlich für das Wohl und Wehe deiner Arbeitskameraden und bringe dafür Opfer. Sorge dich mit deinem Mitarbeiter um besser Sorgen. Richte den Blick immer auf die große Gemeinschaft deines Betriebes, die zu fördern die schönste Aufgabe ist.

3. Sei streng objektiv (sachlich) und gerecht. Gib Versprechungen nur, wenn du sie bestimmt erfüllen kannst. Übe klare, wohlwollende und nie verletzende Kritik. Entscheide nie im ersten Ärger und laß dich nicht zu Beleidigungen hinreißen, sei immer beherrscht. Sei kein Nörgler, sei freundlich zu deinen Mitarbeitern. Treibe keine Günstlingswirtschaft. Erziehe geeignete Mitarbeiter zu tüchtigen Unterführern, du bist für deren Tun und Lassen verantwortlich.

Vertrauensmänner sein heißt:

4. Seid beste Kameraden und Berater eures Führers des Betriebes, der Gefolgschaft seid im Betrieb Vorbilder an Leistung und Pflichterfüllung. Denkt daran, daß man in euch auch außerhalb des Werkes Vertreter eurer Betriebsgemeinschaft sieht und diese nach eurem Auftreten beurteilt. Tragt nicht kleinlichen Streit aus dem Betrieb, sondern bringt ihn mit eurem Führer des Betriebes in Ordnung. Erziehr eure Arbeitskameraden zur echten Betriebsgemeinschaft. Seid gerecht gegen jeden Volksgenossen im Werk, hütet euch vor Betriebsklatsch und Denunzianten, treibt keine Günstlingswirtschaft.

5. Seid treueste Berater der Gefolgschaft und arbeitet deshalb immer weiter an eurer Ausbildung und an der Vertiefung eurer sozialrechtlichen Kenntnisse und eures wirtschaftlichen Verständnisses. Gebt keinen Rat, wenn ihr nicht ganz sicher seid. Denkt nicht nur an das Wohl und die Wünsche eurer Arbeitskameraden, ihr seid nicht deren Interessen-Vertreter. Ihr habt Verbundenheit aller Betriebsangehörigen untereinander und mit dem Betrieb zu stärken und dem Wohle aller Glieder der Gemeinschaft zu dienen. Dazu gehört oft viel Verantwortungsbewußtsein.

6. Seid zu eurem Führer des Betriebes offen und habt Vertrauen, tragt ihm eure Wünsche zu. Steht eure Ansicht im Gegensatz zu Wünschen der Gefolgschaft, habt Mut zur Wahrheit und Verantwortungsfreudigkeit. Laßt euch nicht von Nörglern, Ewig-Unzufriedenen und Selbstsüchtigen beeinflussen. Geht euren Weg gerade und aufrecht, handelt nach bestem Wissen und Gewissen. Fühlt euch mitverantwortlich für Ruhe, Ordnung und Sauberkeit im Betrieb. Ihr seid in erster Linie mit dazu berufen, den jugendlichen Mitgliedern eurer Gefolgschaft Berater und Helfer zu sein.

*) Ein Treuhänder der Arbeit hat diese zehn Gebote der Betriebsgemeinschaft zum 1. Mai, dem Nationalfeiertag des deutschen Volkes, verkündet. Wir veröffentlichen sie ihrer großen Bedeutung wegen heute an dieser Stelle.

Gefolgschaftsmitglied sein heißt:

7. Wenn ihr von eurem Führer des Betriebes als Unterführer bestellt werdet, seid ihm treue Helfer und Stützen. Ihr müßt die euch anvertrauten Gefolgschaftsmitglieder streng, gerecht und einwandfrei behandeln. Auch dürft ihr nur sachliche und aufbauende belehrende und nie verletzende Kritik üben. Vermeidet alle Schimpfworte. Behandelt jeden Arbeitskameraden so, wie ihr selbst von euren vorgeordneten Stellen behandelt werden wollt. Ihr seid berufen, an der Ausbildung tüchtiger Menschen mitzuarbeiten und sie zu hochwertigen Facharbeitern zu erziehen. Auf solchen aber beruht die Leistungsfähigkeit unseres Volkes. Seid euren Arbeitskameraden in jeder Weise Vorbild.

8. Steht als Gefolgschaftsmitglieder in Treue zu eurem Führer des Betriebes. Fühlt euch dem Werke verbunden in guten und bösen Tagen. Habt Verständnis für die wirtschaftliche Lage eures Betriebes und die Sorgen, die dessen Führer oft schwer bedrücken. In Notzeiten bildet eine Notgemeinschaft. Die bestmögliche Leistung des Betriebes kommt nicht dem Unternehmer allein, sondern in erster Linie euch selbst zugute. Rechtfertigt Vertrauen durch treue Pflichterfüllung. Seid stolz auf euer Werk und euren jugendlichen Mitarbeitern Vorbild in der Arbeit und im Benehmen. Haltet untereinander alle, die ihr wertsverbunden seid, treue Kameradschaft und erzieht euch gegenseitig.

9. Seht in euren Vertretern im Vertrauensrat, wenn sie durch größere Übersicht eure Wünsche einmal nicht vertreten können, nicht Verräter an euren Interessen. Wir kennen nur ein gemeinsames Interesse aller im Betrieb zum gemeinsamen Nutzen von Volk und Staat Tätigen. Vermeidet Streitigkeiten untereinander. Tragt Zwist nicht aus dem Betrieb, hütet euch vor Denunziationen und Verdächtigungen, vor Gerüchten und Betriebsklatsch. Haltet untereinander auf anständiges Verhalten und hütet euch vor Schimpfereien und Beleidigungen. Auch eure Kritik sei immer sachlich und aufbauend, gute Vorschläge sind immer erwünscht, dauernde Nörgler und Besserwisser machen sich lächerlich.

Betriebsgemeinschaft halten heißt:

10. Alle im Betrieb Tätigen müssen sich als Kameraden betrachten, deren Schicksal auf Gedeih und Verderb aneinander gekettet ist. Alle müssen sich als Mitglieder einer Gemeinschaft fühlen, an der unermüdlich gearbeitet werden muß, nicht nur durch gelegentliche Kameradschaftsabende allein, sondern in mühsamer, dauernder Kleinarbeit und aus ehrlicher, anständiger Gesinnung und Überzeugung heraus. Dabei werden Meinungsverschiedenheiten und auch Streitigkeiten vorkommen. Sie im Betrieb ohne Anruf Außenstehender in Ordnung zu bringen, ist aller im Werk Tätigen schönste Aufgabe und besondere Pflicht. Der Gemeinschaftsgeist eines Betriebes ist in Ordnung, wenn der Führer mit Stolz von „seiner" Gefolgschaft und die Gefolgschaft mit Vertrauen und Überzeugung von „ihrem" Führer spricht. Darüber hinaus muß jeder, vom Führer des Betriebes bis zum letzten Jungarbeiter, durchdrungen sein von der wichtigen Aufgabe, über den Betrieb hinaus mitzuarbeiten an der großen deutschen Volksgemeinschaft und am Wiederaufbau unseres Vaterlandes.

Dann erst erfüllt jeder, ohne Rücksicht auf seine Stellung im Betrieb, wirklich seinen Platz als deutscher Arbeiter im Dritten Reich und stattet seinen Dank ab dem ersten, treuesten, unermüdlichsten und vorfernbsten Arbeiter des deutschen Volkes:

Unserem geliebten Führer!

Mögen diese 10 Gebote weite Beachtung finden im Wirtschaftsgebiet Westfalen in den vielen Betrieben, die schon im gleichen Geist arbeiten. Den Betrieben aber, in denen noch nicht alles in Ordnung geht, sollen sie ein Ansporn sein zur Arbeit an der echten Betriebsgemeinschaft.

Das ist mein Wunsch zum nationalen Feiertag des deutschen Volkes 1936!

Zechen-Zeitung Minister Stein-Fürst Hardenberg vom 5. Juni 1936

unterstellten Treuhänder der Arbeit darauf an, die Machtsphäre des Betriebs nach außen abzuschotten. Deren »Zehn Gebote der Betriebsgemeinschaft« vom Juni 1936 forderten demonstrativ auch vom »Betriebsführer«, seiner »Gefolgschaft ein wahrer Kamerad« zu sein. Richtete sich die in den Paragraphen 35 ff. des AOG begründete »Soziale Ehrengerichtsbarkeit« einmal gegen einen Unternehmensleiter, so konnte er nur in seiner Rolle als »Führer des Betriebes« abberufen werden; er hatte dann selber einen Stellvertreter aus dem Vorstand zu benennen. In die eigentliche Geschäftsführung des Unternehmens konnte nach dem AOG nicht eingegriffen werden. Der Vorstandschef hatte lediglich mit dem gewiss leicht zu verkraftenden Makel zu leben, beim Massenaufmarsch zum 1. Mai nicht die Rede zum Ruhm »unseres geliebten Führers Adolf Hitler« halten zu dürfen. Den Vertrauensmännern wurde im Übrigen angeraten: »Denkt nicht nur an das Wohl und die Wünsche eurer Arbeitskameraden, ihr seid nicht der Interessenvertreter.« Allenfalls für »Ruhe, Ordnung und Sauberkeit im Betrieb« sollten sie mitverantwortlich sein. Mögliche Kritiker wurden als »Nörgler und Besserwisser« gebrandmarkt. Die »Arbeitsbefreiung«, die etwa das gemeinsame Anhören der Rundfunkübertragungen von Hitler-Reden oder die Teilnahme

Hitler mit Direktor Borbet beim Bochumer Verein für Gußstahlfabrikation (14. April 1935)

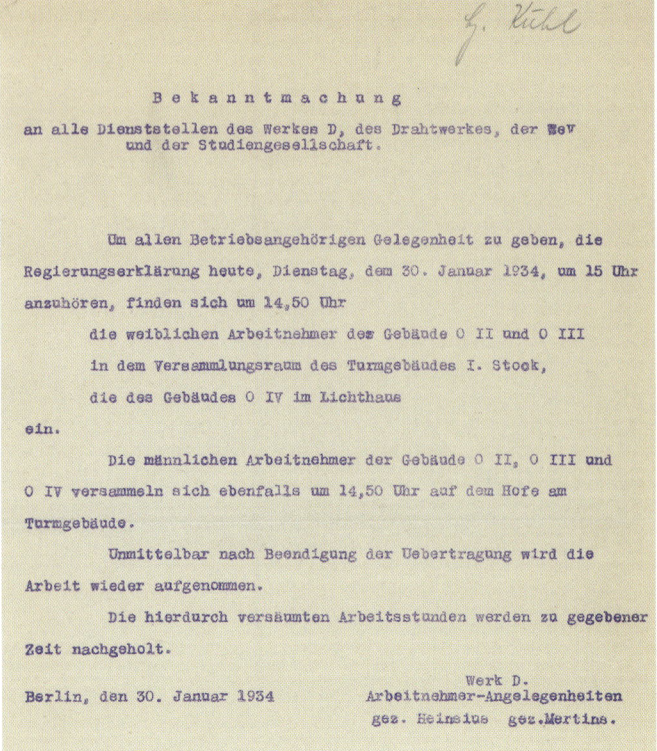

Verpflichtung von Osram-Beschäftigten zur Anhörung der Regierungs-erklärung im Rundfunk am 30. Januar 1934

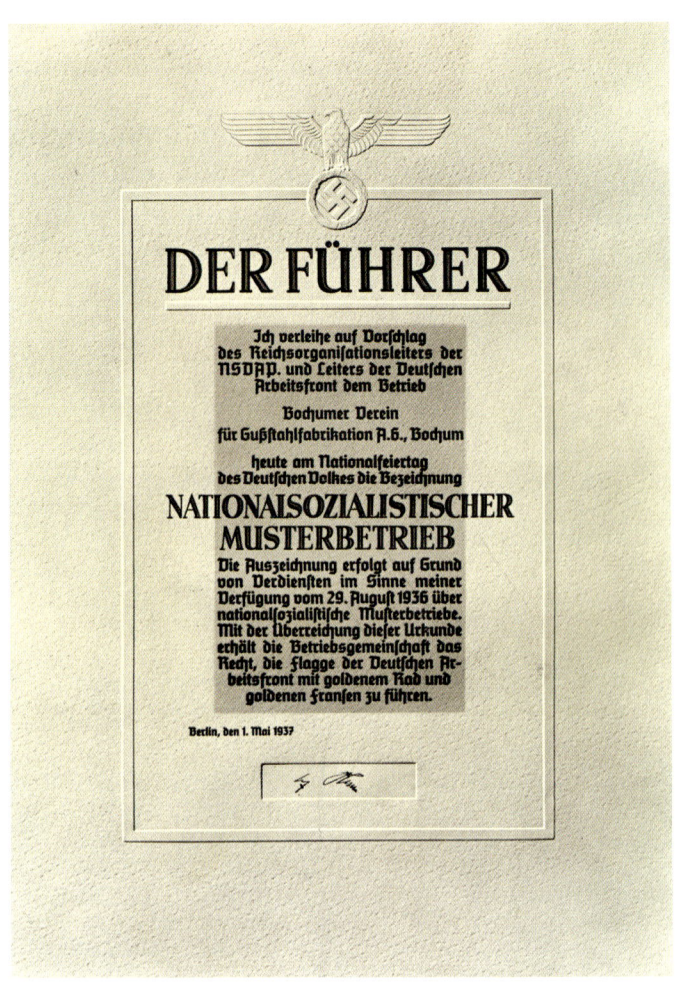

Urkunde als »Nationalsozialistischer Musterbetrieb« für den Bochumer Verein vom 1. Mai 1937

an den Feiern am 1. Mai ermöglichte, ist keineswegs als »Wohltat« für die Arbeiter zu deuten, sondern belastete sie durch Nacharbeit von »hierdurch versäumten Arbeits-stunden« oder, wie im Fall der Maifeier, durch Einbußen beim Schichtlohn. Mit Kriegsbeginn entfiel der 1. Mai als arbeitsfreier Tag ohnehin.

Während die DAF große Anstrengungen unternahm, durch symbolische Akte wie Betriebsfeiern, Aufmärsche, Spruchbänder und Parolen ihre Defizite als eine wirkliche

Interessenvertretung der Arbeitnehmerschaft zu kom-pensieren, war das Reichsarbeitsministerium darauf bedacht, das Lohnniveau auf dem Stand der Weltwirt-schaftskrise zu halten. Minister Seldte begründete den »Erfolg« seiner Politik des Lohnstopps gegenüber der Reichskanzlei im Oktober 1935 bezeichnenderweise mit der »Rücksicht auf das Gelingen der Arbeitsschlacht und auf die Wiedererlangung der deutschen Wehrho-heit«. An den scharfen Auseinandersetzungen zwischen dem Arbeitsministerium samt seinen weisungsgebunde-nen Treuhändern einerseits und der auf Propagandaer-folge angewiesenen DAF andererseits lässt sich ablesen, dass die betriebsinternen Konflikte durch bloße Unter-drückung keineswegs beseitigt wurden, sondern sich in die Institutionen des wuchernden Staats- und Parteiap-parates verschoben hatten. Dadurch erhielten sie bis-weilen eine systemkritische Brisanz. So erwies sich das »Ringen um die Betriebsgemeinschaft« als Kampf der nationalsozialistischen Amtsträger um die Betriebe. Dass diese Politik nicht uneingeschränkt erfolgreich war, bele-

Deutschland-Bericht der Sopade   Prag, 30. August 1934
Juli/August 1934

MAN-Nürnberg:
Anfang Mai besuchte der Führer der DAF, Ley, den Betrieb.
Er ging durch die Fabrikräume und sprach auch »wohlwollend«
mit einzelnen Arbeitern. Man begegnete ihm mit sehr geringem
Interesse. Einzelne Arbeiter sahen kaum von der Arbeit auf.
Ley wollte sich mit einem Schweißer, der gerade mit dem
Helmverschluss bei der Arbeit stand, unterhalten. Der Arbeiter
stürzte den Verschluss hoch und klappte ihn sofort wieder zu,
als er Herrn Ley vor sich sah. Sichtlich unangenehm berührt
ging Herr Ley weiter. – Eine neue Erfindung: Vor Tagen
erschien im grossen Fabrikhof der MAN eine Musik-Kapelle
der Arbeitsfront und spielte den Arbeitern ein Standkonzert.

Robert Ley im Mai 1934 bei MAN in Nürnberg

Betriebsappell mit Robert Ley im Siemens-Schaltwerk am 31. Januar 1938

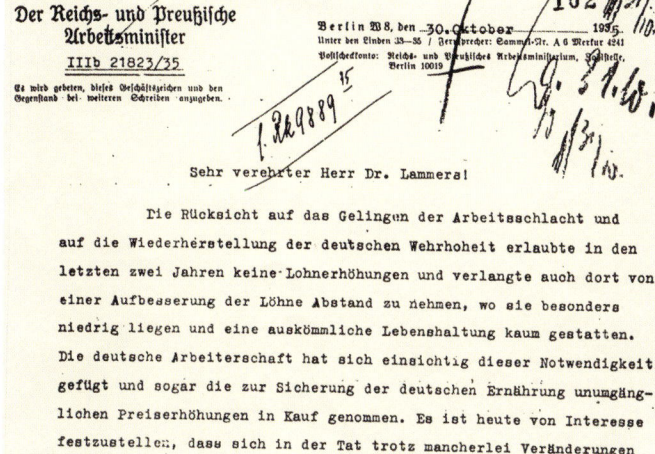

Reichsarbeitsminister Seldte berichtet dem Chef der Reichskanzlei
im Oktober 1935 über das erfolgreiche Einfrieren der Arbeiter-Löhne
auf dem Stand von 1933.

gen die Anzeichen von Unzufriedenheit in der Arbeitnehmerschaft, vor allem der – trotz der massiven Strafan-
drohungen zu verzeichnende – Anstieg der betrieblichen
Fehlzeiten.

Die Propaganda-Maßnahmen der DAF weiteten sich
indessen aus: Ein »Reichsberufswettkampf« wurde 1934
ausgerufen, die betriebliche Sozialpolitik als Aufgaben-
feld beansprucht, die »Kraft durch Freude«-Aktionen
angekurbelt. Im Streit um die Berufsausbildung setzte
sich die Wirtschaft gegen die Monopolansprüche der
DAF durch: Die Ausbildung des betrieblichen Nachwuch-
ses wollte man durchaus nicht dem Einfluss einer NS-

Organisation überlassen. In der Zuständigkeit für den
»Sozialen Wohnungsbau« konnte sich Ley 1942 endgültig
gegen den Anspruch des Arbeitsministeriums durchsetzen, seine ausschweifenden Pläne waren zu diesem Zeitpunkt freilich durch die Bombardierung der deutschen
Städte ohne Realisierungschancen; ein monumentales
Wiederaufbauprogramm wurde für die Nachkriegszeit
angekündigt.

Der jährlich durchgeführte »Wettkampf der Betriebe«
der DAF konnte mit der Auszeichnung als »Nationalsozialistischer Musterbetrieb« abgeschlossen werden.
Unter den großen Montanbetrieben qualifizierte sich
dafür lediglich der »Bochumer Verein für Gußstahlfabrikation«, der unter dem Konzerndach der Vereinigten
Stahlwerke stand. Der Wirtschaftsaufschwung hatte
hier schon 1932 wieder eingesetzt, durch Rüstungsauf-
träge des NS-Regimes aber später weiteren Auftrieb
erhalten. Die Reise- und Besuchshäufigkeit der Hitler,
Göring, Heß und Ley in den Werken des Ruhrgebiets
war notorisch, und der Vorstand des »Bochumer Vereins«,
Dr. Walter Borbet, konnte dem Reichskanzler im April
1935 voll Stolz die Stätten seiner Waffenproduktion vorstellen. Der von großbürgerlich-ständischen Ehrvorstel-
lungen des 19. Jahrhunderts geprägte Borbet verstrickte
sich freilich im Netz kriegswirtschaftlicher Kompetenzen
und Institutionen; am 4. Januar 1942 machte dieser Pro-
pagandist einer »Betriebsgemeinschaft« mit einer Pistole
seinem Leben ein Ende.

Militarisierung der Arbeitswelt:
Die schiefe Ebene des NS-Arbeitsrechts

Seit 1936 wurde der Arbeitskräftemangel zum größten Hemmschuh für die wirtschaftliche Aufrüstung des Deutschen Reiches. Die Lenkung des Arbeitskräfteeinsatzes im nationalsozialistischen Vierjahresplan war deshalb der Versuch, von staatlicher Seite der Arbeitskräfteknappheit entgegenzuwirken und zugleich die Arbeiterschaft zu disziplinieren. Mit den Verordnungen zur Durchführung des Vierjahresplans, die seit Oktober 1936 erlassen wurden, wurde die freie Arbeitsplatzwahl nach und nach aufgehoben und Gefängnis- oder Geldstrafen bei Zuwiderhandlungen angedroht. Gleichzeitig wurden den Unternehmen mehr Möglichkeiten zur Arbeitszeitverlängerung eingeräumt. Mit der Arbeitszeitordnung vom 30. April 1938 wurde der Acht-Stunden-Tag (bei einer Sechs-Tage-Woche) praktisch aufgehoben, da sie den Treuhändern die Möglichkeit eröffnete, die Arbeitszeit »aus dringenden Gründen des Gemeinwohls« generell zu verlängern. Die Vertrauensräte wurden nun – wie bei der Schultheiß-Brauerei in Berlin Ende 1938 – unter Berufung auf Appelle von Ley angehalten, die Belegschaften zu höherer Arbeitsleistung und Mehrarbeit zu drängen. Die »Belegschaftsvertretung« war längst zum Instrument eines betrieblichen Antreibungssystems geworden.

Von dem Prozess der zunehmenden Militarisierung der Gesellschaft, der sich schon vor Kriegsbeginn deutlich zeigte, blieben auch die Betriebe nicht verschont. Das betriebliche Zusammenspiel nahm mehr und mehr Züge eine Arbeitsanstalt an. 1939 glichen die Feiern zum 1. Mai in vielen Unternehmen militärischen Aufzügen, und Sportübungen der Lehrlinge erinnerten an den Drill auf Exerzierplätzen. Mit Beginn des Weltkrieges wurde der Arbeitsplatz bald zur »Heimatfront« erklärt, an der jeder »Soldat der Arbeit« seinen Beitrag zum Kampf um höhere Leistungen zur Unterstützung des »nationalen Sieges« leisten sollte.

Interessenvertretung auf NS-Art bei Schultheiß: Vertrauensleute als Agitatoren für Arbeitszeitverlängerungen – und die betrieblichen Folgen der »Reichskristallnacht«

Bekanntmachung
zum Tage der Nationalen Arbeit am 1. Mai 1939.

Der I. Mai als Nationaler Feiertag   es deutschen Volkes
wird wie bisher auch in diesem Jahre wieder durch einen Festakt
mit einer Ansprache des Führers und Reichskanzlers Adolf Hitler
festlich begangen. Der Staatsakt wird durch Radio übertragen und
im Rahmen eines Gemeinschaftsempfangs zu einer großen Kundgebung
aller Oberhausener Betriebe auf dem Rotweiß-Platz ausgestaltet.
Dieser Feier voraus geht ein
                            B e t r i e b s a p p e l l
aller Concordia-Betriebe, nach dessen Beendigung der gemeinsame
Ausmarsch zur Staatsfeier zum Rotweiß-Platz erfolgt. Es wird
daher angeordnet, d aß die gesamte Gefolgschaft der Concordia
          am Montag, dem 1. Mai 1939, um 9,15 Uhr
auf dem Stellplatz am Schalthaus der Schachtanlage IV/V
anzutreten hat. Für die Aufstellung hierselbst gelten folgende
Bestimmungen:
        Angetreten wird betriebsweise und innerhalb der einzelnen
Betriebe wiederum revierweise. Die Stellplätze der einzelnen Betriebsabteilungen sind gekennzeichnet. Die Aufstellung
hat in 6er-Reihen zu erfolgen. Diejenigen Gefolgschaftmitglieder,
die Uniform einer nationalsozialistischen Gliederung besitzen,
haben diese Uniform anzulegen und sich in den ersten Reihen
ihrer Betriebsabteilung aufzustellen. Alle übrigen Mitglieder
der Gefolgschaft tragen, soweit sie nicht irgendeiner Betriebs-
formation zugehören (Grubenwehr, Werkskapelle usw.), festliche
Kleidung, Bergmannsuniform oder Bergmannsmütze bzw. Arbeitsfront-
mütze. Es wird erwartet, daß alle Teilnehmer die Festplakette
des 1. Mai und das Abzeichen der Deutschen Arbeitsfront tragen.
        Die Mitglieder von Betriebsformationen, die auf einem
besonderen Stellplatz Aufstellung zu nehmen haben, sind verpflichtet, vor dem Antreten sich zunächst bei ihrem zuständigen
Vorgesetzten zu melden.
P ü n k t l i c h e s   A n t r e t e n   i s t   P f l i c h t !

Das Zechentor wird 9,25 Uhr geschlossen, so daß etwaige Nachzüg-
ler keinen Zutritt mehr erhalten und damit von allen Vergünsti-
gungen zum 1. Mai ausgeschlossen werden.

                                                    - 2 -

Vorboten des Krieges: Militärische Ausrichtung des Betriebsappells am
1. Mai 1939 auf der Zeche Concordia in Oberhausen sowie Freiübungen
von Lehrlingen bei Siemens in Nürnberg (Sommer 1939)

An alle Gefolgschaftsmitglieder im Bereich D

Von der Geheimen Staatspolizei sind wir aufgefordert worden
bekannt zu geben, dass unser Gefolgschaftsmitglied
            Frieda ▮▮▮▮▮▮▮▮▮ , Zw U
wegen häufigen unentschuldigten Fehlens und unberechtigten
Fernbleibens von der Arbeit, sowie wegen ungenügender Arbeits-
leistungen in Haft genommen wird. Sie ist zunächst sofort
einem Arbeitserziehungslager überwiesen worden und wird an-
schliessend bis Kriegsende in einem Konzentrationslager unter-
gebracht.
Die gleiche Strafe erhielt
            Hedwig ▮▮▮▮▮▮▮▮ , zuletzt Zw U
ebenfalls wegen unentschuldigten Fehlens, unberechtigten
Fernbleibens von der Arbeit und wegen ihres schlechten Lebens-
wandels.
Berlin, den 10. April 1942
        K.-Betriebsobmann   Der stellv. Betriebsführer
        gez. K ö n n e r   gez. Dr. B o r n

Auszuhängen bis 23. Mai 1942 einschliesslich !

Allen Reglementierungen und Appellen zum Trotz wuchsen die Fehlzeiten der Beschäftigten im Laufe des Krieges bedrohlich an. So musste der Betriebsführer von
Osram im Juni 1944 konstatieren, dass in den vergangenen Monaten mehr als 15 Prozent aller angesetzten
Arbeitsstunden verloren gegangen seien. Die hohen
Fehlzeiten waren zum einen wohl verursacht worden
durch die Verlängerung der Arbeitszeit und die Intensi-
vierung der Arbeit, die die betrieblichen Krankenzahlen
hochschnellen ließen. Der Anstieg war zum anderen
eine Folge der sich verschlechternden Ernährungssitua-
tion und der zunehmenden Zahl von Bombenangriffen
auf die industriellen Ballungsgebiete. Aber er war sicher
auch Ausdruck eines stillen Protestes und einer zunehmenden Verweigerungshaltung in der Arbeiterschaft
gegenüber den vielfach als Zumutung empfundenen
Anforderungen der Unternehmen und des Regimes.

In den Unternehmen war deshalb ein »straffes Durchgreifen gegen Bummelanten« angesagt, wie es die
Betriebsführung von Osram von ihren Abteilungsleitern
forderte. In Kooperation mit Vertrauensräten, Treuhändern, DAF, Amtsgerichten und Geheimer Staatspolizei
versuchten Unternehmensleitungen durch immer schär-
fere Repressionen der zunehmenden Verbreitung der
Leistungszurückhaltung entgegenzuwirken. Mündliche
oder schriftliche Verwarnungen reichten bald nicht mehr
aus. Geld- und Haftstrafen wurden verhängt. Um eine
abschreckende Wirkung bei der »Gefolgschaft« zu erzielen, wurde schon im Frühjahr 1942 bei Osram per Aushang bekannt gegeben, dass wegen »häufigen unentschuldigten Fehlens und unberechtigten Fernbleibens
von der Arbeit sowie wegen ungenügender Arbeitsleis-
tungen« Beschäftigte in ein Arbeitserziehungslager mit
anschließender Verwahrung bis zum Kriegsende im
Konzentrationslager überwiesen wurden.

Ideologische Leistungsappelle, Reglementierungen und
Strafen reichten aber allein nicht aus, des Arbeitskräfte-
mangels in den Betrieben Herr zu werden, den die Einbe-
rufung von Beschäftigten zur Wehrmacht verursachte.
Ende Mai 1939 waren bereits 1,4 Mio. Männer einberufen. Bei Kriegsbeginn betrug die Zahl der Wehrmachts-
angehörigen bereits 4,22 Mio., und die im Kriegsverlauf
weiter zunehmenden Einberufungen vergrößerten das
Arbeitskräftedefizit, so dass das Regime schließlich –
entgegen seiner ideologischen Ausrichtung – dazu über-

Versuch der Abschreckung: Aushang bei Osram über Bestrafung
von Arbeitnehmern wegen Fernbleibens von der Arbeit

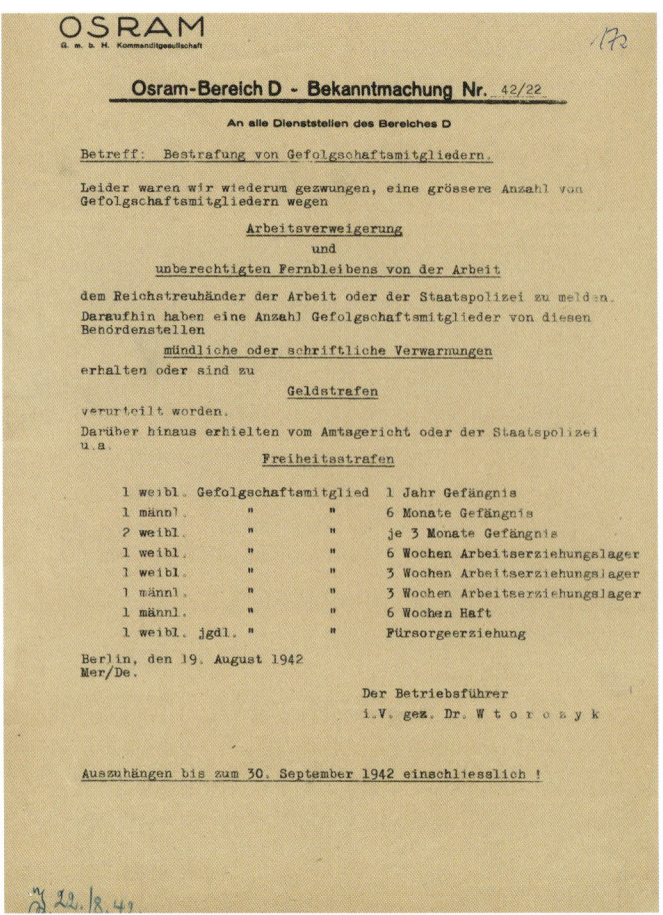

Maßnahmen gegen unberechtigtes Fehlen bei Osram

Robert Ley vor Werkführern des Ruhrbergbaus im Oktober 1942 über den angeblichen »Rassestolz« des Kumpels und die Prügel für ein »Russenschwein«

ging, die verwaisten Arbeitsplätze mit Frauen zu besetzen. Aber auch dies reichte nicht aus: Verordnete Arbeitszeitverlängerungen, Sonntagspflichtschichten, Dienstverpflichtungen in Rüstungsbetriebe – das Netz der Bestimmungen, mit denen das Arbeitsverhältnis reglementiert wurde, wurde immer engmaschiger. Außerdem wurden ausländische Arbeitskräfte angeworben, später jedoch Frauen und Männer aus den von der Wehrmacht besetzten Gebieten zur Zwangsarbeit nach Deutschland verschleppt. Jeder fünfte Beschäftigte war im Sommer 1944 ein als »Fremdarbeiter« bezeichneter Ausländer, in der Bau-, Bergbau- und Metallindustrie war es jeder dritte – insgesamt 7,6 Millionen. Die Zwangsarbeiter, vor allem die Arbeiterinnen und Arbeiter aus Polen und aus der Sowjetunion und die Juden, standen auf der untersten Stufe in der betrieblichen Hierarchie. Eingepfercht in Lager, notdürftig mit Kleidung und Essen »versorgt«, galt für sie am Arbeitsplatz kein Arbeitsrecht. Sie waren der Willkür von Wachmännern und Vorarbeitern ausgeliefert.

Als der wieder einmal betrunkene DAF-Führer Ley im Oktober 1942 mit Werkführern des Ruhrbergbaus im Essener Hotel »Kaiserhof« zusammentraf, beklagte er das Fehlen eines »vertrauensvollen Verhältnisses« in den Betrieben. Mit wieder vermehrten Vertrauensrats-Sitzungen und Betriebsappellen meinte er dieser Entwicklung beikommen zu können. Die Herstellung einer »verschworenen Gemeinschaft« sollte nun aber vor allem durch die Weckung des »Rassestolzes« des »deutschen Kumpels« erfolgen. Indem Ley den Versuch unternahm, die deutschen Arbeiter dadurch aufzuwerten, dass er sie zum Aufsichtspersonal über die Zwangsarbeiter bestimmte, zeigte die Schimäre der nationalsozialistischen »Betriebsgemeinschaft« ihr wahres Gesicht: »Wenn ein Russenschwein geprügelt werden soll«, dürften »keine falschen Solidaritätsgefühle« dem entgegenstehen. Hier – in der enthemmten Dynamik von Aufrüstung, Krieg und Zwangsarbeit – offenbaren sich die Folgen einer entrechtenden Betriebsverfassung.

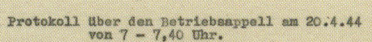

Abtransport von russischen Zwangsarbeiterinnen und Zwangsarbeitern auf dem Bahnhof von Kowel (Winter 1942)

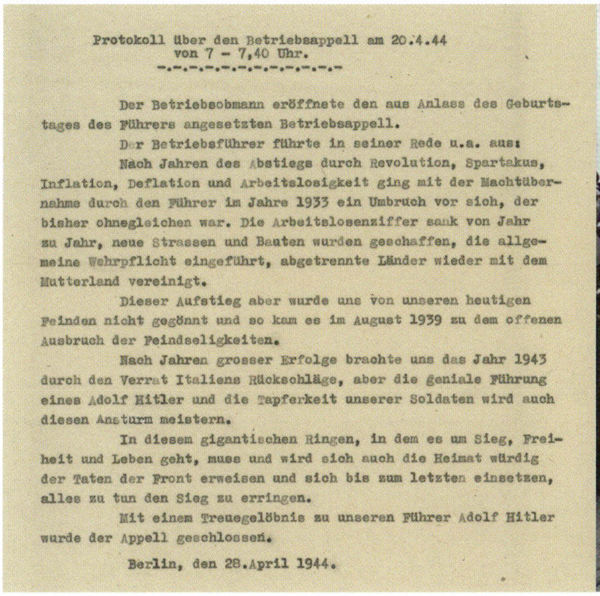

Protokoll über den Betriebsappell am 20.4.44
von 7 - 7,40 Uhr.
-.-.-.-.-.-.-.-.-.-

Der Betriebsobmann eröffnete den aus Anlass des Geburts-
tages des Führers angesetzten Betriebsappell.

Der Betriebsführer führte in seiner Rede u.a. aus:

Nach Jahren des Abstiegs durch Revolution, Spartakus,
Inflation, Deflation und Arbeitslosigkeit ging mit der Machtüber-
nahme durch den Führer im Jahre 1933 ein Umbruch vor sich, der
bisher ohnegleichen war. Die Arbeitslosenziffer sank von Jahr
zu Jahr, neue Strassen und Bauten wurden geschaffen, die allgemeine Wehrpflicht eingeführt, abgetrennte Länder wieder mit dem
Mutterland vereinigt.

Dieser Aufstieg aber wurde uns von unseren heutigen
Feinden nicht gegönnt und so kam es im August 1939 zu dem offenen
Ausbruch der Feindseligkeiten.

Nach Jahren grosser Erfolge brachte uns das Jahr 1943
durch den Verrat Italiens Rückschläge, aber die geniale Führung
eines Adolf Hitler und die Tapferkeit unserer Soldaten wird auch
diesen Ansturm meistern.

In diesem gigantischen Ringen, in dem es um Sieg, Freiheit und Leben geht, muss und wird sich auch die Heimat würdig
der Taten der Front erweisen und sich bis zum letzten einsetzen,
alles zu tun den Sieg zu erringen.

Mit einem Treuegelöbnis zu unserem Führer Adolf Hitler
wurde der Appell geschlossen.

Berlin, den 28.April 1944.

Betriebsappell bei Schultheiß am »Führer-Geburtstag« (20. April 1944). Hitler am selben Tag bei einer Waffen-Vorführung (u. a. mit Göring und Himmler)

Der Neuaufbau der Demokratie aus den Betrieben: Betriebsräte als Pioniere

Das Herrschaftssystem des Nationalsozialismus wurde nach einem von ihm entfachten, fünfeinhalb Jahre währenden Weltbrand von außen beendet. Als Ergebnis des Zweiten Weltkrieges bot Deutschland im Frühjahr 1945 ein Bild der Zerstörung. Aber in den allerersten Tagen nach der Befreiung durch die Alliierten, manchmal sogar schon in den letzten Kriegstagen entstanden in nahezu allen Industriebetrieben Betriebsvertretungen, die sich »Betriebsausschüsse«, »Arbeiter- und Angestelltenrat« oder »provisorische Betriebsräte« nannten. Die Initiative zu ihrer Gründung ging zumeist von Belegschaftsmitgliedern aus, die sich schon vor 1933 gewerkschaftlich engagiert hatten und in dieser Zeit als Betriebsräte aktiv gewesen waren. Bei der Konstituierung der ersten Vertretungsorgane, die zumeist nicht auf der Grundlage von Wahlen erfolgte, wurde in der Regel darauf geachtet, dass die unterschiedlichen parteipolitischen Strömungen der Gewerkschaften der Weimarer Republik im Betriebsrat, also Sozialdemokraten, Christdemokraten und Kommunisten, seltener auch liberale Gewerkschafter, vertreten waren: Das Verbindende, nicht parteipolitische Konfrontation sollte den Neuanfang prägen. Das war der Anfang eines Prozesses, der mit der Überwindung der gewerkschaftspolitischen Spaltung in der Einheitsgewerkschaft mündete.

Der personelle Rückgriff zog aber auch ein inhaltliches Anknüpfen an die Praxis der Weimarer Republik nach sich. Wie der Betriebsrat des Darmstädter Pharmaunternehmens E. Merck, der in seinem ersten Aufruf an die Belegschaft im November 1945 hervorhob, dass es das »deutsche Betriebsrätegesetz von 1920 [ist], auf das wir uns heute noch stützen«, knüpften die meisten Belegschaftsvertreter an die Kontinuitätslinie der Weimarer Jahre an. Dies galt aber nicht nur für die Gewerkschafter in den Betrieben. Auch exilierte Gewerkschafter – wie der ehemalige Arbeitsrechtsexperte des DMV Ernst Fraenkel oder die gewerkschaftliche Emigrantengruppe um Ludwig

Ein Ergebnis der nationalsozialistischen Vernichtungspolitik: Deutschland ist ein Trümmerfeld – hier: Zeche Osterfeld (Anfang 1945)

Ludwig Rosenberg (1903 – 1977), seit 1924 Mitglied der SPD und seit 1925 der Gewerkschaft der Angestellten (GDA); 1931 – 1933 Geschäftsführer der GDA in Krefeld, Düsseldorf und Brandenburg/Havel; 1933 Exil in Großbritannien; 1946 Rückkehr nach Deutschland; seit 1949 Mitglied des Geschäftsführenden Bundesvorstand des DGB; 1962 – 1969 Vorsitzender des DGB

Ernst Fraenkel (1898 – 1975) war von 1926 bis 1933 als Arbeitsrechtsexperte für den DMV tätig. Als Jude und aktiver Gewerkschafter doppelt bedroht, floh er im Mai 1933 zunächst nach Großbritannien, später in die USA. Von 1953 bis 1967 an der FU Berlin als Professor für Politologe tätig.

Ernst Fraenkel: Die künftige Organisation der deutschen Arbeiterbewegung (1943/44)

… Die Vertretung der Arbeiterschaft muß sich auf die Zustimmung der Arbeiter in den Betrieben stützen. Der Betrieb stellt eine Einheit dar, die von der Nazi-Revolution relativ unberührt geblieben ist. Innerhalb der Betriebe hatten die Arbeiter reichlich Gelegenheit, die Haltung ihrer Kollegen wieder und wieder zu überprüfen. Es ist eine Erfahrungstatsache, daß die Arbeiter, welche die undankbare Aufgabe eines Belegschaftssprechers übernahmen, meistens zu jenem Typus des verantwortungsvollen, nüchternen und realistischen Arbeiters gehörten, der das Rückgrat der alten Gewerkschaften bildete. Gerade dieser Typus wird für den Wiederaufbau der Gewerkschaftsbewegung nach diesem Kriege benötigt.

Ich schlage deshalb vor, daß in allen Betrieben mit mehr als 20 Arbeitern Betriebsräte gewählt werden sollten. Für diese Wahlen sollen die Vorschriften des Betriebsrätegesetzes vom 4. Februar 1920 gelten, sofern nicht aufgrund der besonderen Situation der Nachkriegszeit bestimmte Veränderungen jenes Gesetzes nötig erscheinen. Für die Arbeiterschaft hat dieses Gesetz symbolische Bedeutung; die Räte waren von allen Institutionen der Arbeiterschaft die bei weitem populärste. Die Wiedereinführung des Betriebsrätegesetzes würde die Bereitschaft der Besatzungsstreitkräfte symbolisieren, mit der Arbeiterschaft zusammenzuarbeiten und jene Errungenschaften der Arbeiterbewegung aus der Zeit vor der Naziherrschaft wiederherzustellen, die schon in der ersten Zeit des Nazismus auf Geheiß des Großkapitals von der Hitlerregierung beseitigt worden waren …

DIE NEUE DEUTSCHE GEWERKSCHAFTS BEWEGUNG

PROGRAMMVORSCHLÄGE FÜR EINEN EINHEITLICHEN DEUTSCHEN GEWERKSCHAFTSBUND

PREIS **1** sh.

30.8.45 in Hd ...
Eberhard

Betriebsdemokratie

In den meisten deutschen Arbeitsstaetten haben Betriebsfuehrer, Nazi-Vertrauensraete und deren Hilfsorgane die Belegschaften terrorisiert und ausgebeutet. Ein ruecksichtsloses Antreibersystem hat die Gesundheit der Arbeitenden untergraben und die Arbeitskraft gefaehrdet.
Die einschlaegigen Bestimmungen des Betriebsraetegesetzes, insbesondere soweit sie fuer die Vorbereitung der Wahl von Betriebsraeten und fuer ihre Arbeit Bedeutung haben, sind mit sofortiger Wirkung wieder provisorisch in Kraft zu setzen.
Die Schaffung neuer Betriebsvertretungen ist sofort in Angriff zu nehmen. Die Betriebsvertretungen haben als Vertreter der Gewerkschaften die Einhaltung von Tarifvertraegen, von Schiedsspruechen der Schlichtungsinstanzen und von Betriebsvereinbarungen zu ueberwachen. Gemeinsam mit den Gewerkschaften und den Gewerbeaufsichtsbeamten sind sie fuer die Wiederherstellung der Betriebsdemokratie verantwortlich.
Betriebliche Arbeitsordnungen duerfen nur weiter gelten, wenn und soweit sie nicht auf Nazi-Prinzipien beruhen, keine diskriminierenden Bestimmungen enthalten und von der Betriebsvertretung gebilligt werden.

Wirtschaftsdemokratie

An Ausarbeitung und Durchfuehrung wirtschaftspolitischer Massnahmen nehmen die Gewerkschaften als unabhaengige Vertreter der Arbeitnehmer aktiven Anteil. Sie muessen in den neu zu schaffenden Organen der staatlichen Wirtschaftsplanung und der wirtschaftlichen Selbstverwaltung vertreten sein, um aktiv am Aufbau eines freien demokratischen Deutschlands mitwirken zu koennen.
Gewerkschaften und Betriebsvertretungen sind an der Leitung groesserer Betriebe zu beteiligen.
Sie sehen in der Anwendung genossenschaftlicher Grundsaetze ein Mittel, um moeglichst viele Arbeitnehmer an der Gestaltung des Produktions- und Verteilungsprozesses verantwortlich zu beteiligen.

Das Gewerkschaftsprogramm wurde im Frühjahr von Emigranten in Großbritannien verfasst. Mitautoren waren u. a.: Willi Eichler, seit 1949 MdB, SPD-Bundesvorstand, Mitverfasser des »Godesberger Programms«; Werner Hansen, Landesvorsitzender des DGB in NRW 1947 – 1956; Hans Jahn, Vorsitzender der GdED 1949 – 1959; Ludwig Rosenberg.

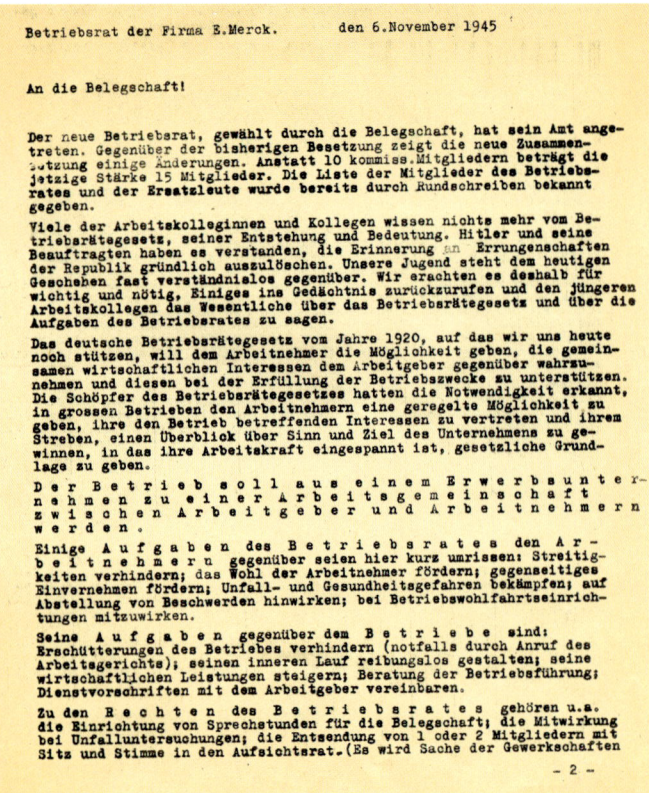

Flugblatt des Betriebsrates der Fa. E. Merck, Darmstadt, zu den Aufgaben der neu gewählten Arbeitnehmervertretung

Rosenberg, Werner Hansen und Hans Gottfurcht – hatten sich schon während des Weltkriegs für die »Betriebsdemokratie« der Zeit vor 1933 als Vorbild für den betrieblichen Neuanfang ausgesprochen. Aber auch die Unternehmer waren nun bereit, die Grundlagen des Betriebsrätegesetzes von 1920 zu akzeptieren. Das Weimarer Betriebsrätemodell bildete so das Vorbild für den Neuanfang der betrieblichen Sozialbeziehungen im Nachkriegsdeutschland.

Die Betriebsvertretungen waren in den ersten Wochen nach Kriegsende von den Besatzungsbehörden zunächst nur toleriert worden. Der rechtliche Schwebezustand änderte sich, als im Sommer 1945 in der britischen und amerikanischen Besatzungszone Erlasse ergingen, die geheime Wahlen für die Belegschaftsvertretungen vorsahen. Auf dieser Linie lagen auch die Verordnungen der sowjetischen Besatzungsmacht, die zunächst die betrieblichen Interessenvertretungen anerkannte. Die auf dieser Grundlage einsetzenden Betriebsratswahlen waren für einen Großteil der deutschen Bevölkerung nach zwölf Jahren nationalsozialistischer Diktatur die erste Möglichkeit zu einer freien Willensbekundung. Die wieder entstehende Demokratie in Deutschland wuchs aus den Betrieben. »Die Betriebsräte sind die Pioniere, die das Fundament zum demokratischen Deutschland bauen sollen«, ermunterte der Betriebsratsvorsitzende Fritz Kraft seine Kollegen, als er am 9. Juli 1945 die erste Betriebsratssitzung bei der späteren Salzgitter AG eröffnete

... Stuttgart-Untertürkheim der Daimler-Benz AG, 24. Juni 1945

... r Elektrizitätswerke AG, 1946. Sitzend der Vorsitzende Paul Pranschke,
... , Emil Henschke, Otto Gron, und Gerhard Außner.

Literaturhinweise

Aufstieg des Nationalsozialismus – Untergang der Republik – Zerschlagung der Gewerkschaften. Beiträge zur Geschichte der Arbeiterbewegung zwischen Demokratie und Diktatur. Hrsg. von Ernst Breit, Köln 1984

Beier, Gerhard, Das Lehrstück vom 1. und 2. Mai 1933, Frankfurt / Main – Köln 1975

Frese, Matthias, Betriebspolitik im »Dritten Reich«. Deutsche Arbeitsfront, Unternehmer und Staatsbürokratie in der westdeutschen Großindustrie 1933 – 1939, Paderborn 1991

Hachtmann, Rüdiger, Industriearbeit im »Dritten Reich«. Untersuchungen zu den Lohn- und Arbeitsbedingungen in Deutschland 1933 – 1945, Göttingen 1989

Kranig, Andreas, Arbeitsrecht im NS-Staat. Texte und Dokumente, Köln 1984

Milert, Werner / Tschirbs, Rudolf, Die andere Demokratie. Betriebliche Interessenvertretung in Deutschland, 1849 bis 2008, Essen 2012

Plumpe, Werner, Betriebliche Mitbestimmung in der Weimarer Republik. Fallstudien zum Ruhrbergbau und zur Chemischen Industrie, München 1999

Sachse, Carola / Siegel, Tilla / Spode, Hasso / Spohn, Wolfgang, Angst, Belohnung, Zucht und Ordnung. Herrschaftsmechanismen im Nationalsozialismus, Opladen 1982

Scharrer, Manfred, Kampflose Kapitulation. Arbeiterbewegung 1933, Reinbek bei Hamburg 1984

Schneider, Michael, Erschlagen – Hingerichtet – in den Tod getrieben. Gewerkschafter als Opfer des Nationalsozialismus, Hrsg. vom DGB-Archiv im Archiv der sozialen Demokratie der Friedrich-Ebert-Stiftung, Bonn 1995

Ders., Unterm Hakenkreuz. Arbeiter und Arbeiterbewegung 1933 bis 1939, Bonn 1999

Schumann, Hans-Gerd, Nationalsozialismus und Gewerkschaftsbewegung. Die Vernichtung der deutschen Gewerkschaften und der Aufbau der »Deutschen Arbeitsfront«, Hannover 1958

Winkler, Heinrich August, Der Weg in die Katastrophe. Arbeiter und Arbeiterbewegung in der Weimarer Republik 1930 bis 1933, Berlin-Bonn 1987

Zollitsch, Wolfgang, Arbeiter zwischen Weltwirtschaftskrise und Nationalsozialismus, Göttingen 1990

Abbildungsnachweise

S. 9: Israel Museum Jerusalem

S. 11: Bundesarchiv (BArch) Bild 102-15198, Fotograf: Georg Pahl

S. 12: Archiv der sozialen Demokratie bei der Friedrich-Ebert-Stiftung (AdsD) 6/FOTA 007348

S. 13 l.: Quellen zur Geschichte der deutschen Gewerkschaftsbewegung, Bd. 2

S. 13 r.: BArch, R 3901/3495

S. 14 l.: Protokoll der vierzehnten ordentlichen Generalversammlung des Deutschen Metallarbeiter-Verbandes in Stuttgart vom 13. bis 23. Oktober 1919

S. 14 r.: AdsD 6/FOTA 038703

S. 15 r. montan.dok Bergbau-Archiv (BBA) 027200363001

S. 16: BArch Bild 183-R00549

S. 17 l.o.: Reichsgesetzblatt (RGBl.) 1920

S. 17 l.u.: Ullstein Bild 67490, Fotograf: Willi Ruge

S. 17 r.: G. Adelmann, Quellensammlung zur Geschichte der sozialen Betriebsverfassung, Zweiter Band, Bonn 1965

S. 18 l.: Protokoll der Nationalversammlung, 136. Sitzung, 14.1.1920

S. 18 r.: Deutscher Metallarbeiter-Verband, Betriebsräte in der Metallindustrie, Berlin 1931

S. 19: W. Abelshauser/R. Himmelmann, Revolution in Rheinland und Westfalen, Essen 1988

S. 20: BArch Bild 102-00030A, Fotograf: Georg Pahl

S. 21: Siemens-Archiv (SAA), 11025

S. 22 o.: Siemens-Mittelungen Nr. 91 (1927)

S. 22 u.: Siemens-Mittelungen Nr. 137/138 (Mai bis September 1932)

S. 23 o.: Deutsche Bergwerks-Zeitung, 19.11.1924

S. 23 u.: BArch Bild 183-L17092

S. 24: Walter Ballhause

S. 25 o.: BArch, SAPMO, Bild Y1 – 21508

S. 25 u.: Ullstein Bild – Archiv Gerstenberg

S. 26: Stadtarchiv Dortmund, Bestand Egon Nauhs

S. 27 o.: Ullstein Bild 983671

S. 27 u.: P. Osthold, Geschichte des Zechenverbandes, Berlin 1934

S. 28: Stadtarchiv Bochum

S. 29 o.: Landesarchiv Berlin (LAB), F Rep. 290 0074766

S. 29 l.u.: Deutsches Historisches Museum (DHM), Do2 95/2778

S. 29 r.u.: DHM, ICN 44 G

S. 30 l.: Potsdamer Tageszeitung, 2.3.1933

S. 30 r.: BArch Bild 102-14381, Fotograf: Georg Pahl

S. 31 l.: AdsD 6/Fota007922

S. 31 r.: RGBl. 1933

S. 32: Stadtgeschichtliches Museum Leipzig/Fotothek

S. 33 l.: DHM, F 55/657

S. 33 r.: Geheimes Staatarchiv Preußischer Kulturbesitz (GStArch), Rep. 90 P, Nr.71, Heft 1

S. 34: BArch, R 43 II/531

S. 35 l.: Archiv Ernst Schmidt/ Fotoarchiv Ruhr Museum

S. 35 r.: Arbeitertum, 1.4.1933

S. 37 l.o.: Gewerkschaft, 28.1.1933

S. 37 l.u.: DHM, P 47/3502

S. 37 r.: Arbeitertum, 15.1.1933

S. 38: Gewerkschafts-Zeitung, 29.4.1933

S. 39 l.o.: Gewerkschafts-Zeitung, 4.3.1933

S. 39 l.u.: BArch, SAPMO, RY 1 I 4/6/14

S. 39 r.o.: Bewag-Archiv bei Vattenfall

S. 39 r.u.: DHM, Rep II, WR1/F2/M3

S. 40: montan.dok BBA 070470071301

S. 40 l.: Berliner Tagesblatt, 1.4.1933 (Abendausgabe)

S. 40 r.o.: SAA, 4. Lt 398-8

S. 40 r.u.: G. Starcke, NSBO und Deutsche Arbeitsfront, Berlin 1934

S. 42: RGBl. 1933

S. 43: BArch, R 3901/503

S. 44: Gedenkstätte Deutscher Widerstand

S. 45: AdsD, NL Lübbe, 12

S. 46 l.: AdsD, NL Lübbe, 5

S. 46 r.: SAA, 4. Lf 549

S. 47 o.: SAA, 4. Lf 549

S. 47 u.: Siemens-Mitteilungen, Nr. 145 (August 1933)

S. 48: Reichstagshandbuch 1932

S. 49: Landesarchiv Nordrhein-Westfalen (lav.nrw.) Abt. Rheinland, BR 7/33612

S. 50 o.: BArch, R 3901/505

S. 50 l.u.: montan.dok BBA 020002939001

S. 51: Archiv für soziale Bewegungen (AfsB), IGBE-Archiv

S. 52: Krupp Werksarchiv (Krupp WA) 14/6-190

S. 53 l.: Krupp WA 14/6-190

S. 53 r.: Krupp. Zeitschrift der Kruppschen Werksgemeinschaft, 15.4.1934

S. 54: Kruppsche Mitteilungen, 4.5.1933

S. 55 l.: Kruppsche Mitteilungen, 4.5.1933

S. 55 r.: Krupp. Zeitschrift der Kruppschen Werksgemeinschaft, 15.11.1933

S. 56: Rheinisch-Westfälisches Wirtschaftsarchiv (RWWA), 130-450001

S. 57 l.: lav.nrw. Abt. Rheinland, BR 7/33634

S. 57 r.: RWWA 130-45000/4

S. 58: lav.nrw. Abt. Rheinland, BR 7/33634

S. 59: RWWA

S. 60: Sächsisches Staatsarchiv, Staatsarchiv Leipzig (SächsStA, StA-L), 20237 Nr. 15917

S. 61: SächsStA, StA-L, 20896 Nr. 37

S. 62: SächsStA, StA-L, 20896 Nr. 37

S. 63: Festschrift zum 50jährigen Bestehen der Schroeder'schen Papierfabrik »Sieler & Vogel« in Golzern 1862 – 1912, o. O. 1912

S. 64: Stadtarchiv Bielefeld

S. 65 l.: Stadtarchiv Bielefeld, Hauptamt 145

S. 65 r.: Stadtarchiv Bielefeld

S. 66 l.: AdsD 6/Foto 047440

S. 66 r.: Stadtarchiv Bielefeld, Hauptamt 145

S. 67: Stadtarchiv Bielefeld, Hauptamt 145

S. 68: AdsD 6/FOTB 002595

S. 69: BArch, R 3901/505

S. 70 l.o.: Siemens-Mitteilungen, Nr. 143 (Juni 1933)

S. 70 l.u.: Ruhr-Arbeiter, 2. Mai-Ausgabe 1933

S. 70 r.o.: DHM 110872 und 110875

S. 70. r.u.: Die »Gleichschaltung« der Gewerkschaften. Hrsg. v. DGB Duisburg, Duisburg 1982

S. 72: Arbeitertum, 1.6.1933

S. 73 o.: LAB F Rep. 290 0057880

S. 73 u.: Deutsche Techniker-Zeitung, 17.5.1933

S. 74 l.: montan.dok BBA 25/107

S. 74 r.: Deutsches Arbeitsrecht, H. 5, Dez. 1933

S. 75: Bayerisches Hauptstaatsarchiv AV 5051-2-2909/1/2

S. 76 l.: BArch, R 3901/505

S. 76 r.: Gewerkschaft, 1.7.1933

S. 77 l.o. und r.u.: LAB, A Rep. 231/675

S. 77 l.u. und r.o.: LAB, A Rep. 231/418

S. 78: Osram-Nachrichten, Nr. 2/1934

S. 79: Deutsche Bergwerks-Zeitung, 29.3.1933

S. 80 l.o.: Völkischer Beobachter, 29.10.1938

S. 80 l.u. und r.: GStArch, I HA Rep. 335, Fall 6, Nr. 213

S. 81 o.: BArch, R 43 II/547

S. 81 r.u.: Ullstein Bild 01116383, Fotograf: Heinrich Hoffmann

S. 82: RGBl. 1934

S. 83: 75 Jahre Eickhoff, Berlin o. J. (1939)

S. 84 l.: Westfälisches Wirtschaftsarchiv (WWA), F 26, Nr. 72

S. 84 r.o.: Zechen-Zeitung Minister Stein/Fürst Hardenberg, 11.5.1934

S. 84 r.u.: LAB, A Rep. 250-04-07/50

S. 85 l.: LAB, A. Rep. 250-04-07/49

S. 85 r.: LAB, A Rep. 231/656

S. 86: Berliner Tageblatt, 11.7.1935

S. 87: montan.dok BBA 8/511

S. 88 l.: WWA, F 35, Nr. 500

S. 88 r.: BArch, R 43 II/528

S. 89: BArch, R 43 II/547b

S. 90 l.: BArch, R 43 II/547b

S. 90 r.: RGBl. 1938

S. 91: Ullstein Bild 106370

S. 92: BArch, R 43 II/541

S. 93: montan.dok BBA 15/294

S. 94 l.: BArch, R 43 II/528

S. 94 r.: WWA, F 26, Nr. 391

S. 95: montan.dok BBA 023200436001

S. 96: Krupp. Zeitschrift der Kruppschen Werksgemeinschaft, 15.11.1933

S. 97: Zechen-Zeitung Minister Stein-Fürst Hardenberg, 5.6.1936

S. 98 l.o. und r.o.: Soziale Arbeit. Festschrift des Bochumer Vereins für Gussstahlfabrikation, Bochum 1942

S. 98 l.u.: LAB, A Rep. 231/414

S. 99 l.o.: Sopade, Juli/August 1934

S. 99 l.u.: BArch, R 43 II/541

S. 99 r.: Siemens-Mitteilungen Nr. 193 (Februar 1938)

S. 100: LAB, A Rep. 250-04-07/49

S. 101 o.: Siemens-Mitteilungen Nr. 207 (August 1939)

S. 101 M.: WWA, F 26, Nr. 391

S. 101 u.: LAB, A Rep. 231/414

S. 102 l.: LAB, A Rep. 231/415

S. 102 r.: montan.dok BBA 13/1164

S. 103 o.: Ullstein Bild 27696

S. 103 l.u.: LAB, A Rep. 250-04-07/51

S. 103 r.u.: Ullstein Bild 735147

S. 104: montan.dok BBA 0703000086201

S. 105 l.u.: E. Fraenkel, Reformismus und Pluralismus, Hamburg 1973

S. 105 r.o.: AdsD FOTA 103611

S. 105 r.u.: AdsD, NI Lübbe, 6

S. 106: Merck-Archiv J40/18

S. 107 o.: Daimler Benz Classic Archive

S. 107 u.: Bewag-Archiv bei Vattenfall